장외주식 투자
불변의 법칙

장외주식 투자 불변의 법칙

ⓒ 소영주 2017

2017년 03월 27일 초판 발행

지은이 | 소영주
펴낸곳 | 한국장외주식연구소

출판신고 | 제2017-000002호(2017년 1월 9일)
주소 | 07333 서울특별시 영등포구 국제금융로 8길 19, 808호
전화 | 02-548-0797
팩스 | 02-786-0799

홈페이지 | www.k-otc.com
이메일 | master@k-otc.com

ISBN | 979-11-960354-0-2 13320

책값은 뒤표지에 있습니다.
잘못된 책은 구입하신 서점에서 바꾸어 드립니다.

장외주식 투자

불변의 법칙

한국장외주식연구소장
소영주 지음

한국장외주식연구소

머리말

장외주식 투자에도 '불변의 법칙'은 있다

인간은 대부분 부자가 되고 싶은 기본적인 욕망을 가지고 있다. 그러나 태어날 때부터 부자인 사람은 드물다. 부모에게서 재산을 물려받아 태어날 때부터 부자인 사람은 5%에 불과하다. 거꾸로 얘기하면 태어날 때부터 부자가 아니었던 95%의 사람들과 경쟁에서 살아남아야 부자가 된다는 뜻이다. 누구나 될 수 있지만 반대로 누구나 될 수 없는 것이 부자다. 부자는 공짜로 되는 것이 아니다. 인생이 부를 향해 달려갈 때 많은 것을 포기하게 된다. 건강도 좋아하는 것도 포기하게 된다. 자신을 희생하면서 쉬지 않고 달리는 기차가 되어야 한다.

부자를 정의하기란 쉽지 않다. 사람들마다 마음속에 내린 부자의 정의는 각자 다르다. 나름대로 행복을 추구하면서 자기 주변을 살피며 아쉬운 소리 하지 않고 살아갈 수 있을 정도가 부자라고 생각하는 사람도 있다. '부를 향해 달려가는 삶이 과연 행복한 것인가? 결국 불행한 삶이 되는 것은 아닐까?' 약한 자의 생각은 상상에 지나지 않는다는 말이 있듯이 냉정히 말해서 상상만 하는 것은 공염불에 불과하다. 상상에는 실천이 뒤따라야 한다. 절대적인 것은 아니지만 자본주의 사회의 '부'는 선택요소가 아닌 필수요소이다.

부를 이루어가는 과정은 희망과 좌절 그리고 환호와 탄식이 교차하는 방정식이다. 필자도 지금까지 20년을 한결같이 달려오면서 단맛, 쓴맛 모두 보았다. 삶의 저 밑바닥 한계까지 내려가기도 했다.

나의 과거를 조용히 회상해본다. 도대체 장외주식에 무엇이 있기에 이렇게 오랜 기간 추구해왔으며 지금도 여기에 머무르고 있는가? 그 답은 단 하나다. 가난한 자가 '부'를 분명히 만들어갈 수 있는 최적의 지름길 중 하나이기 때문이다. 장외주식은 노력한 만큼 결과를 가져다주는 참으로 매력적인 시장이다.

장외주식 하나만 바라보고 오랫동안 달려오면서 희로애락하는 가운데 자연스럽게 터득한 진리가 있다. 장외주식은 리스크를 줄이는 게임이라는 점이다. 이익을 내기 이전에 손실을 줄이는 것이 무엇보다 중요하다. 욕심이 앞선 '부'의 추구는 언젠가는 모래성처럼 무너져버린다. 또 다른 진리는 '상식'을 존중해야 한다는 점이다. '부'라는 놈은 상식적인 마음으로 무장하고 다져나갈 때 찾아온다는 평범한 진리를 몸과 마음으로 수 없이 경험했다.

금융지식과 경제지식이 부족한 일반인들에게 장외주식 투자는 당연히 생소한 분야이다. 필자는 일반인들도 장외주식에 쉽게 접근할 수 있는 방법을 고민하며 원고를 다듬어 이 책을 출간하게 되었다. 장외주식의 기초에서 투자전략까지, 또한 장외주식 투자방법과 주의점 및 상식 등을 알기 쉽게 설명하려고 노력했다. 장외주식 길라잡이라고 불러도 좋겠다. 본문의 많은 부분은 필자가 한국장외주식연구소 홈페이지(www.k-otc.com)를 통해 2015년부터 2016년말까지 작성한 칼럼이 기반이 되었다. 필자가 소개한 주식들은 성공한 종목도 있고 실패한 종목도 있다. 실패는 성공을 위한 거울이므로, 성공은 성공대로 실패는 실패대로 그대로 모으고 다듬어서 엮었다. 다시 말하지만 어찌 20년 한 길을 달려오면서 성공만 할 수 있었겠는가? 실패의 연속에서 다시 도전하고 일어났다는 것을 말씀드리고 싶다.

나라 안팎으로 혼돈의 시기이다. 국내는 여러 가지로 혼란스러우며 세계는 트럼프 미 대통령의 취임 등으로 경제와 금융 패러다임이 바뀌어가는 변혁의 시대를 맞고 있다. 각국의 보호무역주의가 고개를 드는 현실에서 가뜩이나 수출의존도가 절대적인 우리나라의 경제상황은 큰 위기를 눈앞에 두고 있다. 안보를 걱정하는 사람들은 미국과의 맹방관계를 강조하고 반대로 경제를 걱정하는 사람들은 중국을 도외시하는 정책은 자살행위라고 목소리를 높이고 있다.

이렇게 열악한 환경에서 2017년의 장외주식 시장은 얼마나 성장할 수 있을까? 기존의 거래소 및 코스닥 시장과 차별화된 신규 투자처로 일반 개인들에게 좋은 대안이 될 수 있을까? 솔직히 의구심이 들지만 장기적 투자관점에서 보면 장외주식은 분명히 매력이 넘치는 시장이다. 일례로 지금 장외주식 시장에는 2016년 대비 3분의 1 토막 난 우량 종목들이 넘쳐난다. 상장을 눈앞에 두고 철회한 종목들과 오너 리스크로 밀린 주식들이 다시금 전열을 정비하고 재상장을 노리고 있다. 기존 투자자들이 높은 가격에 물린 상황에서 이제 시작하는 새로운 투자자들에게는 좋은 주식을 낮은 가격에 살 수 있는 기회가 열린 것이다.

주식은 생물이다. 저점에서 다시 상장에 도전하는 주식들을 탐색하여 리스크를 줄이고 상식 기반으로 투자한다면 충분히 매력적인 결과를 가져다 줄 것이다. 꿈꾸고 있는 미래의 행복과 정직한 '부'를 추구하는 개인들에게 이 한 권의 책이 미력하게나마 희망의 등불이 되길 간절히 바란다.

2017년 3월 발간에 즈음하여
한국장외주식연구소 소장
소영주

영주 단상

장외주식만 보고 걸어왔다. 벌써 20년이다.
좌절과 실패 그리고 연속된 도전이
서로 혼합되면서 상처는 상처대로
기쁨은 기쁨대로 하나가 되었다.

1년에 30개 넘는 종목을 하던 청년은
이제 1년에 2개의 종목만을 투자하는
체력도 촉도 감도 떨어진 중년이 되었다.

먹고사는 일로 시작하여
이제는 소명감으로
이 일을 하면서 느끼는 것이 있다.
장외주식 시장은
기회가 있는 만큼 리스크도 크다는 것.

돈은 벌기보다는 지키는 일이 힘들다고 한다.
칭찬보다는 비난을 더 많이 들었던 지난 시간.
잘된 종목보다는 안 된 종목이 많았다.
당연히 비난 받아야 한다.
그래서 신중함을 유지하려
노력한 시간들이었고
앞으로도 더욱 신중할 것이다.

소통보다는 '독고다이'로 살았던 인생이다.
피스탁을 운영하면서
수많은 장외정보를 취급했지만
많은 정보는 오히려 독이 된다는 것도 알았다.
그래서 더욱 더 철저하게 혼자만의 세계에서
주식을 분석하고 주식을 구입했다.

장외주식에 대한 대중성이 확보되면서
장외주식 방송이 나오기 시작하고
인터넷의 발달로 인해 각종 커뮤니티에서
주식이 판매되는 걸 지켜보았다.
내가 느낀 방향점과 정반대의 투자방식으로
흘러가는 것을 보면서,
오직 개인투자자들을 위한
밴드와 블로그 등을 만들어가고 있다.

누가 이런 벼룩보다 작은 놈의 글을
읽고 가는지 알 수는 없다.
그러나 작은 도움이라도 주고 싶은 것이
나의 마음이었다.

같은 말 반복한다고 욕도 먹었다.
오죽하면 같은 말을 반복하겠는가?

오직 상식적 투자만이,
장기적 투자만이
이 시장에서 성공할 수 있다는 것을
20년 동안 몸으로 알았기에
죽어라 반복하는 것이다.

삼성에스디에스는 2000년에 1만원이었다.
14년을 기다리고 상장 후
40만원을 넘어가는 주식이 되었다.
4000%가 넘어가는 수익률은
부동산에서는 상상을 할 수 없을 것이다.
좋은 주식을 오랜 시간
기다리고 기다린 투자자들에게는
이런 행운이 있다는 것이다.
그런 수익을 낼 수 있는 것도
이 장외주식 투자가 유일하다.

재벌들이 자식에게 장외주식을 상속한다.
그 재벌 2세들은 그 주식을 종자돈 삼아
몇 조의 거부들이 되었다.
잘나가는 부자들도
장외주식으로 부를 만들어 간다.
그 만큼 이 시장은
개인 투자자들에게는 최고의 장이다.

이 시장에서 성공하기 위해서는
오직 상식적 투자관점에서 접근하여
좋은 놈 잡고 장기투자로 가는 길뿐이다.

나는 20년 동안 맘에 두었던 글들을
이 책에 녹여 넣었다.
다시금 반복해서 읽어보시기 바란다.

소영주 드림

차례

장외주식 투자에도 '불변의 법칙'은 있다   5

영주 단상   9

Part 1. 장외주식 투자의 기본   21

장외시장은 가치투자의 장이다   23
장외시장도 시장이다 | 참여와 개방이라는 특성 |
무한한 성장 잠재력의 시장

비상장 주식 매매의 특징과 과제   26
장외주식은 주식시장에서 어떠한 위치에 있는가 |
장외주식, 대중성이 필요하다 | 현실적 대안

장외주식은 개인 투자의 최고 수익 창고   31
2014년 9월 18일, 알리바바 뉴욕증시 상장 | 장외시장,
그 양날의 검 | 장외주식의 감춰진 매력을 찾아라

4억 투자로 120억원을 만드는 시장   35
비상장 주식의 양면성 | 강원랜드 | 삼성SDS | 웅진코웨이 |
이번 사건이 주는 교훈 | 믿고 거래하는 장을 만들자

비교를 통해 알아본 장외시장의 특성   40
시장 특성 비교 | 중개업체와의 거래 프로세스 | 거래방법의 기초

장외주식, 노력하는 사람만이 승자가 될 수 있다   44
장외주식의 경쟁과 거품 | 투명성 확보를 위한 노력들 |
의심하기보다 차라리 실망하라

고만고만한 기업분석 자료와 추천종목은 가라   51
기업분석 자료의 현주소 | 기업분석은 '왜?'를 풀어가는 과정

그러므로 사실을 근거로 투자하라   55
'설', '카더라' | 투자와 투기는 종이 한 장 차이 | 그 좋은 주식을
매각하는 사람들은 누구? | 대책 없는 낙관론은 비극을 부른다

장외투자의 장단점   59
　고수익의 기회와 고위험의 부담이 공존한다 ㅣ 때와 장소를 가리지
　않아도 된다 ㅣ 주가는 내가 결정한다 ㅣ 훌륭한 재테크 수단이다 ㅣ
　거래 수수료가 없다

시작부터 소 잡지 말고 계란 한 판을 사라   63
　일단 계란 한 판을 사세요 ㅣ 그 후 닭 한 마리만 사세요 ㅣ 이 단계를
　넘어가면 돼지 한 마리만 사세요 ㅣ 마지막으로 이제 정면승부를 하자
　ㅣ 논쟁을 하되 기본원칙은 지키자

주식 유통경로로 보는 장외시장의 한계   68
　장외주식 시장의 태생 ㅣ 장외주식의 유통경로 ㅣ 주식유통 구조가
　거품을 양산 ㅣ 태생적 한계로 인해 문제는 반복된다 ㅣ 문제는
　현재진행형, 극복은 개인의 노력

주식 가격결정으로 보는 장외시장의 한계   77
　주식의 공급자 ㅣ 주식의 수요자 ㅣ 기업의 미래 성장성 ㅣ 상장이라는
　재료 ㅣ 시대적 흐름에 부합하는 기술 ㅣ 그래도 여전한 불확실성

상식적 투자 성공 사례 전격 분석   84
　폐광을 살리자 ㅣ 컴퓨터에 주사를 놓는다 ㅣ 물을 렌탈하다 ㅣ
　거품이 빠졌다는 신호 ㅣ 삼성이라는 이름만으로 ㅣ 상식의 재발견 ㅣ
　상식투자의 원칙

Part 2. 장외주식 실전투자   103

장외주식 매매 절차   105
　증권계좌 개설 ㅣ 정보 수집 ㅣ 사전 가격절충 ㅣ 신분 확인 ㅣ
　계좌이체 ㅣ 입고 확인과 대금 지급

장외주식 매매 상식   112
　장외시장 홈트레이딩 ㅣ 명의개서가 안 되는 주식의 처리 ㅣ
　계약 안전장치 ㅣ 주식보관증의 법적 효력 ㅣ 유가증권신고서 제출 ㅣ
　주권수령 방식 ㅣ 통일주권 ㅣ 양도소득세

장외주식의 시간 투자 가격　122
장기투자만이 성공의 지름길　125
기다림의 미학　129
실제로 장외 거래를 해보자　133
  주식을 실물로 가지고 있을 때 세부 거래 방법 | 증권계좌를 통해 대체하는 방법(통일주권으로 계좌입고가 가능한 경우에 활용) | 우편으로 거래하는 방법 | 인터넷을 이용한 장외주식 거래 방법
그룹 후계구도에서 찾아보는 장외주식　139
투자할 회사의 제품도 써 보라　142
큰 일 낼 회사, 큰 일 날 회사, 큰 일 할 회사　145
중개업체를 이용할 땐 이런 점에 주의하라　147
  장외투자 업무에 참여해 왔던 기간 | 함께할 장외 펀드매니저의 인성 | 중개업체가 제공하는 서비스 | 투자자 보유현황 | 연락경로의 일원화
준비하는 사람은 지금이 찬스다!　155
정보의 비대칭에서 성공하는 방법　159
장외투자, 이것만 주의하면 실패는 없다　165
  실패 사례 | 문제점 분석 | 거래상대에 대한 무조건적인 신뢰는 금물이다 | 위조된 주식인지 면밀히 따져봐야 한다 | 장외시장의 주식 매매가가 천편일률적인 것은 아니다 | 사기 좋은 주식이라고 반드시 팔기 좋은 주식은 아니다
인간은 스스로 완벽하다고 생각할 때 무너진다　176
나쁜 주식 안 만나는 것이 복이다　181
기업의 발표 내용은 반만 믿자_바이오 주식　185
흔들리는 깃발　189

Part 3. 장외주식 분석과 평가   191

투자할 기업의 질적 분석   193
투자할 기업의 양적 분석   197
과거로부터 배우는 현재의 비상장 주식시장   202
답답할 때 찬스가 온다   205
시장 가치의 평가   207
　　수익가치에 의한 평가 ｜ 본질가치의 평가
의심하기보다는 차라리 실망하자   212
과감한 구조조정이 필요한 시점이다   218
기업 성장의 버팀목, 코스닥 등록   220
　　코스닥 상장의 양적 심사요건 ｜ 코스닥 등록의 질적 요건
2016년 공모주 시장의 예측과 결말   227
　　시작이 반이라는 말이 있다 ｜ 장외주식이라는 것은 상장된 후 냉정한 현실적 평가를 받는다
코스닥 등록 실패 사례에서 배운다   234
　　관계회사의 부실 사례 ｜ 재무적 안정성 ｜ 안정성 및 성장성 ｜ 수익성
아프냐 나도 아프다   238
게임은 아직 끝나지 않았다   240
내 머리에 있는 경험과 열정은 아무도 가져갈 수 없다   244
2016년도 장외주식 시장의 초토화   249

Part 4. 장외주식 대예측   255

유망 종목은 이렇게 골라라   257
　　장외종목의 선별 ｜ 장외종목의 세부사항 분석
2015년 테마로부터 배우는 뷰티 관련 산업   263
　　네이처리퍼블릭 ｜ 카버코리아
2016년 테마로 살펴본 산업의 흐름   266
　　지아이티 ｜ LG CNS ｜ 덴티움 ｜ 현대엔지니어링
2015년 테마로부터 배우는 바이오 산업   270
　　애니젠 ｜ 다이노나 ｜ 엠씨티티바이오(現 바이오솔루션) ｜
　　안트로젠 ｜ 싸이토젠 ｜ 파멥신 ｜ 강스템바이오텍 ｜ 올리패스
역발상으로 대비했던 2016년   278
인내하며 기대하는 2017년 추천 시장   281
　　전자상거래 시장 ｜ 기업 공개 시장 ｜ 독자기술 보유 바이오 시장 ｜
　　화장품 시장 ｜ 현대자동차 그룹 관련 시장 ｜ 대형주
장외투자, 절망에서 희망으로   285
이 종목은 피하자   290
　　신뢰는 기업을 지탱하는 가장 기본적인 덕목이다 ｜ 파트너사와의
　　상호 신뢰가 중요하다 ｜ 제품에 대한 신뢰가 중요하다.
2017년 장외주식 추천 종목 종합   294
　　추천 종목일지라도 상식투자론으로 바라볼 것 ｜ 노바렉스 ｜
　　현대엔지니어링 ｜ 글로벌 텍스프리 ｜ 올리패스 ｜ 지아이티 ｜
　　LG CNS ｜ 네이처리퍼블릭 ｜ 고려에프앤에프 ｜ 에프엑스기어

Part 5. 장외주식은 들에 핀 향기로운 꽃이다　321

　나는 지금도 장외주식 투자에 설렌다　323
　삶은 부를 향해 달려가는 것만은 아니다　325
　우리를 슬프게 하는 것들!　328
　그대 그리고 나　330
　사랑이라는 이름으로　332
　너라는 이름으로　336

유망 종목 고르는 법　339

저자 동영상 특강 QR 코드　344

Part 1

장외주식 투자의 기본

장외시장은 일반적으로 보통 사람들에게 사채시장이나 음산한 느낌으로 인식되고 있다. 그러나 사실은 미국이나 일본은 이미 장외시장이 활성화되어 있고 우리나라 역시 문민정부 이후 급속히 성장해왔다. 코스닥 등록 전 특정기업에 대한 초기투자의 이점과 기관투자가의 영향이 적은 시장이라는 특성, 최근 들어 삼성SDS, 카카오의 성공으로 인해 개인 투자자의 관심과 참여가 크게 늘었다. 더욱이 인터넷과 모바일 등으로 대변되는 급속한 IT기술의 발전으로 인해 개인 투자자에 대한 시장이 개방되고 비영리단체인 금융투자협회에서 운영하는 K-OTC이 열리면서 개인의 참여와 공유의 속도 또한 빠르게 전개되어 투자 및 매매 활동이 자발적으로 증가되고 있다. Part_1에서는 장외투자 시 가장 기본적으로 취해야 할 자세를 중심으로 다룬다.

장외시장은 가치투자의 장이다

장외시장도 시장이다

장외시장의 사전적 의미는 증권거래소 밖에서 유가증권의 매매가 이루어지는 비공식적 시장을 말한다. 그래서 '점두시장' 혹은 '오버 더 카운터 시장(Over The Counter Market)'이라고도 한다. 이 시장은 개개의 증권업자가 장외에서 장외주식업자와 고객 간에 또는 업자 상호 간에, 개인과 개인 간에 행하는 증권의 매매거래를 총칭하는 유통시장을 의미한다. 장외시장은 일정한 매매장소나 결제방법 및 매매절차 등에 대한 규정이 없기에 '제4시장'이라고 칭하기도 한다.

　과거 명동 사채시장을 중심으로 간간히 SK텔레콤, 한국통신 등 대형 우량주 거래가 이루어졌다. 1998년 하반기부터 벤처산업 활성화, 한통프리텔이나 LG텔레콤 등 자본금이 큰 통신주의 등장 및 스톡옵션과 자사주 배분 등으로 인해 장외시장에 주식의 공급이 풍부해졌고 같은 해 말 종합주가지수가 반등하자 장내시장에 비해 저평가된 장외시장의 우량주에 대한 매수세가 유입되기 시작했다. 여기에다 1999년에 들어와 코스닥 시장의 지수상승과 2000년 벤처열풍 등으로 이러한 주식공급에 대해 큰 수요가 형성됨으로써 장외시장은 중요한 주식시장으로 자리잡게 되었다.

참여와 개방이라는 특성

1998년 당시만 하더라도 명동에서 활동하는 장외거래 업소는 10여 군데에 불과했지만 주가가 상승하면서 거래업체 현재 1백여 개를 상회하고 있다. 온라인상에서 개인 간의 주가정보를 교환할 수 있는 장외주식거래 사이트가 생겨난 이후 그 수가 꾸준히 증가해 비상장주식정보 사이트도 다수 활성화되어 있다. 여기에 참여와 개방이라는 특수성으로 인해 개인이 직접 투자와 매매를 중개하고 정보를 공유할 수 있는 블로그와 카페 등도 많아졌다. 개별적으로 시장에 참여하는 업체와 개인들까지 헤아린다면 장외주식시장의 안정적 성장에 이견을 달 사람은 별로 없을 것이다.

장외주식거래 사이트와 블로그, 카페, 밴드 등은 장외주식의 시세와 기업에 대한 정보를 제공하여 개인을 시장으로 직접적으로 참여할 수 있도록 유도한다. 이들은 공정한 가격에서 거래가 형성되도록 하는 역할을 하고 있다. 그러나 여전히 장외주식의 제한된 정보와 인위적 정보의 조작 가능성으로 인해 '고위험·고수익(High Risk High Return)'이라는 자연스러운 원리(?)가 그 어느 시장보다 철저히 지켜지고 있는 것 또한 현실이다. 일반 투자자들이 섣부른 투자로 인해 큰 낭패를 볼 수 있다는 말이다. 증권거래소나 코스닥 시장과 같은 중개기관에서 거래되지 않기 때문에 주식거래에 대한 위험부담이 있어 결국 중개업체들이 주식거래에 대한 위험부담을 완화시켜 주는 역할을 한다.

무한한 성장 잠재력의 시장

장외시장의 주가는 거래비용 및 환금성의 제약 등으로 인해 장내시장 대비 60~80%대에 형성되며 장내시장의 지수 움직임을 후행하는 특성을 지니고 있다. 일부 거품이 형성될 경우 증시에 상장된 동종 우량 기업보다 시가총액이 더 많은 경우도 있으며 코스닥 상장 기대감으로 인해 장외시장 거래 가격이 미리 급등하는 경우가 많아 공모주 투자로 차익을 내기가 점차 힘들어지면서 투자의 불확실성이 높아지는 측면도 있다. 시장의 구조가 완전하지 않기 때문에 적정한 주가에 대한 평가가 어려워 가치투자를 하지 않을 경우 투자위험이 높아질 수 있다.

장외시장은 미래 성장 잠재력을 지닌 유망 기업 및 성장 기업에 대한 자금공급원으로서 기여를 하고 개인 투자자에게는 가치투자의 기회를 제공해주며 주식보유자에게는 유동성을 공급해 주는 등 주식시장의 하부구조를 형성하는 역할을 한다. 따라서 장외시장이 이와 같은 존재가치를 지니고 있는 한 규모는 더욱 커질 수 있다. 또한 시장에 대한 이해와 기업에 대한 연구 및 기업가치에 대한 분석과 판단을 통한 투자만이 큰 수익을 얻을 수 있다는 진리를 다시 한 번 깨닫게 해준다.

비상장 주식 매매의 특징과 과제

장외주식은 주식시장에서 어떠한 위치에 있는가

우리는 상장 전의 주식 시장을 비제도권 시장 즉 장외주식 시장이라고 간단하게 정의한다. 비상장 기업은 미래성장 잠재력을 지닌 유망 기업 및 성장 기업에 대한 자금공급원 역할을 한다. 무엇보다도 개인투자자에게는 가치투자의 기회를 부여하고 새로운 수익성을 추구하는 투자처를 제공한다. 또한 비상장 기업에 근무하는 직원이나 초기에 투자하여 비상장 기업을 보유한 주식 보유자에게 주식 판매의 유동성을 제공한다.

필자는 앞서 이러한 장외주식이 우리나라 주식시장의 하부구조를 형성한다고 했다. 낮은 곳에서 가장 적절한 시점에 설립자와 새로운 투자처를 찾는 개인에게 새로운 이익 창구의 장을 제공하는 방식으로 초기 투자가에게 주식의 유동성을 부여하여 한국 주식시장의 하부구조를 만든다. 상장 전 기업에 에너지를 부여하고 상장 전 최소 가격을 형성하도록 하여 거래소 및 코스닥 시장에서의 가격 결정에 일정 부분 영향을 미치고 있다.

장외주식시장이 상장된 거래소 및 코스닥에 일정 부분 영향을 미치고 있다는 사실을 인정해야 한다. 그럼에도 불구하고 아직도 비상장 주식, 즉 장외주식의 거래가 투명하지 않고 가격산정의 미흡으로 인해 일반 개인투자자들이 쉽게 접근하지 못하고 있다. 안타까운 현실이라 하지 않을 수 없다.

장외주식 시장의 90%를 장악하는 중개업체 대부분들이 기업분석에 의한 장외주식 거래가 아니라 단순 중개수수료로 이익을 추구하고 있는 것이 엄연한 현실이다.

장외주식, 대중성이 필요하다

장외주식시장이 앞에서 말한 것처럼 하부구조를 형성하지만 더 많은 대중성을 확보하기에는 아직 턱없이 부족하다. 대중성을 확보하기 위해서는 비상장 주식 거래의 투명성과 거래 안전성이 우선시 되어야 한다. 그러나 아직까지도 장외주식의 거래 방법은 위험하고 정보가 부족하다는 이미지로 인해 개인 투자자들에게 생소한 시장으로 비쳐지고 있는 게 사실이다.

필자는 1999년 12월부터 비상장 주식 즉 장외주식의 활성화 방안을 연구하고 모색하여 왔지만 아직도 끝나지 않는 숙제로 남아 있다. 그러나 최근 시장은 약간 다른 분위기를 연출하고 있다. 대형증권사의 장외거래 동참과 유명투자기관들의 장외에서의 구주 구입이 투자의 한 방향으로 자리 잡기 시작하면서 한국장외주식은 이제 명실 공히 새로운 투자처로 인정받고 있다. 그럼에도 이런 환경에서 진실로 고객을 위한 장외주식 맞춤형 기업분석가는 찾아보기 어렵다. 장외주식 시장의 90%를 장악하는 중개업체 대부분이 기업분석에 의한 거래가 아닌 단순 중개수수료 이익을 추구하는 단순 거래중개인들인 현실 속에서 양질의 서비스를 기대하기는 어렵다.

장외주식에 관한 책을 매년 집필한 필자로서 적지 않은 책임이 있다는 점을 깨닫는다. 분명히 한국 주식시장의 한 축을 담당하는 장외주식 시장이 더 이상 푸대접을 받아서는 안 된다. 기본적인 소양을 지닌 중개인들의 등장이야말로 절실하게 필요하다.

정부도 이에 더 이상 장외주식 시장을 외면하지 말고 중개인들을 양성하는 프로그램을 만들어야 한다. 그래야 국가적 차원에서의 세수 확보도 가능하다. 장외주식에 투자하는 투자자들도 양질의 서비스를 제공받는 시장이 형성되어야 거래시장이 더욱 투명해지고 안전해질 것이다.

비상장 주식, 즉 장외주식의 활성화를 위해서는 정부가 음성적 거래 시장을 방관하지 말고 중개인들의 양성 교육과정을 만들어 내는 것이 현실적 대안이라는 점을 잊지 말아야 한다. 장외주식 시장은 거래소와 코스닥 다음으로 큰 시장을 이루고 있다는 것이 엄연한 사실이므로 시급히 장외주식 거래시장에 중개인을 인정하는 국가적 차원의 관리감독이 필요하다.

현실적 대안

그동안 정부가 이런 비정상적인 거래관행을 제도권 시장으로 진입시키기 위해 부단히 노력해 왔다는 점은 인정한다. 코넥스 시장의 출범이나 K-OTC 시장의 등장 등이 이를 반증한다. 그러나 정부가 이 시장만으로 성장 가능성이 높은 기업들을 유치하는 것은 현실적으로 어렵다. 장외주식 시장에서도 거래하기 힘든 주식시장을 하나 더 만들어 하루 거래 금액이 장외주식의 10분의 1도 되지 못하는 결과만 만들고 말았다. 건실한 회사들은 코넥스나 K-OTC 시장에 진출하지 않고 곧바로 코스닥이나 코스피로 상장을 하고 있어 더 고립되는 결과만 초래했다.

정부가 장외 거래 시장을 방관하지 말고 중개인들의 양성 교육과정을 만들어 내는 것이 현실적 대안이다. 개인 대 개인 거래시장인 장외주식 시장인데도 실제로 개인과 개인이 만나 거래하는 경우는 극히 드물다. 중개업체들이 관여하는 구조이다. 그러나 중개업체의 중개인들 또한 관행적인 수수료 자체가 불법적이라는 것을 알고 있으므로 개인 간의 거래를 상호 연결하는 역할만 할 수밖에 없다.

"돈을 먼저 주세요. 주식을 보내 드리겠습니다."
"아니 주식을 먼저 주세요. 그럼 돈을 보내 드리겠습니다."

이렇듯 닭이 먼저냐 계란이 먼저냐의 시장에서 어쩔 수 없이 중개인들의 역할을 인정하지 않을 수 없다. 장외주식 시장이 진정한 주식시장의 하부구조를 형성하고 있다는 것은 부인할 수 없는 것이 현실이다. 정부는 장외시장과 거래소 및 코스닥이 상호 영향을 미친 다는 점을 인정하고 양질의 중개인 양성 프로그램을 개발하는 등 관리감독 체제를 구축하여 개인 투자자들의 피해를 최소화해야 할 것이다.

비영리단체인 금융투자협회에서는 K-OTC라는 합법적 장외거래 시장을 만들었지만 이것 또한 투자자들로부터 외면받고 있다. 가장 큰 투자의 걸림돌이라는 세제개정안(양도소득세 면제)은 여러 가지 이유로 아직도 개정되지 못하고 있다. 거래대금만 보아도 확연하게 확인된다. 현재 장외주식 사설사이트의 연간 거래금액이 6조원 이상이라고 한다. 반면 K-OTC 시장은 연간 2,000억원에 그치고 있다는 것만 보아도 음지의 거래시장이 양지의 거래시장을 몇 배 이상으로 앞서가고 있음을 알 수 있다. 차라리 음지의 시장 자체에 중개업체들의 등록요건을 만들어 양지로 이끌어내는 것도 하나의 방법이다.

장외주식은 개인 투자의 최고 수익 창고

2014년 9월 18일, 알리바바 뉴욕증시 상장

알리바바의 상장으로 인한 최대 수혜자는 2000년 2,000만 달러(약 200억원)를 투자한 손정의 소프트뱅크 회장이다. 손정의 회장은 투자 14년만에 2,850배, 약 59조원이라는 엄청난 수익을 얻어 장외주식 투자에 성공한 투자자가 되었다. 2000년 야후 공동 창업자 제리 양의 주선으로 마윈을 만나 단 6분만에 투자를 결정했다고 한다.

국내에서의 대박 신화도 삼성SDS 및 카카오톡으로 인해 주변에서 쉽게 찾아볼 수 있다. 이런 현실적 대박 앞에 장외시장에 대한 투자관심으로 이어지고 있다. 이런 장외주식 투자는 누구나 할 수 있고 누구나 접근 가능한 시장이다.

장외시장, 그 양날의 검

장외주식이라는 것이 대박의 시장인 것은 맞지만 이와 비례적으로 불안정한 시장이기도 하다. 유가증권시장이나 코스닥에 상장되지 않은 주식을 일반 개인들이 투자하기에는 너무 먼 이야기처럼 생각될 수도 있다. 투자 후 보호 장치도 없다. 그러기에 일반 개인투자자들이 장외주식이 접근하기에는 높은 장벽처럼 보인다.

장외주식을 어느 곳에서 구입하는지, 구입절차는 무엇인지 또 어느 종목에 투자해야 하는지 알 수가 없다. 1999년 장외주식이 활성화되는 시점에는 일반 무허가 중개업체를 통한 거래가 90% 이상을 차지했지만 2012년부터는 중소 증권사의 신탁계정을 통한 장외주식 거래의 시작을 대형증권사에서도 진행하고 있다. 하지만 어느 증권사도 사전 장외주식 투자교육을 진행하고 주식을 판매하지 않는다. 오직 신탁계정을 통한 장외 중개거래업체 수준으로 일을 진행하고 주식이 상장되지 못하거나 중도에 잘못이 일어나도 전혀 책임을 지지 않는다.

당신이 증권사 직원이 신탁계정을 통한 주식 구매를 권할 때 투자시 작성하는 계약서를 본다면 아마 뒤로 넘어질 것이다. 투자등급이 최악인 5등급 수준의 주식이라는 것이 명시되어 있고 판매종목에 대한 내용도 비상장회사에서 제공하는 리포트가 전부이다. 비상장 주식이므로 증권사 리포트는 없다. 이런 척박한 시장이 바로 장외주식 시장이다.

장외주식 투자자들은 정보가 미약한데도 눈을 가리고 투자에 임하는 경우가 다반사이다. 알 수 없는 커뮤니티, 밴드, 주주동호회에서 유포하는 정보에 의존할 수밖에 없다. 장외주식 자체가 공시제도가 없기 때문에 정확한 정보를 제공하는 곳이 없다. 이런 열악한 시장에서 성공하기에는 정말 하늘에서 별 따기보다 어렵다.

장외주식의 감춰진 매력을 찾아라

미생의 시장에서 완생을 찾아가는 시장이 바로 장외주식 시장이다. 그러나 필자는 다시금 강조한다. 돈을 벌기 위해서는 그것도 주식으로 돈을 벌고자 한다면 장외주식에 투자하라.

장외주식에서 검증이라는 것은 시간을 의미한다고 필자는 생각한다. 정보의 수집단계에서 자세히 살펴보면 답이 있다. 수집단계에서 몇 년씩 장외시장에 남아 있는 우량주는 분명히 있다. 삼성SDS는 시장에서 장외주식으로 14년을 보냈고 강원랜드는 3년 이상을 유지했다. NHN도 3년 이상 장외시장에서 거래되었던 종목이었다. 이처럼 시장에서 오랜 기간 검증받으면서 살아있는 주식들이 분명 있다.

좋은 주식을 찾기 위해서는 많은 공부를 해야 하며 정보수집에 많은 시간을 할애하고 집중해야만 가능하다. 쉽게 돈을 벌겠다고 친구의 말만 믿고, 커뮤니티 글들을 맹신하여 투자한 원금도 회수하지 못한 사람이 부지기수이다.

"검증된 주식이 성공을 열어준다." 필자가 강조하는 말이다. 소위 듣보잡 주식은 피해야 한다. 요즘 커뮤니티를 활용하여 질이 낮은 분석으로 검증도 안 된 종목들을 추천하며 일반 장외투자자들을 유혹하고 있는 현실에 가슴이 답답하다. 밴드를 통한 판매를 유발하는 주식들 중 대다수는 검증절차를 무시한 주식들이므로 절대 피해야 한다. 누구나 인정하는 주식을 하면 절대 손해 볼 일이 없는 것이 바로 장외주식이다.

손정의 회장처럼 초기투자는 할 수 없지만 손 회장이 투자한 회사는 투자할 수 있다. 이것이 장외주식이다. 2,850배의 수익률은 힘들겠지만 5배, 10배는 가능한 시장이 장외주식이다.

거래소 및 코스닥에서 2배 이상의 수익을 내기 위해서는 최소 코스피 지수가 3,000포인트는 가야 할 것이다. 그러나 장외주식은 종목만 잘 선택한다면 단기적으로 최소 3배에서 4배는 수익을 창출할 수 있는 시장이다. 다시 한 번 강조하지만 충분히 시간을 가지고 분석하고 공부하고 기다려야 한다.

> 네이처리퍼블릭을 판매한 증권사는 그 어떤 도움도 주지 않았고 책임도 지지 않았다. 그리고 2017년 9월 이후 상장한다고 하면서 판매한 카버코리아는 상장을 하지 못하는 상황이 발생 했는데도 아무런 책임도 지지 않았다. 이것이 증권사 신탁계정의 문제점이다. 투자자들은 증권사 신탁계정을 판매하는 주식의 계약사항들을 면밀히 체크해야 피해를 줄일 수 있다. 증권사도 단지 중개업체 수준의 수수료를 챙기는 곳이다.

4억 투자로 120억원을 만드는 시장

주식으로 4억원을 투자하여 120억원? 상상하기 힘들다. 그러나 비상장 주식에서는 충분히 가능한 수익률이다.

비상장 주식은 주식의 상장으로 생명을 부여받는다. 그러나 비상장 주식 중 상장으로 이어지는 종목은 극히 일부에 불과하다. 그러므로 10년 이상 장기투자를 할 경우 회사만 잘 된다면 이익금은 상상을 초월한다. 반면, 휴지가 될 수도 있다.

비상장 주식의 양면성

장외주식에서 4억원을 투자하여 120억원 수준의 이익을 내는 사례는 많이 있다. 최근 어느 검사장의 넥슨 주식 사건에서 비상장 주식에 대한 수익률 때문에 장외주식에 대한 관심이 갑자기 크게 높아졌다. 기본적으로 장기투자 관점에서 비상장 주식을 보유하여 10년을 가지고 간다는 것은 롱텀 행진이므로 대박이나 쪽박 둘 중 하나로 방향이 잡힌다.

2005년 당시 넥슨의 위치는 게임업체에서 나름 자리를 잡아가고 있는 시점이었지만 글로벌 대형 게임회사들의 거센 압박에 직면한 시기이기도 하다. 내부적으로는 게임개발 1세대들이 주식을 매각하고 회사를 떠나는 시기였다. 그런 상황에서 주식을 구입하고 10년 이상 장기투자 관점으로 접근하니 120억원이라는 대박 수익으로 돌아온 것이다.

그러나 만약 넥슨이 상장을 하지 못하고 미생으로 끝났다면 애당초 투자한(4억원으로 알려진) 적지 않은 투자금은 사라졌을 것이다. 회사의 성장성을 보고 장기투자해서 120억의 '대박'을 낼 수 있는 것이 장외주식만이 가지는 매력이며 본질이다.

장기투자의 성공사례를 좀 더 살펴보자.

강원랜드

1998년 7월 16일 강원랜드는 당시 액면가 5천 원짜리를 18,500원에 일반공모 하면서 출발했다. 그 후 2001년 10월 25일 코스닥에 상장을 하면서 3일 연속상한가로 17만 6천원을 기록했다. 당시 누구나 살 수 있는 종목이었다.

당시 투자기간은 3년이었다. 18,500원짜리 주식을 상장 후 가격 17만 6천원으로 계산하여 보자. 950%이다. 1억원을 투자한 사람이 9억 5천 원을 벌었다는 계산이다. 당시 일반공모 경쟁률은 10:1이었다. 누구나 살 수 있는 종목이었던 것이다.

삼성SDS

두 번째로 삼성SDS는 2000년부터 2005년까지 시장에서 누구나 1만원으로 살 수 있었다. 이 회사를 2005년 1만원에 구입한 사람이 2014년 상장 시 최고가인 430,000원에 매각했다면 4,300%의 수익을 창출한 것이다. 4억원을 10년 전에 투자했다면 172억원의 수익을 낼 수 있었다는 것이다.

웅진코웨이

세 번째로 웅진코웨이는 2001년과 2002년에 장외주식 가격이 1천 5백 원이었다. 상상을 해보자. 오늘 가격이 93,000원이다. 2002년에 1억원을 투자한 고객의 수익이 62억원이다.

따라서 4억원을 투자하고 120억원 수익을 내는 것은 장외주식에서는 충분히 가능하다. 넥슨이라는 회사가 부침성이 강한 게임회사였으므로 회사를 믿고 10년 간 장기적 투자를 했다는 것은 휴지가 될 수도 있다는 리스크를 안았다는 것이기도 하다. 그런 리스크를 감수하고 얻은 수익이기 때문에 장외주식 시장에서 특혜성 논란을 배제하고 자본주의 시장 논리로 접근해서 본다면 이익금이 과다하다는 시각에는 동의하기 어렵다.

또한 구입가가 적정한가에 대해서도 당시 시가를 산정하는 기준이 없었고, 동종 경쟁업체인 상장기업 엔씨소프트 주가보다 낮게 구입한 것이므로 상식적이고 자연스럽다.

이번 사건이 주는 교훈

교훈을 도출해보자! 한마디로 비상장 주식은 미래를 보고 장기저축의 개념으로 접근해야 한다. 다만 비상장 주식 거래방법의 투명성 문제는 비단 이 넥슨만 해당되는 것이 아니라 비상장 주식 전체의 문제이다.

정부차원에서 거래 활성화 및 투명성을 높이기 위하여 금투협을 내세워 2015년부터 K-OTC라는 한국 장외주식거래를 허용했지만 일일 거래금액이 약 5억원에 불과할 정도로 여전히 인기가 없다. 상장등록의 완화로 인해 항상 필자가 강조하는 성장성, 수익성, 안정성을 구비하지 않은 미달 회사가 상장되어 결국 개인 투자자들의 외면을 받았기 때문이다.

비상장 주식의 거래 금액 규모는 대략 연간 10조원 정도로 예상이 되지만 거의 비상장 주식 정보제공 사이트에서 개인 대 개인으로 거래가 이루어지고 있다고 봐도 무방할 것이다. 따라서 이러한 거래 방법에 대하여 이의를 제기할 근거와 명분이 매우 약한 것이 사실이다. 개인 투자자가 가장 합리적이고 지혜롭기 때문이다.

믿고 거래하는 장을 만들자

거래의 투명성을 확보하기 위해서는 일정 수준 이상의 정보를 공유하는 창이 필요하다. 상장회사의 경우 공시제도가 있어 이를 통해 정보를 공유하지만 비상장 주식의 경우 정보의 비대칭이라는 말처럼 공식적인 정보제공처가 없다. 따라서 일부 중대한 사안에 대해서는 공시제도를 두어 실행하는 것도 중요할 것이다.

마지막으로 최근 이 사건으로 인해 공무원이라는 특수한 신분에서 빚어진 공평성 시비와는 별도로 오랜만에 비상장 주식이 주목을 받게 된 상황에서 장외주식이 일반 국민들에게 오해를 사고 있고 부정적으로 인식되는 점을 대변하고자 하는 마음에서 이 글을 작성했음을 밝힌다.

> 2016년 12월 13일 넥슨 주식거래 부분은 무죄로 판결되었다. 이런 주식을 만나는 것도 행운이지만 이런 주식을 우직하게 홀딩하여 더 값진 결과를 얻었다. 성공한 주식은 대부분 장기투자. 단기 투자는 공모주 중심이기에 단기적으로 승패를 보려는 투자자들은 이 시장에서 답을 얻기 어렵다.

비교를 통해
알아본
장외시장의 특성

공개 및 상장요건이 미흡하여 증권거래소나 코스닥 시장에 상장이나 등록이 되지 않은 비상장 주식이 유통되는 곳이 장외시장이다. 장외시장에는 대부분 자본금이 적은 기업으로 매출이나 이익이 충분하지 못한 중소기업 및 유망 벤처기업이 대부분을 차지하지만 현대엔지니어링, 포스코건설, LG CNS, 셀트리온헬스케어 등 규모가 큰 기업들도 있다.

시장 특성 비교

거래소 시장을 제1시장, 코스닥을 제2시장, 증권사 HTS에 접속해서 일반 주식처럼 거래할 수 있는 시장인 프리보드를 제3시장이라 하고 개인 간의 직거래 혹은 계좌간 대체 거래를 할 수 있는 장외시장을 제4의 시장이라 한다. 2014년 8월 25일에 프리보드를 확대 개편하여 K-OTC(Korea over-the-counter)를 개장했다. 이러한 개인간의 거래가 이루어지는 특성이 반영되어 장외시장은 고수익·고위험(high risk high return)성향을 내포하고 있다. 프리보드에 등록된 종목들도 장외에서 거래가 가능하기는 하지만 세금이 큰 부담으로 작용한다. 다음은 코스닥, K-OTC, 장외시장을 비교한 것으로 장외시장의 정확한 개념을 파악하기 위해 유용하다.

구분	코스닥	K-OTC	장외시장
거래시간	전장 동시호가 : 8~9시 단일장 : 9~15시 30분	전·후장 구분없이 단일장 운영 : 9~15시 30분	
가격제한폭	±30%	±30%(매매개시일 별도 지정 가능)	
매매방식	경쟁매매 동시호가 매매	단일의 매도자와 매수자에 의한 상대매매, 시간 우선의 원칙 적용, 동시호가제 없음	
양도소득세	없음	중소기업주: 11%(주민세 포함) 대기업주: 22%(주민세 포함)	중소기업주: 11%(주민세 포함) 대기업주: 22%(주민세 포함)
증권거래세	농특세 없음, 0.3%	0.5%	양도세에 포함
매매단위	1주	1주	제한 없음
수도 결제	3일 결제	3일 결제	입고확인 후 바로 결제
데이 트레이딩	가능	가능	불가능

장외시장은 제도적 장치가 매우 미비하여 매매방법도 직접 거래(상대매매)를 해야 그나마 상대적으로 안전하다. 일면식이 없는 사람들이 인터넷 등을 통해 정보를 얻어 전화 등으로 가격을 결정하여 믿고 거래하는 방식(신용거래)을 주로 취하므로 거래소나 코스닥 시장에 비해 위험 요소가 뒤따른다. 따라서 항상 투자시에는 매사에 꼼꼼히 살피고 매매거래시 상대방의 신분, 주소, 전화 번호 등을 확실하게 확인한 다음 거래하는 것이 필수다.

중개업체와의 거래 프로세스

주식 중개업체의 소개를 통해 거래하는 방법도 있다. 장외주식 정보 제공 사이트에서 매도, 매수공간에 나온 전화번호의 90% 이상이 중개업체들의 번호이다. 적정가격을 위해서는 최소 3군데 이상에서 가격을 확인하고 거래를 하기 전에 우선원칙이 주식을 받고 거래하는 것이다.

매수자는 최소 자신의 신변을 확인할 수 있는 신분증이나 다니는 직장번호를 알려 주어야 주식을 먼저 받을 수 있다. 주식의 입고여부는 증권사에 전화를 하면 바로 확인할 수 있기에 주식 입고 후 주식대금을 보내주면 된다.

장외주식의 적정가격은 없다. 경쟁매매가 아니라 개인대개인의 상대매매이기에 가격의 천차만별이다. 그래서 반드시 3군데 이상의 중개업체 가격을 확인하라고 하는 것이다.

거래방법의 기초

주권의 형태에 따라 거래방법이 달라 매수를 하고자 하는 개인은 필수적으로 알아야 할 사항이 있고 그에 따라 구입해야 한다. 장외시장 거래 주식이 실물로 발행되어 증권 예탁원에 예탁된 통일주권일 경우 매도자와 매수자가 증권계좌와 은행계좌를 통해 주식과 자금을 서로 이체할 수 있다.

통일주권 발행이 안 될 경우 매도자는 회사의 채권 가압류 사실 여부를 확인하고 개인 인감증명서 1통과 신분증을 지참한 후 매수자와 주식양수도 계약서에 따라 계약을 맺으면 된다. 양수도 계약이 완료되면 증권거래세 신고를 하고 세무사나 기장 대리인에게 주식 양수도 사실을 통지한다. 이때 양도인은 양도세의 부과 여부를 확인해야 한다.

장외시장에서도 섣부른 묻지마 투자는 금물이다. 기업 공개를 통한 투명성이 담보되지 않았기 때문에 정보가 아무래도 부족하다. 꼼꼼한 기업 분석을 통해 회사의 성장 가능성, 실적 등 우량성을 판단한 후 투자하는 것이 리스크를 줄이는 방법이다. IPO주라는 이유만으로 실적과 상관없이 급등하는 경우가 많기 때문에 재무제표의 대차대조표, 손익계산서를 통해 면밀히 살펴보는 것이 매우 중요하다.

K-OTC
금융투자협회가 운영하던 비상장 주식 장외 매매시장인 "프리보드"를 확대 개편한 장외주식시장으로 2014년 8월 25일 개장했다. K-OTC 시장에서 매매하기 위해서 투자자는 증권사에서 증권계좌를 개설하고 전화, 컴퓨터 (HTS) 등을 이용해 매매 주문을 내면 된다. 증권계좌를 보유하고 있는 경우에는 해당 계좌를 이용할 수 있다. 다만 투자자는 증권사가 고지하는 비상장 주식 투자위험성 등 유의사항을 확인해야 주문이 가능하다. - 한경 경제용어사전

통일주권
증권법상 규정에 의하여 합법적으로 증권예탁원에 예탁이 가능하고 증권계좌 간에 위탁거래가 가능한 주권이 발행되는데 이것이 통일주권이다. 통일된 규격으로 사용 편리성과 거래의 안전을 도모하기 위한 것이다. 보통 공모 후 약 2~3개월 이상의 기간이 지나야만 통일주권이 발행되어 가주권과 교환할 수 있다.

장외주식,
노력하는 사람만이
승자가 될 수 있다

요즘 희망공모밴드가 하단보다 낮게 공모가격이 확정된 종목들이 상장 첫날 100% 상승으로 이어지고 있다. 이처럼 제도권에 들어간 종목들은 평가과정을 거치면서 적정가격을 찾아가고 공모시장에 투자한 투자자에게 이익을 주고 상장공모자금 모집에 흥행을 만들어 준다.

그러나 비상장 주식의 유통경로를 살펴보면 이런 제도적 장치의 미흡으로 적정가격 산출이라는 것이 너무 허술하다. 동종 업종 비교나 시총평가 그리고 미래성장성이라는 불확실성을 믹스한 것이 전부이다. 1차적으로 비상장 주식의 유통경로상 최상단의 포식자는 VC(Venture Capital)들이다. 기관들 또한 회사의 초기 투자로 인한 손실을 처리해야 한다. 따라서 기관들이 10개를 투자할 때 생존하는 회사가 2-3개에 불과한 현실에서 당연히 고 마진을 붙이고 비상장

시장에 매도하는 것은 현실적으로 인정하지 않을 수 없는 것이다. 다만 이 최초 유통과정에서 국내의 150개가 넘는 중개업체들 중 자금 여력이 있는 10여 개 회사가 독점하고 있는 점이 문제이다. 여기에서 회사는 사실상 회사가 아니라 개인이라고 표현하는 것이 타당할 것이다.

장외주식의 경쟁과 거품

개인사업자 및 금융컨설팅으로 일을 하는 사람들은 가격에 대한 적절한 평가를 하여야 함에도 불구하고 상호 간 경쟁으로 인해 초기부터 높은 가격에 주식을 도매로 받아(이미 기관에서 근무한 경력이 있는 개인들이 장외주식을 유통하는 것이 현실이 되었고 그러다 보니 장외가격보다 낮은 가격으로 매도하지 않는 기관들도 상당히 많다) 군소업체들에게 소매로 매각한다. 도매 군소업체들 역시 상호 경쟁으로 인해 가격에 대한 적정성을 고려하지 않고 기관이 요구하는 가격을 놓고 서로 경쟁하여 높은 가격에 구입하여 이 높은 가격에 프리미엄을 첨가하고 이를 소매 중개업체에 넘긴다. 소매업체들은 개인 투자자에게 수수료를 첨가하여 판매한다. 결국 일반 개인투자자는 거의 최소 3단계에서 5단계까지 거친, 거품이 가득한 주식을 구입하게 된다. 이러한 과정이 가장 기본적인 유통구조이다.

농수산물도 생산자와 소비자가 만나는 장터가 만들어지는데 대한민국이 왜 주식시장의 가장 하부구조를 담당하는 비상장 주식에서 만큼은 방관하는지 이해가 되지 않는다. 코넥스 및 K-OTC 시장이 상장요건에 미흡한 회사들의 집합체로 전락하면서 비상장 투자자들로부터 외면받고 있는데 이는 일일 거래량만 보아도 알 수 있다. 이러한 현실에 한숨만 나온다. 아직도 비상장 주식 정보업체인 '38'이나 '피스탁' 및 '제이스톡' 내에서 95% 이상이 공매도 공매수인 것이 현실이고 이러다 보니 그들이 만들어 놓은 매도, 매수 장터에서 개인들은 찾아보기가 어렵다. 이러다 보니 생산자가 생산한 채소를 블로그나 카페 등에 올려 소비자와 직거래하는 시장처럼 인터넷의 발전과 더불어 거래가 일일생활처럼 되었다. 때와 장소를 가리지 않는 비상장 주식은 물 만난 고기처럼 네이버 등 각종 포털과, 페이스북 및 블로그나 카페 밴드 등의 시장에서 유능한 비상장 주식 전문가라는 자칭 전문가에 의해 추천되고 매도되어 엄청난 피해자를 양산하고 있는 실정이다.

이런 시장에 대응한다는 차원에서 한국경제 증권방송 등에서는 거래의 투명성확보를 위해 개인들에게 장외주식 정보를 제공하는 프로그램을 만들기도 하지만 역부족으로 평가된다. 개인이 주식을 거래할 때 투자에 관한 최종 결정은 본인의 몫임에도 '당신 때문에 이 주식을 구입해서 망하게 되었다'고 음해한다. 인간의 생리라고 이해하고 싶지만 한편으로는 이해하기 힘들다. 추천한 종목이 잘 가면 조용하고 안 되면 비난한다.

인간이 하는 일에는 실패와 성공이 교차한다. 어떻게 성공만 할 수 있겠는가. 솔직히 시장의 투명성 확보는 절실하게 필요하다. 따라서 일반 대중이 주된 고객인 방송을 이용하여 비상장 주식의 적정주가에 대하여 논하여 공매도 공매수가 판치는 정보제공 사이트에 대응할 필요가 있다. 사적인 욕심이 아니라 새로운 투자처의 목마름에 대하여 고객에게 양질의 서비스를 제공하는 새로운 패러다임을 제시하는 비상장 주식 유통경로가 절실하게 필요하다. 일부 자금을 보유한 비상장 주식 중개업체들의 농간에 일반 개인들이 더 이상 피해를 보지 않게 하기 위해서는 젊은 피가 필요한 때이다.

이미 필자도 한편으로는 구세대이다. 다양한 다중 채널 속으로 장외주식의 전도사가 나와야 한다는 것이 필자의 지론이다. 최근 대형증권사 및 유명 투자기관의 대표가 이 장외주식에 뛰어들었다는 사실은 바로 그만큼 이 시장이 매력이 있다는 것을 증명한다. 기존의 식상한 투자방법으로는 다양한 욕구를 가진 투자자들을 설득하기에는 우리의 시장이 너무 좁다.

투명성 확보를 위한 노력들

거래소 및 코스닥 시장을 넘어 이제 미래적 가치에 눈을 돌리는 개인들을 위해서도 양질의 서비스와 적정가격을 알려주는 새로운 장외주식 거래 시스템이 절실하게 필요하다. 하나 둘 생기는 블로그 및 카페들 스스로 정화 작업이 필요하다. 우량의 종목만 관심을 가져도 될 만한 장외주식이 많다. 대중성을 확보한 방송에서 지속적으로 장외주식에 대한 상식적 이해를 알리고 투자접근의 신중성 및 거래방법의 절차, 상식적 투자자세 및 기본자세를 널리 알리는 다각적 접근 기법이나 실질적 매매 기법 등의 홍보가 절실하다.

동굴 속에서 빛을 보기 위해서는 자신이 빛이 되어야 한다는 말이 있다. 개인투자자들은 빛이 되기 위해서 다양하게 장외주식 투자에 대한 루트를 찾아 헤매고 있다고 하여도 과언이 아니다. 그런 개인들을 위하여 한국경제TV가 노력하고 있는 점은 인정해야 한다고 본다. 이런 프로그램이 더 나와야 한다. 그래야 아무것도 모르는 개인들을 등 쳐먹는 중개업체들이 설 땅이 없어질 것이다. 주식에 대한 기본적인 분석능력도 없으면서 셀링포인트 하나 가지고 마치 그 회사의 정보를 다 아는 것처럼 떠들어 대는 중개업체 직원들이 매우 큰 문제거리이다. 그들은 매도한 주식의 가격이 떨어지면 전화번호를 바꾸고 블로그 삭제하고 카페 삭제하는 천하의 나쁜 인간들이다.

필자는 제1 유통경로를 제일 큰 문제로 여기고 있다. 기관 투자기관들은 언제부터인지 공개입찰을 통하여 비상장 주식을 매각하고 있다. 사 투자기관들까지 어찌 이렇게 되었을까? 이를 해결할 수 있는 방법은 개인이 똑똑해지는 수 밖에 없다. 개인투자자들이 영리하고 똑똑해지면 버블 논란이 가중된 장외주식이 적정가격으로 조금이나마 개선될 것이다. 그러기에 제발 부탁드리고 싶다. 공부하고 또 공부하라. 개인투자자들이 함께 건전한 투자공간을 만들어 내고 함께 공동구매를 한다면 가격에 대한 경쟁력도 있을 것이다. 개인들이 똑똑해진다면 중개업체들이 제멋대로 올려놓은 가격으로 절대 주식을 매입하지 않을 것이며 결국 가격은 제자리로 돌아온다.

수요와 공급의 원칙을 생각하여 보자. 공급자보다 수요자가 넘치면 가격은 올라간다. 그러나 공급자보다 수요자가 적으면 가격은 내려간다. 개인투자자들이 다양한 정보제공 채널의 등장으로 똑똑해지고 적정가격을 산정하는 방법을 조금이라도 알아간다면 장외주식이라는 시장에서 높은 가격에 주식을 구매하는 일은 조금이라도 시정될 것이다.

의심하기보다 차라리 실망하라

제발 부탁드린다. 바보처럼 당하지 말고 수단과 방법을 다하여 기초부터 공부하시고 정보를 수집하라. 장외 중개업체들도 네이버에 물어보고 비상장기업 기사를 매일 매일 수집한다. 직접 회사에 전화를 걸고 직접 기관에 질문한다. 이 정도는 개인 여러분들도 노력해야 적정가격에 주식을 매입할 수가 있다.

워런 버핏이 주식을 구입할 때 가장 중요한 요인으로 선택하는 것이 바로 합리적인 매수가격이다. 이 합리적인 가격을 확보해야 이익을 추구할 수가 있다. 그러기에 장외주식에 대한 적정주가는 여러분들의 몫인 것이다.

설렁설렁 인절미 칼질하듯 하지 말고, 꼼꼼히 체크하자. 당하는 놈이 바보되는 세상이다. 장외주식 대중화에 노력하는 사람을 향해 욕은 하지 말자. 주식이라는 것은 자기 돈 나가는 게임이다. 왜 자기 확신으로 주식을 사고 욕을 하는가?

"의심하기보다는 차라리 실망하자."라는 말이 있다. 체 게바라는 쿠바 혁명 성공 후 남미대륙의 해방을 위해 볼리비아에서 투쟁하다 죽어간 멋진 사람이다. 게릴라전을 전개하다 보니 각 마을에서 청년들이 하나 둘 게릴라군에 입대를 한다. 그 중에는 세작도 있을 것이라는 생각에 잠을 들지 못한다. 그러다 마음의 결정을 하게 된다. "그래! 이 중 누구도 의심하지 말자. 훗날 그 사람을 알아보지 못한 자기 자신에게 실망을 하자."라고 말이다. 그 이후 그는 어느 누구도 먼저 의심하지 않았다.

필자는 나름대로 이 장외주식 투자 시장이 척박할 때 첫발을 내

딛어 버텨온 개척정신은 있다고 자부한다. 2001년부터 관련된 책을 지술해왔고 2003년부터 방송을 시작했으며 투자자 개인들의 그 아픔을 조금은 이해하기에 사랑하는 투자자들을 위해 요즘도 매일 글을 쓰고 있다. 이것이 도움이 될지 알 수 없지만 열심히 글을 쓰고 있다.

"장외주식 투자자 여러분! 누가 도와줍니까? 없습니다. 스스로 공부하고 스스로 알아가는 게 중요합니다."

장외주식 거래의 투명성 확보를 위해 음성적 거래시장보다는 그래도 공신력 있는 방송에서 1차적 검증작업을 하고 공개적인 장외시장을 평가한다는 것이 2015년 한국경제 방송에서 시작한 장외주식 방송이라고 필자는 생각했다. 그러나 한 개인에 의존한 방송은 더욱 엄청난 사태를 만들어내고 말았다.

장외주식의 변동성을 매일 매일 뉴스로 파악할 수도, 만들 수도 없다는 것을 방송사에서도 간과했고 개인에 대한 충분한 검증없이 시작된 한국경제TV는 장외주식에 대한 관심은 좋았으나 그 목적과 달리 희석되고 장외주식 시장의 냉각을 가속시키는 결과를 초래하고 말았다.

타산지석이라고 했다. 방송시간을 채우는 기업이 아니라 일주일에 한번을 하여도 개인투자자들에게 조금 더 검증된 정보만을 제공하는 방송이 되어야 한다고 생각한다. 아직도 방송시간을 채우기 위하여 정말 말도 안 되는 기업들의 크라우드 펀딩이나 공모주 중심의 장외주식 방송을 이끌어 나가는 것을 보면서 답답함을 느낀다. 차라리 사설 정보제공 사이트에서 제공하는 일주일간의 장외뉴스와 적정가격의 산정을 파악하여 주 거래되는 주식을 중심으로 방송을 하는 것이 낫겠다는 생각이다. 또한 정말 좋은 종목을 선정하여 집중적인 분석을 방송하는 것이 개인투자자들에게 좋을 것이다.

고만고만한
기업분석 자료와
추천종목은 가라

기업을 분석하는 자료와 회사를 추천하는 자료를 보면 정말로 식상하다. 회사개요, 기업 분석표 그리고 동종업종 비교로 마무리한다. 회사의 재무제표는 초등학생들 산수 실력으로도 볼 수 있다.

요즘은 회사 발행주식의 총 수와 현재 가격을 곱해서 시총을 정하고, 가장 쉬운 방법으로 이 회사가 비싼지, 싼지를 판단하는 것이 회사가치를 보는 적정한 방법이 되어버렸다. 이런 평범하고 일상적인 기업분석 방법을 통해 투자하고자 하는 회사에 주식을 구입하여 성공한 경우는 극히 드물다.

기업분석 자료의 현주소
주식은 사실상 산수로 되는 게임이 아니라 종합선물세트 상자와 같다. 현재가치의 산정은 누구나 할 수가 있지만 미래가치의 평가는 평균적 수치 외에는 정확히 확인할 수가 없다. 이런 상황에는 객관적 사실로만 접근하여 기업을 평가할 필요가 있고 미래성장 가치에 초점을 맞춘 글로벌 마인드가 필요하다.

기업은 이제 국내가 아니라 전 세계를 상대로 경쟁하는 존재이다. 따라서 글로벌 추세를 잘 살펴보아야 한다. 그래야 주식에 대한 미래예측이 가능하기 때문이다. 그러나 요즘 나오는 기업 분석 자료들을 보면 기업개요로 출발하여 재무상황을 알리는 수준에서 끝난다. 이를 보고 투자하는 개인투자자들이 있기 때문에 이런 방법이 통용되는 것이다.

이제 이런 방법은 탈피해보자. 내가 직접 역사를 만들어 가는 것이다. 역사라는 사실에 대하여 어떤 사람은 짜게 해석하고 어떤 사람은 싱겁게 해석을 한다. 한 역사에 대해서도 다양한 의견이 나오는 것처럼 한 회사에 대해서도 다양한 의견들이 매일 매일 나오고 있다. 내가 생각하는 역사를 창조하는 것이다. 그것이 진정한 기업분석이다.

기업분석은 '왜?'를 풀어가는 과정

하나의 회사를 예로 들어 보겠다. 뽀로로를 만들어내는 국내 애니메이션의 대부인 오콘 이야기이다. 회사개요는 누구나 알고 있는 상황이다.

시장의 성장성에 대한 부분 또한 이미 온 신문에 도배될 정도로 잘 정리되어 있다. 2016년은 오콘 탄생 11주년으로 이미 30개국 수출, 어린이들의 대통령, 디즈니사에 1조 매각설, 중국진출로 인한 아시아 시장 공략, 경제적 부가효과 5조 7천억, 상품 로열티만 120억 원, 판매액 5,700억원, 브랜드 가치 8,000억원이라고 한다. 2014년 창조브랜드 대상을 포함하여 이미 정부에서 주는 상은 다 받았다. 이런 기사들만 보아도 이 회사에 대한 기본적인 설명은 충분하다.

그러나 왜 이 회사의 가치, 즉 현재 시가 총액이 200억원일까? 대체 왜 그럴까? 회사가 구입한 판교 건물의 이자만 2년 간 19억원이 지출되고 있고 적자도 기록하고 있다. 이처럼 잘 나가는 회사가 왜 적자폭은 작지만 적자를 기록하고 있을까?

뽀뽀로를 통해 아이코닉스에서 받는 로열티만 30억원이 넘어가는 회사가 왜 그럴까? 그리고 요즘에 가장 크게 변한 것이 무엇일까? 기업분석의 기본은 의문점으로 출발하는 것이다. 재무제표에는 나오지 않는 변화를 감지할 수 있어야 한다.

오콘 2대주주인 타이코지분에 변동이 왜 이루어지고, 새로운 2대주주는 어떤 조건으로 인수를 했는가? 그리고 인수가격은 얼마인가? 배급사인 아이코닉스와의 이윤관계는 어떻게 될까? 중국업체들이 왜 요즘 코리아 애니메이션에 안달하는 것일까? 왜 갑자기 드림웍스와 함께 판교에 합작 스튜디오를 설립하려고 하는가? 이것을 가지고 경기도 의회는 왜 편법지원이라고 아우성치는가?

이와 같이 너무나 복잡한 상황을 단순한 기업분석으로는 알 수가 없는 것이다. 기업분석을 한다고 한다면 이런 점을 찾아내야 한다. 양질의 기업분석으로 개인 투자자의 방향을 잡아주어야 한다.

한국장외주식연구소에서는 미래적 가치의 정확한 분석과 급변하는 오콘의 현재 상황을 정확하게 분석하여 자료를 제공하고 있다.

이제는 더 이상 식상하고 뻔한 자료에 여러분들의 소중한 재산을 낭비하지 말아야 한다. 기업의 실질적인 변동 상황과 기업의 성장성에 대한 정확한 분석을 한국장외주식연구소에서 경험하시기 바란다.

2016년 12월 1일자 머니투데이 기사를 보면 오콘과 소프트맥스는 서로 손잡고 9조 4,000억원 규모의 중국캐릭터 라이선스 시장에 진출한다고 발표했다. 그러나 아직 상호 협의 진행 중이기에 결과를 지켜보고 투자해도 무방하다.

그러므로 사실을 근거로 투자하라

장외주식 시장이 장기적 침체구간에 진입한 상황에서 일부 투자유의 주식들의 비상식적인 약진을 보면 장외주식을 오래 다뤄오고 있는 필자의 입장에서 심한 걱정부터 하게 된다. 2015년 하반기부터 시작된 전기차 관련 투자유의 주식들은 2백원짜리가 2천원을 넘기기도 했고 퇴출된 전기차 회사의 주식조차 미래에 시장 기대주로 선전되면서 무서운 속도로 올라간 후 이제는 상승분을 반납하고 개인 투자자들은 결국 투자금 회수에 대한 걱정을 하고 있다.

'설', '카더라'

아무리 장외주식 시장이 정보의 비대칭이 강하다고는 하지만 모든 것은 본인의 책임으로 귀결된다는 것을 알아야 한다.

"○○○ 계약을 앞두고 있습니다."

"조만간 발표될 것입니다."

"엄청난 기술이기에 대박 날 주식입니다."

이런 말을 듣고 어떠한 검증도 필요 없이 장외주식 개인투자자들의 돈이 폭풍처럼 몰리고 있다. 신문지상에 계약체결을 앞두고 있다는 기사가 나온다. 그러면 모든 것이 사실인 것처럼 착각하고 투자에 뛰어드는 투자자들이 대부분이다. 또한 이것을 악용한 장외주식 판매원들의 이야기까지 포함되면 일반 투자자들은 금방이라도 대박 날 것으로 생각하고 무차별적인 투자를 한다.

투자와 투기는 종이 한 장 차이

작은 돈으로 큰돈을 벌 욕심으로 그 말을 믿어주고, 그 말이 사실이 되길 바라는 것은 말 그대로 욕심 자체이다. 투자를 하기 위해서는 장기적 저축의 개념으로 접근해야 되는데, 적은 돈으로 단기적 투자수익을 창출하기 위한 사람들이 이런 '설'에 금방 현혹된다. '설'이 '사실'로 확인되면 마치 그 주식을 못 살 수 있는 것처럼 말을 하는 그 자체가 잘못된 것이다.

그 좋은 주식을 매각하는 사람들은 누구?

장외주식의 유통구조는 간단하다. 그 '설'들은 기관들의 만기된 조합물건이나 퇴직 직원들 그리고 현 직원들에게서 나오거나 초기에 투자한 개인들이다. 그러나 '설'이 사실이라면 누구보다 선 투자한 그들이 잘 알고 있을 것이다. 현재까지 나온 이야기들이 사실이라면 누가 주식을 매도하겠는가.

돈이 급한 사람들이라면 매도를 할 수는 있다. 그러나 나오는 물건이 이처럼 많이 거래된다는 것은 고의적인 '설'이 될 수도 있다는 것이다. 주식을 매각하기 위한 하나의 방법으로 엄청난 계약을 앞두고 있는 것처럼 말을 흘릴 수 있다. 냉정하게 본인이 투자하는 회사의 개념과 회사가 이루어낸 기술력들을 철저하게 검증하고 투자한다 할지라도 성공하기 어려운 것이 장외주식 투자다.

대책 없는 낙관론은 비극을 부른다

기술을 가진 기업들이 바이어를 만나는 것은 당연하다. 그 기술이 신기술이라면 누구나 한번쯤 상담을 할 것이다. 서로의 의견도 물어볼 것이다. 그러나 이것으로 계약이 된 것은 아니다. 다국적 기업과 계약을 진행하고도 계약이 무산된 사례는 너무도 많이 확인할 수 있다. 임상 1상을 마치고 임상 2상으로 끝나는 회사도 심사에서 탈락하는 것이 현실이다.

장외주식은 낙타가 바늘구멍에 들어가는 것만큼 수익으로 창출되기 어려운 시장이기에 성공 시 수익이 엄청난 것이 사실이다. 그러나 그동안 대박난 회사들의 역사를 보면 결국 회사의 실적을 바탕으로 회사가 상승탄력을 받았다는 것을 알 수 있다.

장외주식이라는 것이 휴지가 될 수도 있고 오랜 기간 돈이 묶일 수도 있다. 성장성을 겸비한 회사는 오랜 기간 장외시장에서 여러 과정을 통과하고 상승한다는 것을 알아야 한다.

어느 시점에서 시장의 밸류도 무시하고 거래되는 주식이 있다면 먼저 회사내용을 철저하게 파악하고 본인의 의사로 투자해야 한다.

어디에도 여러분들의 돈을 지켜줄 보호 장치가 없다.

"후회는 아무리 빨리 알아도 늦다." 이런 격언이 있다. 다시 한 번 강조하지만 투자유의 주식들의 최근 급등에 현혹되지 말아야 한다.

이 글은 오○○○○라는 종목의 무차별적인 주주동호회를 통한 카더라 통신으로 4천원짜리 주식이 3만원을 넘어가는 것을 보고 경고한 칼럼이었다. 현재 상기종목의 가격은, 가격이 아닌 모래성 위에 있는 주식이 되고 말았다. 최소 정확한 계약을 보고 주식을 구입해도 늦어지는 것이 아니다. 사실 없이는 어떤 것도 믿지 말라.

장외투자의
장단점

장외시장에서는 가격 제한폭이 없어 호재가 생기면 상승 탄력폭이 매우 크고 성장 가능성이 있는 종목을 조기에 발굴하여 투자할 수 있다는 장점이 있는 반면에, 매매 참여시 신용거래를 함으로써 발생할 수 있는 위험 요인 및 양도소득세를 자진 납부하여야 한다는 단점이 있다.

고수익의 기회와 고위험의 부담이 공존한다

장외시장에서는 고수익을 거둘 수 있다. 이 말의 이면에는 그만큼 고위험도 뒤따른다는 의미가 내포되어 있다. 장내(거래소, 코스닥) 시장에서는 단기간에 고수익을 내기가 힘들다. 간혹 운 좋게 단기간에 고수익을 내는 경우도 있지만 대부분 개미투자자들에게는 매우 드문 경우이다. 또 수익을 내면 투자자들은 조금 더 기다려본다는 심리 때문에 상승곡선이 결국 하강곡선으로 바뀌는 체험도 다반사로 겪고 있다. 이미 회사의 내재가치가 주가에 충분히 반영된 상태이기 때문에 생기는 현상이다. 더구나 장내시장은 상한가와 하한가의 책정으로 가격의 상승과 하락에 제동을 걸고 있다. 안정성 측면에서 좋은 장치일지 모르지만 수익성 측면에서는 장애물이 될 수밖에 없는 것이다. 주가가 단기간에 크게 오르면 작전 종목이 아닌가 해서 조사를 하는 것도 같은 이유이다.

장외시장에서는 이러한 제도적 장치가 미비하다. 시장 오픈 시 과열 양상을 보일 때에는 하루 만에 수십 배가 오른 적도 있었다. 사실 장래성 측면에서 전망이 밝은 기업들이 모여 있는 곳이고 아직까지 기업의 내재가치가 충분히 반영되지 않은 이유도 고수익을 창출하는 데 일조했을 것이다.

방심은 금물이다. 하루아침에 휴지조각으로 돌변해 버릴 수도 있는 위험이 있기 때문이다. 제도적 장치가 부족하다는 말은 휴지가 되어도 구제받을 길이 없다는 말과 상통한다. 그러나 너무 걱정할 필요는 없다. 면밀한 기업 분석을 선행하고 신뢰할 만한 중개업체나 장외 전문 웹사이트를 통해 장외시장 상황, 주식 분석에 대한 조언을 참고한 후 투자에 임한다면 고수익 창출이 요원한 일은 아니다.

때와 장소를 가리지 않아도 된다

장외시장에서는 때와 장소를 가리지 않고도 매매할 수 있다. 장내시장과 다른 점이다. 장내시장은 오전 9시에서 오후 3시30분까지만 거래가 가능하다. 시간외 거래를 할 수 있긴 하지만 그날의 종가 기준으로만 매매가 가능하기 때문에 거래의 현실성이 떨어진다. 다음 날 시세가 오를 것이라는 기대감에 의한 매매라는 의미이다. 반면에 장외시장은 웹사이트와 거래 중개업체를 이용하여 거래하는 것은 물론, 거래 당사자들이 서로 연락하여 언제든지 사고 팔 수 있다는 장점이 있다. 요즘은 신용에 의한 계좌이체 방식을 이용하여 거래하는 경우가 대부분이다. 이 방식은 직접 당사자가 만나서 거래하는 것보다 시간은 단축되지만 증권사 업무 이외의 시간에는 계좌이체 방식으로 거래할 수 없다는 단점은 있다.

주가는 내가 결정한다

궁극적으로 장외주식의 주가는 거래하는 사람이 결정한다. 기준이 되는 시가가 장외 전문 웹사이트나 장외 거래 업체에 의해 제시되어 있고 각종 장외지수에 의해 그날그날의 표준 호가가 정해져 있어(물론, 이 역시도 거래당사자들의 매매가에 의해 결정되는 것이지만) 대개 이 기준을 중심으로 거래 가격이 정해진다. 장내시장의 호가가 백화점의 정찰 가격제라면 장외시장은 재래시장의 호가 관행과 비슷하다. 재래시장에서 물건 값 깎듯이 싸게 살 수도 있으며 높게 주고 살 수도 있다는 말이다.

훌륭한 재테크 수단이다

일반 투자자들은 장내시장의 장세를 판단하기 어렵다. 반면에 장외시장은 그렇지 않다. 개인 투자자들이 재테크 수단으로서 충분히 활용할 가치가 있는 시장이며 실제로도 많은 개인들이 적지 않게 재미를 보고 있다. 인터넷의 발달로 개인투자자들도 많은 정보를 쉽게 접할 수 있으므로 정보의 선별 능력과 투자 조언을 통한 현명한 소신 투자로 수익을 내고 있다.

거래 수수료가 없다

장내 거래 시에는 증권사별로 약간씩 차이가 있긴 하지만 거래에 따른 수수료가 있다. 말이 수수료이지 몇 번 거래하다 보면 수수료가 수익률을 상회하는 경우도 종종 발생한다. 그러나 장외 거래에는 원칙적으로 수수료가 없다. 일반 투자자들에게 유익하다는 의미이다.

> 명심하기 바란다. 장외주식은 황금이 될 수도 있고 돌이 될 수도 있다. 무섭고 어려운 시장이다. 한 가지의 장점으로 보기보다는 다양한 각도에서 생각하면서 접근하기 바란다.

시작부터
소 잡지 말고
계란 한 판을 사라

돈이 갈 곳이 없다. 돈이 정착할 곳이 없다. 사람들에게 제일 만만한 것이 주식인가 보다. 부동산에 투자하기에는 너무 늦어 버린 것 같은 느낌인 것이다. 그러나 주식은 언제라도 기회가 있다고 생각한다. 부동산 투자는 잘못해도 땅은 가지고 있는데 반해 주식이라는 놈은 사라져버린다는 것을 알면서도 이길 것이라는 자신감으로 달려든다. 그러다 물리면 남 탓을 실컷 하다가 또다시 더 많은 자신감을 갖고 시장에 들어간다. 두 번 물리면 그만 멈추고 반성을 해야 하는데 또 남 탓을 한다. 그러다 세 번째 물리면 그때 뒤를 돌아본다. '오메'하면서 그때 가서 공부도 하고 천천히 살펴본다. 비상장 주식에 들어오는 투자자들에게 말하고 싶다.

"제발 공부 좀 하세요."

오늘도 30통이 넘는 전화를 받았다.

"뭐가 좋은가요?"

"올해 추천 종목 좀 골라주세요?"

"어디 가야 살 수 있나요?"

"요즘 소문에 그 종목이 좋다고 하는데 어떻게 생각하세요?"

"장외주식 돈이 된다고 하는데 나도 좀 알려 주세요?"

단 한 명도 기초부터 물어보는 사람은 없다. 이미 고수(?)가 된 사람들 전화만 온다.

계란도 모르는 사람이 소를 잡으려고 한다. 아니 이미 소 잡고 잔치하는 사람도 있다. "개인 투자자 여러분 제발 정신 좀 차리세요. 부탁드립니다."라고 호소하고 싶은 심정이다. 거래방법도 모르고 어디서 사는지 방법도 모르고 무엇보다도 장외주식의 기본적 소양인 회사분석도 할 줄 모르는 사람들이 몇 천만원씩 큰돈을 너무 쉽게 생각하며 이 시장에 덤비고 있다.

제발 공부 먼저 하자. 구구단도 모르는 사람이 무슨 방정식을 하는가? 옆집 사람이 가자고 하면 가야 하나? 가다 넘어지고 머리 상처 난 뒤에 후회하지 마시고. 후회는 아무리 빨리 알아도 늦는다는 말이 있다.

해변에 있는 콩알만 한 게도 철갑으로 무장하고 있다(잘 보시길. 철갑옷으로 무장한 모습을). 동네 똥개들도 싸울 때 먼저 탐색전을 한다. 우리는 만물의 영장인 인간이다. 콩알만 한 게도 온 몸에 철갑옷을 입고 무장을 하는데 왜 맨몸으로 달려가는가. 최소한 장외주식 기초정도는 알고 출발하라고 부탁드린다.

일단 계란 한 판을 사세요

정말 책을 보는 것이 힘든 분들은 이런 방법을 한번 활용해보자. 공부하기가 싫다면 우선 '계란 한 판'만 사라. 백만원으로 살 수 있는 좋은 종목은 많이 있다. 그 중 한 놈을 잡고 편입해보자. 주식을 사면 그놈이 잘 보이기 시작한다. 관심도 가져보기 시작하라. 뉴스를 보고, 나름 동종회사와 비교도 해보고, 매일 매일 애인 보는 심정으로 찾아보게 될 것이다. 그것이 공부가 된다. 주식으로 들어온 사람들이 여유자금이 풍족한 사람들이 얼마나 될까? 계란 한판으로 시작하면서 배워보자. 그러다 보면 어느 정도 눈에 들어온다.

그 후 닭 한 마리만 사세요

계란은 움직이지 않는데 닭은 움직이기 시작한다. 그럼 여러분들도 발품을 팔고 다니게 된다. 여기 저기 일상이 모두 주식으로 보이기 시작한다. 편의점 들어가도 그냥 가지 말고 어떤 상품이 잘 팔리고 있는지 둘러보자. 부인에게 물어보고 아님 딸들에게 물어보자. 없다면 애인에게라도 물어 보자. 화장품 중 무엇이 유행인지 물어보자. 이것이 기업분석의 기초이다. 가까운 곳에서 출발하여 나중에는 회사탐방까지 가 보자. 공 들인 만큼 주식은 답을 준다.

이 단계를 넘어가면 돼지 한 마리만 사세요

돼지 살이 통통하게 오르는 재미를 알아가 보자. 계란도 사고 닭까지 구입하고 어느 정도 감이라는 것이 온다고 생각할 때 수익률 게임에 도전하는 것이다. 소를 구입하기 위한 연습이지만 한편으로는 실전게임이기에 여기에서 멈추는 사람들이 많이 있다.

　돼지 한 마리 값으로 구매하여야 하는데 돼지 두 마리 값으로 구입하여 이때 자금이 소진되는 경우가 많이 있다. 절대 돼지를 볼 수 있다고 돼지 두 마리를 사지는 말라. 그 한 마리 값이 소진되면 다시 뒤로 가서 닭을 구입하여 다시 올라오라. 여기서 넘어지면 속 쓰리고 데미지가 올 수 있다. 가장 조심해야 할 단계이다.

마지막으로 이제 정면승부를 하자

소 잡으러 가는 것이다. 동물적 감각이 필수이다. 소라는 놈을 잡기 위해서는 최고의 스승들이 이미 앞서 행동한 것처럼 철저한 종목 분석을 마치고 아주 천천히 소뿔을 잡고 움직이지 말자. 잘못 움직이면 치명적인 상처가 올 수 있다. 그 만큼 소를 잡는 순간이 위험하다. 명심하면서 찬스를 기다리자. 늘 주목하고 주목하여 그놈이 잠깐 쉬어가는 순간에 잡아내야 한다.

　그 기다림이 인고의 시간이 될 것이다. 그러나 참아야 한다. 소는 돼지보다 크므로 눈에 더 잘 보인다. 누구나 인정하는 놈으로 사야 한다. 독보적인 기술력과 독창적인 창의력을 가진 놈으로 잡아야 한다. 구관이 명관이라고 한다. 이미 검증된 놈 중에 잠시 쉬어가는 놈을 잡아보자. 그 중에 답이 있을 수 있다.

논쟁을 하되 기본원칙은 지키자

장외주식에서 제일 큰 위험은 투자유의 주식에 있다는 것을 항상 명심하자. 계란 사라고 했더니 투자유의 주식 100주를 사는 사람이 있다. 그러지 말고 좋은 놈으로 10주를 사시기 바란다. 좋은 주식이라는 것은 누구나 인정하는 회사이다. 이미 검증된 회사인 것이다.

잘 모르면서 앞서서 달려가지 말고 비싸더라도 확인하고 구입해야 한다. 이 기본원칙만 지켜간다면 큰 실수는 피해갈 수 있다. 장외주식은 매력적이지만 함정이 너무 많으니 꼭 논쟁을 해보자. 전문가들은 논쟁을 사랑한다. 끝없는 논쟁을 하면서 본인의 명작을 만들어가 보자.

> 장외주식은 저축이다. 여윳돈으로 투자하고 충분한 시간을 갖고 투자해야 한다. 시작부터 소를 잡지 말고 계란 한 판 사라고 한 이유는 그만큼 모르는 시장이기에 천천히 진입하라는 것이다. 자기 공부 없이는 성공할 수 없다.

주식 유통경로로 보는
장외시장의
한계

1996년 7월 1일은 코스닥 시장이 출범한 역사적인 날이다. 한국 장외주식 시장 활성화 방안으로 마련되어 출범한 공개 시장은 기존 거래소에 국한된 시장에서 벗어나 새로운 투자처로 각광받으면서 호황기에는 거래대금이 거래소를 앞질러 가기도 했다. 코스닥 시장의 호황에 벤처기업들의 상장이 큰 역할을 했고 이를 계기로 장외주식 거래에 대한 활성화도 동시에 함께 이루어지기 시작했다.

최근 '청담동 주식부자' 사건이 터지면서 방송, 신문 등 각종 매체 모두 사건 당사자 개인과 관련된 내용을 넘어 장외시장 전반의 실태와 문제점 및 해법을 나름대로 내놓고 있지만 다소 아쉬운 점이 있다. 장외주식 관련 사건들이 매년 증가하고 있는 상황에서 왜 피해 사례들이 지속적으로 발생할 수밖에 없는지 장외시장의 역사와 유통경로, 현재의 상황을 중심으로 정리하고자 한다.

장외주식 시장의 태생

장외주식 시장이 시작된 배경을 살펴보자. 대기업들마저 자금의 상황이 심각했던 IMF 금융위기 당시 기업들이 명동사채를 빌리기 위해 시장에 우량 주식들을 담보로 자금을 제공받았다. 담보금마저 상환이 어려운 기업들은 명동시장 사채업체들에게 주식을 매각했고 그 주식이 장외에서 거래되기 시작하면서 일반 개인들에게도 유통되기 시작한 것이 장외주식 시장 역사의 출발점이다. 이런 태생적 환경을 기반으로 출발한 장외주식은 거래관계상의 문제와 적정주가의 산정에서 객관성이 떨어지는 등 거래상의 많은 논란이 야기되었고 이러한 문제점은 현재까지 진행형이다. 그렇다면 명동에서 거래가 시작된 이후 거래관계가 어떤 형태로 다변화되어 현재에 이르렀는지 살펴보자.

장외주식의 유통경로

장외주식의 유통경로는 다음의 세 가지로 대별해 볼 수 있다.

1. 온라인 판매

1998년 '국민의 정부' 출범 이후 벤처기업 특별법의 제정과 함께 수없이 많은 VC(Venture Capital)가 벤처기업의 초기 투자에 집중했다. 그들이 보유한 장외주식들의 조합만기가 도래하거나 일부 엑시트를 위해 주식 매각창구로 활용한 곳이 바로 장외주식을 중개하는 업체들이다.

비교적 큰 자금을 보유한 장외 중개업체는 기관들의 매도물건을 매수하여 이것을 중소 장외 중개업체들에게 다시 매각하고 이것을 매수한 중소업체들은 장외주식 정보제공 사이트에 물건을 올려 재매각한다. 정보 사이트는 '매도, 매수 란'에 보유물건에 대한 가격을 제시하고 이를 보고 연락해 오는 개인들에게 판매하는 방식을 이용한다. 이러한 1차적 방법의 유통경로시장은 정보 사이트를 이용한 거래였기에 온라인을 통해 주식 판매의 유통이 주로 이루어진 시기라고 할 수 있다.

2 오프라인 판매

2009년 이후 보험을 판매하는 직원들이 장외주식 판매유통 시장에 들어오면서 온라인 판매 외에 오프라인 판매라는 방법이 동원되고 이로 인해 이른 바 '듣보잡' 주식들이 판을 치기 시작한다. 보험사 직원들은 앞에서 말한 1차적 경로를 통해 정보제공 사이트에 올린 가격만으로는 중간마진을 높일 수 없다는 현실을 알고 정보 사이트에 올라오지 않은 종목들을 마구잡이로 선정하여 판매를 하면서 고가 판매 논란을 야기했다.

오프라인 판매 시장에서 보험사 직원들은 가격을 객관적으로 산정하지 못하는 장외주식의 허점을 악용하여 매입가에 비해 적정하지 않은 높은 가격으로 매각하여 중간수당을 취했고, 그 결과로 선량한 개인고객들이 고가의 주식을 매수하여 피해를 보는 사례가 급증하기 시작했다. 보험사 직원들이 직접 고객을 만나 기업에 대한 설명을 하고 판매를 하는 오프라인 시장이 형성된 시기이지만 이를 계기로 장외주식에 대한 대형사건 사고들이 터지기 시작한다.

3. 밴드, 카페, 증권사, 케이블TV 등을 통한 판매

2013년경부터 장외주식을 외면하던 국내 증권사들이 중소 증권사를 중심으로 장외주식 판매 부서를 신설하여 별도 창구를 통해 고객들에게 신탁계정을 통한 거래방법으로 주식을 매각하기 시작하면서 본격적으로 장외주식 시장에 진입했고 경제 관련 케이블 방송에서도 별도로 장외주식을 다루면서 일반인에게 알려지는 등 장외주식 시장이 대중 속으로 들어가기 시작한다.

여기에 기존 온라인 판매와 오프라인 판매를 넘어 대형증권사가 참여한 삼성SDS의 상장까지 이어지면서 일반 개인투자자들이 급증했고 2014년 하반기부터 불기 시작한 바이오 및 화장품 관련 회사들의 등장으로 장외주식의 거래급증이 이어지면서 이에 편승한 장외주식 관련 밴드와 카페들이 난립하게 된다. 역시 이 시기에 대형 사건이 발생한다(특정한 사건은 법적 진행 절차에 있고 초기 단계이므로 여기에서 언급은 하지 않겠다).

주식유통 구조가 거품을 양산

장외주식은 정보의 비대칭으로 인해 접근이 어려운 시장이다. 이로 인해 기업에 대한 초기 투자가 더더욱 어려운 곳이 바로 장외주식 시장이다. 정보를 가지고 있는 VC와 기관들만이 창업하는 기업들에 대한 초창기의 기본 정보를 가지고 있고 이 정보를 기반으로 초창기 투자를 한다. 그러한 연유로 장외주식 시장은 VC와 기관들의 장인 것이 엄연한 현실이다. 개인들이 승부하기에는 참으로 어려운 시장이라는 얘기다.

앞에서도 설명했듯이 이런 최상위 정보와 초기투자를 바탕으로 주식을 보유한 VC와 기관들의 독무대에서 장외 중개업체들이 그들로부터 주식을 받아 상장 전의 주식을 장외에 유통시켜 일부 이득을 취한다. VC 및 기관들은 조합의 만기물량이나 또는 리스크 관리 차원에서 일부 물량을 엑시트할 때 기관에서 기관으로 매도도 하지만 대부분 높은 가격을 제시하는 장외 중개업체에 주식을 공급한다. 이러한 주식은 다시 개인들에게 판매되는 유통흐름을 만들어 낸다. 개인들은 이러한 유통구조 속에서 VC와 기관의 물량을 직접 구입할 수가 없게 된다.

더욱이 단주물량이 아니라 통상적으로 적게는 10억원에서 많게는 100억원이 넘는 대량의 물량이 거래되기에 개인들이 구매하기에는 더욱 어렵다. 그래서 서로 연대하여 자금을 마련한 장외 중개업체들이 대량의 물건을 공동구매하고 이를 중소 중개업자가 매입하여 다시 개인에게 판매하는 유통구조가 형성되는 것이다. 이로 인해 장외주식의 매도가격은 중간 마진을 취하기 위하여 그 누구도 공개하지 않는다.

대형 중개업체에서 다시 중소 중개업체로 그리고 개인으로 이어지는 장은 현재 기본적으로 장외주식 정보를 제공하는 정보제공 사이트의 '매도, 매수'라는 공간을 통해 거래가 이루어지는데 기존 일반고객의 정보를 가지고 있는 중소 중개업체들이 개인에게 전화를 하여 판매하는 방법이 주를 이룬다.

이러한 유통 구조 속에서 이루어진 중간마진 상승으로 인해 장외주식은 상장 전 이미 높은 가격이 매겨지고 이로 인해 버블이 형성된다. 개인 매도자와 매수자간 거래 시 사고가 발생할 수 있다. 가장 빈번한 사고는 주식 매입 대금을 지급했는데 주식이 입고되지 않는 경우와 반대로 주식을 입고했는데 대금이 입금되지 않는 경우이다.

이를 방지하기 위해 중개업체가 매도자와 매수자를 연결하는 고리 역할을 한다. 매도자와 매수자를 연결하는 비용인 중개마진을 수수료라고 표현한다. 중요한 점은 장외주식 가격이 객관적으로 정해져 있지 않기 때문에 중간마진의 범위도 일정하지 않다는 것이다. 장외 중개업체들이 장악한 정보제공 사이트에서 호가의 가격을 얼마든지 조정할 수 있어 일반 개인은 정보제공 사이트의 가격 정보에 절대적으로 의존할 수밖에 없게 된다. 결과적으로 개인은 상대적으로 매우 높은 가격에 구입하게 된다.

태생적 한계로 인해 문제는 반복된다

초기 투자자인 기관에서 장외 중개업체에 주식을 매각하는 것은 아무런 법적 문제가 되지 않는다. 또한 장외 중개업체가 이를 개인들에게 매각하는 것도 개인 대 개인거래이므로 금융감독원의 관리감독 대상도 아니다. 중개업체가 지속적으로 개인들에게 주식을 유통하는 경우 자본시장통합법에 위배되기에 문제가 발생한다. 개인의 재산권에 대한 거래는 민법과 상법상 합법이지만 자본시장통합법에 의하면 불법이다.

그렇다면 주식시장에서 대박을 꿈꾸는 개인들은 어떻게 해야 하나? 거래소 및 코스닥에서 몇 배의 수익을 내기 위해서는 종합지수가 3,000 포인트까지는 가야 하는데 현재 경제 상황을 보면 가까운 장래에 실현되기는 어렵다. 결국 대박을 꿈꾸는 개인투자자는 장외주식을 지향하게 되는데 구입시장은 비영리단체인 금투협에서 운영하는 'K-OTC'이다. 문제는 K-OTC 시장의 투자금액이 제한되어 있고 결정적으로 우량의 장외주식 종목들이 거의 없어 개인에게 매력으로 다가오지 못한다는 점이다. 개인 및 우량회사에게 어필을 하지 못하다 보니 거래대금이 연 2천억원을 넘지 못한다. 장외 거래대금이 최소 6조원에서 8조원에 이르는 점과 비교해 보면 그 규모가 얼마나 미약한지 알 수 있다. 이로 인해 세금을 가급적 정확하게 납입하려는 개인들의 최근 추세를 만족시키지 못하는 등 세수문제도 해결하지 못하는 것이 현실이다.

4년제 대학 갈 실력이 있는 학생이 특별한 메리트 없이 2년제 전문대 가지 않듯이 자금력과 기술력이 좋고 흑자 기조를 유지하는 우량 회사는 특별한 혜택이 없다면 금투협에서 제공하는 투자유치금에는 관심이 없고 결국 코스닥이나 거래소를 두드린다.

이런 현실에서 장외주식을 제도적으로 구입할 수 있는 K-OTC 시장은 한계가 있다고 본다. 이 때문에 일반 개인은 시골의사 박경철의 '이동통신주식 대박'과 같은 회사를 기대하므로 장외주식을 취득하기 위해 위험을 감수하면서도 나름대로 이익구조를 이어가는 비제도권 시장인 장외정보 제공 사이트를 이용하여(전화를 걸어) 투자를 하게 되는 것이다.

이러한 방법도 위험하다고 생각하는 개인이나 장외주식의 '장'자도 모를 정도로 문외한인 개인들은 보험사 직원의 말 한마디에 큰 수익을 기대하며 기업의 분석도 무시하고 구입하거나 밴드나 카페에 가입하여 운영자나 회원들이 권유하는 주식을 구입하기도 하며 유명인이 운영하는 유사투자 자문업에 회원으로 가입하여 그들이 추천하는 주식을 구입하기도 한다.

문제는 현재진행형, 극복은 개인의 노력

근본적으로 장외주식의 태생적 한계는 지금도 현재 진행형이다. 그렇다면 장외주식의 대박을 꿈꾸는 사람들은 어디서 주식을 사야 하는가? 정부가 이런 태생적 한계에서 비롯한 사고를 막기 위해 제도권 시장을 만들었지만 그 시장이 제 역할을 전혀 하지 못하는 이유를 우리들은 정확히 알아야 한다. 부조리를 없애기 위해 규제를 만들지만 이는 또 다른 규제를 만들고 그 규제를 넘지 못하는 개인들로 하여금 또 다시 위험한 장외주식 거래를 하도록 유도한다.

최근 터진 사건을 보면서 무엇보다도 일반 개인들이 장외주식에 대해 제대로 알지도 못하는 사람들의 10배, 20배 수익을 낼 수 있다는 유혹에 현혹되는 것도 매우 안타까운 일이다. 상식적 사고를 가진 사람이라면 이번 대형사건에 휘말려 들지 않았을 것이다. 장외주식 시장을 공부하고 최소한의 주식분석 능력이 있는 사람들이라면 상장사와 단순 비교되는 기업분석표를 믿지 않았을 것이다. 또한 개인들이 받아보는 기업의 자료들은 일차적으로 기업에서 만들어낸 홍보물이라는 것을 감안하지 않고 무턱대고 믿어버린 점도 문제이다. 빈약한 기초자료를 가지고 회사를 분석하는 것이야말로 가장 미련한 일이다. 기업 IR 자료는 자료일 뿐이다. 밴드나 카페, 유사투자 자문업이 만든 자료 또한 기업이나 VC 및 기관에서 만들어낸 장밋빛 전망을 담은 것에 불과하다는 점을 간과하지 말아야 한다. 상식적인 말이지만 이런 혼돈의 시장에서 살아남기 위해서는 개인이 스스로 철저하게 공부하고 분석해야 한다. 공상이 아닌 현실에 기반을 둔 기본을 지키는 것이 중요하다.

> 장외주식 사건이 발생하면서 장외주식의 유통경로에 대한 문의가 많았다. 왜 이런 유통구조를 가진 시장이 되었는가를 묻는다. 태생적 한계를 가진 유통시장이기에 다양한 변수가 작용되고 있다. 비합리적인 부분들이 개선되지 않는다면 지속적인 문제들이 발생할 것이다. 개인들이 적정 가격의 주식을 구입하기 위해서는 스스로 노력하고 반복적인 비교를 통해 주식을 구입해야 한다. 방법은 하나다. 노력해야 한다. 스스로 공부해야 한다. 이 글 정도만 알아도 현재 장외시장에서 유통되는 주식의 형태는 파악할 수 있다. 두 번 정도 복기해보기 바란다.

주식 가격결정으로 보는
장외시장의
한계

주식의 가격이 결정되는 개념을 경제용어로 정의해 보면 "일정시점에서 사람들이 보유하고자 하는 주식의 양(스톡수요라고 한다)이 실제 사회에 존재하는 주식의 양(스톡공급이라고 한다)과 일치하는 점에서 주식의 균형가격이 결정된다"고 표현할 수 있다. 필자는 그동안 주식은 회계와 산수가 아니라 종합적인 경제상황을 고려한 종합선물세트 같은 것이라고 강조해왔다. 수요와 공급이 일치하는 균형점에서 결정되는 주식의 가격결정이라는 방정식은 경제학적으로 존재하지만, 실제로 주식의 가격결정에는 수없이 많은 변수들이 작용한다. 주식가격의 결정에 대한 변수는 수백 가지가 넘는다. 한 마디로 단정할 수 있는 정답이 없다.

특히 비상장 주식, 즉 장외주식의 가격은 현재적 가치로 결정되기보다는 미래적 성장가치로 결정되는 특성을 고려해 볼 때 불확실성이 더욱 확대된 상태에서 결정된다고 생각해도 무방하다. 이제 장외주식 가격결정의 과정을 주식의 공급자와 수요자로 구분해서 살펴보자.

주식의 공급자

주식의 공급자는 벤처기업 및 중소기업에 투자한 VC 및 기관들 그리고 회사를 설립한 대주주 또는 회사로부터 주식을 받는 직원들이다. VC 및 기관들의 주식가격 산출방법은 기업의 매출과 순이익을 산출하는 주당가격과 이것을 통한 기 상장된 동종업종의 PER을 비교한 가격결정 방법을 가장 많이 이용한다. 대주주 및 개인들의 주식 가격결정은 주식을 매수하는 수요자 입장에서 이루어지는 것이므로 나중에 다시 언급하도록 하겠다.

주식의 수요자

장외주식의 가장 큰 수요자는 1차적으로 장외 중개업체들이다. 공급자와 수요자는 장외주식이라는 특성을 고려하여 거래를 한다. 적정주가의 산정방법은 불특정다수에게 공개된 시장이 아니므로 사람이 직접 만나 가격을 결정하는 방식이 적용된다. 공급자 측에서 정한 가격에 수요자가 맞추어 가는 구조라고 할 수 있다. 공급자와 수요자 양자의 가격결정에 결정적 작용을 하는 것은 바로 상장이라는 것이다. 장외주식의 생명과도 같은 목표 자체는 상장이므로 상장을 준비하는 기업 중에서 주관사를 선정하는 등 상장이 확실시되는 신뢰를 주는 기업일수록 가격은 올라간다.

반면 상장을 당장 기대할 수 없는 기업일수록 가격은 저가를 형성하게 된다. 최근의 예를 들면 기 상장된 종목 중 가격상승폭이 큰 테마주(화장품, 바이오)를 들 수 있다. 상장이 앞에 있다면 공급자 중심의 가격이 형성된다. 공급자와 수요자의 균형점에서 가격이 이루어진다. 하지만 좋은 주식일수록 공급이 부족한 시장이 장외주식이므로 더욱 더 공급자 우선의 가격결정이 이루어진다.

그렇다면 장외주식시장에서 가격에 영향을 미치는 것은 무엇인가? 앞에서 여러 변수가 있다고 했지만 가장 중요하게 영향을 미치는 요소를 살펴보자. 가장 중요한 요소로는 '기업의 미래성장성', '상장이라는 재료', '시대적 흐름에 부합하는 기술'이 세 가지를 꼽을 수 있다.

기업의 미래 성장성

현재 시점에서 회사의 기본적 재무상태도 중요하지만 무엇보다 상장시점에 회사의 성장성이 주식가격에 직접적 영향을 준다. 미래의 잠재적 수익목표가 주식가격 결정에 중요하게 작용하는 요소 중 하나이다. 장외주식 자체가 상장 전 구입하여 상장 후 그 차익을 실현하는 시장이므로 현재적 가치보다는 상장 시 기업의 가치가 무엇보다도 중요하다. 기본적인 재무 상태를 기반으로 하는 가치적 투자 외에 미래 성장성에 무게를 더 크게 두어야 한다는 점을 다시 강조한다.

미래 성장성이 현재적 가치보다 우선시 되는 사례는 많이 찾아볼 수 있다. 실제로 상장을 위한 심사를 청구한 신라젠의 사례는 미래적 가치의 비중이 얼마나 장외주식 가격결정에 있어서 중요한지를 보여준다. 신라젠이 2016년 9월 12일 한국거래소에 상장예비심사를 청구했다는 소식에 이 주식은 단기적으로 2만원 초반에서 3만원까지 올라가면서 시가총액이 1조 5,465억원이나 되었다. 현재 재무 상태는 비록 지속적 적자상태로 2015년 415억원의 당기 순손실을 기록했지만 이 회사는 이미 기술평가 등급이 AA등급으로 기술력이 높게 평가되었다는 점과 신약 개발시 시총이 2조원 이상일 것이라는 잠재적 가치를 기반으로 장외주식 가격이 결정된 대표적인 사례이다.

상장이라는 재료

비상장 주식 즉 장외주식이 생명을 부여받는 시점은 바로 상장이므로 상장은 무엇보다도 중요한 가격결정요소가 된다. 상장이라는 재료를 가지고 있는 기업일수록 높은 가격을 형성하는 것은 당연한 것이고 공급보다는 늘 수요가 넘치므로 주식을 구하기도 어렵다. 심지어 상장이 얼마 남지 않은 종목은 상장 후 가격이 하락하는 경우가 있을 정도로 장외에서 고가를 형성한다. 상장을 앞두고 공급자인 기관이 제시한 가격에 수요자인 장외 중개업체들이 주식을 구입한 후 개인들에게 공급하는 구조이므로 상대적으로 매우 높은 가격이 형성된다.

한편으로는 단기적 투자를 추구하는 장외투자자들에게는 경쟁력이 높은 공모주 시장보다 손쉽게 주식을 보유할 수 있는 기회이기도 하다. 그러나 장외주식의 가격결정에서 상장을 코앞에 두고 있는 주식일수록 공급자 중심의 가격이 결정되기에 이익도 그만큼 줄어들므로 성공하기도 쉽지 않다.

시대적 흐름에 부합하는 기술

2014년 이후 바이오 및 화장품 주식들이 장외에서 고가를 형성한 주된 이유는 중국시장에서 한국 화장품기업의 지배력이 확대된 시기와 중저가 브랜드 화장품회사들이 상장을 앞둔 시점, 그리고 상장된 화장품 관련주들의 지속적 상승시기와 맞물렸기 때문이다. 삼박자가 맞아 떨어지면서 지속적인 매수세 유입이 증가하고 이로 인해 고가에 가격이 형성되고 또 다른 축인 바이오기업, 즉 상장된 제약회사들이 해외 다국적 제약회사와 거대 계약을 실제로 성사시키면서 장외에 남아있는 바이오 신약개발 회사들의 주가 또한 크게 상승했다.

장외주식의 가격형성 과정에서 시대적 흐름에 맞는 주식은 상장이 2년 뒤에 온다 해도 활발하게 거래되는 경우가 빈번하다. 이런 시대적 흐름에 부합하는 주식일수록 잠재적 수익실현이 가능하다는 것을 장외주식 투자자들은 잘 안다. 이러한 주식은 장기적 투자관점에서 접근하는 투자자들이 가장 선호하는 주식이다. 가격결정 부분에서도 상장을 바로 앞둔 기업보다는 공급자와 수요자 사이에 협상의 여지를 가지고 있어 가장 합리적으로 결정된다.

그래도 여전한 불확실성

앞에서 장외주식 가격을 결정하는 중요사항을 세 가지로 정리했지만 엄밀히 말하면 어느 하나도 확실한 것은 없다. 미래 성장성도, 상장이라는 재료도, 시대적 흐름에 부합하는 기술도 모두가 잠재적 수익을 추구하는 장외주식시장의 본질적 특성을 고려해 볼 때 불확실성이 높은 게 사실이다. 따라서 이런 시장에서 적정주가를 산정하는 것 자체가 어렵고 가격결정자의 가격이 적합한지 그 평가를 하기는 더더욱 어렵다. 이런 불완전 요인들이 많이 내포된 장외주식에서 잠재적 수익에 거는 기대가 클수록 이성적 사고보다는 감정적으로 접근하는 존재가 인간이다. 10배, 20배라는 말에 속아 넘어가는 투자자들의 비상식적 행동은 누구를 탓할 수 없다. 장외주식의 '장'자도 모르고 한 행동으로 자신의 잘못이 가장 크다고 할 수 있다. 다시 한 번 강조하지만 장외주식 자체가 불완전하고 불확실한 시장이라는 것을 제대로 인지하고 있어야 그나마 리스크를 최대한 줄일 수 있다.

장외주식을 하는 사람들은 무슨 근거로 그렇게 자신감이 넘치는지 알기 어려운 경우가 많다. 10배, 20배 아니 30배도 있다. 그러나 그 주인공이 되는 사람은 극소수이다. 한 가지만 제대로 알아두자. 성공한 사람 대부분은 장기적 투자 신봉자들이라는 점이다. 1년 안에 성공을 바라는 사람이 이 시장에서 살아남기는 거의 불가능하다. 장외주식의 가장 기초적인 지식도 모르는 사람이 투자 후의 수익계산을 먼저 하는데 이야말로 매우 어리석은 행동 아닌가? 다시금 강조하지만 기초부터 겸손한 자세로, 감정보다는 이성의 눈으로 보고 배워야 한다. 관련 책도 보고 사례들도 살펴보지 않고 '친구 따라 강남 가는'식으로 접근하면 수익을 절대 창출할 수 없다는 점을 다시 한 번 되새기자!

너무나 중요한 얘기이다. 필자의 글이라서가 아니다. 장외주식을 하고자 하는 사람이라면 반복적으로 복기해야 한다. 장외주식이라는 것이 미래의 성장성으로 고평가된 종목들이 넘치는 시장이기에 현재적 가치를 무시하고 무작정 미래적 성장성에 무게를 둔 종목은 일차적으로 경계해야 한다. 신라젠은 상장전 30,000원 이상이었지만 2016년 12월 상장 후 현재 가격이 10,900원까지 내려갔다. 명심하기 바란다.

상식적 투자
성공 사례
전격 분석

폐광을 살리자

1997년 11월 21일 IMF 구제 금융 요청을 통해 대한민국은 국가부도의 위기에서 벗어났지만 국가신용등급의 강등은 국내 기업환경을 자금경색으로 만들기 충분했다. 많은 중소기업은 도산했으며 한국경제의 오랜 정경유착의 산물인 거대 공룡, '재벌' 그룹들마저 도산에 몰리게 되었다. 국영기업도 주식 상장으로 내몰리는 상황에서 대기업들은 자금을 확충하기 위하여 현물 상품을 파는 등 현금화에 주력했다. 그러다 보니 그들이 보유한 우량한 비상장 주식들이 대거 시장에 나오면서 국내 장외주식시장은 새로운 전환점을 맞이했다.

1998년 출범한 국민의 정부는 벤처기업 육성을 통해 실업자 문제와 경제위기를 타개하고자 막대한 벤처기업 지원법을 만들어 자금의 한계로 사라질 위기에 있는 기술주 중심의 기업 및 인터넷을 기반으로 하는 신생사업을 지원하기 시작했다.

1996년 7월 1일 출범한 코스닥 시장은 그 당시 유명무실할 정도로 거래가 없는 시장이었지만 외환위기 속에 드디어 꽃을 피우기 시작했다. 이미 자국에서 기술력 있는 벤처기업으로 많은 이득을 본 외국인들이 주도적으로 국내 코스닥 시장의 종목을 매수하면서 국내 투자자들을 이끌어 내었기 때문에 코스닥 시장의 활성화가 가능한 측면도 있었다. 이와 더불어 정부의 벤처기업 육성은 코스닥 시장이 더 이상 변방의 시장이 아니라 주요 핵심 주식시장으로 등장하게 만드는 결정적 계기가 되었다.

1998년 6월 26일 처음으로 코스닥 거래대금이 거래소 대금을 앞질러 가는 상황도 발생했다. 코스닥 시장의 전초적 시장인 장외시장이 드디어 본격적인 시장을 형성하면서 최고의 활황기에 접어들게 된 것은 자명한 일이다. 이러한 때에 필자는 국회사무처의 직장을 그만두고 신천지 같은 장외주식 시장에 뛰어들었다. 이때 가장 처음 접한 종목이 2000년의 강원랜드였는데 필자의 상식투자론이 첫 장을 연 시기였다.

국민의 정부는 당시 몰락하는 폐광지역을 살리기 위하여 폐광지역 지원에 관한 특별법을 제정했다. 특별법은 석탄사업의 몰락으로 무너지고 있던 강원도 정선군 사북 지역에 국내 내국인 전용 카지노의 개설과 때를 같이 한다. 강원랜드를 투자할 때 장외주식을 시작하면서 원칙으로 삼은 기초적인 상식투자론에 입각하여 접근했으며 안전성, 수익성, 성장성이라는 3대 포인트를 근거로 하나 둘 접근해 가는 방법을 사용했다.

첫 번째는 안전성이다. 오랜 시간 투자해야 하는 장외주식 속성상 반드시 필수적으로 점검해야 하는 상식 항목이었다. 국민의 정부는 당시 향후 예측하기 어려운 문제 때문에 강원랜드에 대한 안전장치로 공공지분을 51% 확보하기로 하고 정부와 자치단체를 중심으로 자본금을 출자했다. 당시 지식경제부 산하 석탄합리화 사업단, 강원도 정선군, 평창군, 영월군 등이 출자했고, 나머지는 상장을 목적으로 설립된 회사와 같이 1999년 국민주 공모 방식을 통해 주당 18,500원에 공모를 하게 된다. 이점은 안전성 부분에서 충분한 합격점이었다. 공공기관의 출자와 국민주 공모까지 완료된 종목이었고 당시 장외주식 가격은 2만원 선이었기 때문에 공모주와 별 차이가 없는 가격이었다.

그 다음으로 수익성과 성장성 부분을 살펴보았다. 매출액 중 매출원가 및 기타 부분을 제외한 순이익이 얼마인지에 초점을 두었고 당시 비교할 만한 상장 회사가 없는 상황이었기에 상식적으로 비교할 수밖에 없었다. 우선 매년 국내 도박 범죄율을 분석했고 전 세계 카지노 사업을 분석했다. 분석해보니 우리나라의 매년 도박 범죄율은 증가하고 있었다. 전 세계 카지노 사업장의 증가 추이를 보아도 마찬가지였다. 사막이라는 낯선 곳에 들어선 라스베가스를 봐도 그렇고 홍콩이나 마카오의 작은 카지노 사업장의 매년 증가율을 봐도 성장산업이란 것을 깨달을 수 있었다. 충분한 수익을 낼 수 있겠다는 신념을 굳게 가졌다. 무엇보다도 세계적으로 도박심리 면에서 가장 도박을 많이 하는 국가는 1위 중국, 2위 일본, 그리고 3위가 한국이라는 분석 자료를 보면서 확신을 하게 되었다. 그 장소가 어떤 환경이라 하더라도 하고자 하는 사람은 충분하다는 결론이니 무슨 말을 더 할 수 있었겠는가? 또한 초기 시설 투자 이후 들어가는 소비재 지출은 칩이나 카드가 전부다. 그러니 매출액 대비 순이익이 얼마나 높을 것인가 하는 것은 삼척동자도 알만한 황금알을 낳는 사업이었던 것이다.

당시 필자는 6개월 동안 사전 조사 결과 시작부터 대박일 것임을 예측했다. 물론 상식으로 접근한 것이다. 아니나 다를까 개장 초기부터 넘치는 고객으로 인해 순번 대기표를 나누어 주어야 할 정도였다. 최초의 내국인 전용 카지노인 강원랜드는 그렇게 대박이 났고 필자의 첫 번째 투자 종목도 대박의 징후를 보였던 것이다.

안전성, 수익성, 성장성이 확인된 시점이 2000년 5월이었는데 당시 장외시장 가격은 2만원에서 3만원 선에 불과했다. 그러던 것이 불과 2년 만에 16만원부터 20만원에 도달했다. 필자가 소개하여 매매한 개미 투자자들의 수익은 최소 1,000% 이상이었다.

강원랜드라는 종목으로 배운 것은 장외주식은 흔들림 없이 기다림을 이겨낸 사람에게 큰 선물을 안겨준다는 것이었다. 주식에 대한 안전성, 수익성, 성장성을 상식투자론에 입각하여 분석하고 투자한 이후에는 조급함 없이 오랜 시간을 두고 지켜보기 바란다. 기다림 후에 반드시 좋은 결과물이 온다는 사실을 필자도 강원랜드를 통해 처음 배울 수 있었다.

컴퓨터에 주사를 놓는다

주식 투자 시에는 경제적 상황과 집권 정부의 정책방향을 봐야 한다. 어김없는 상식 투자의 기초다. 1997년 8월에 벤처기업 육성에 관한 특별 조치법이 제정·공표되었다. 그 해 10월, 11월에 시행령과 시행규칙이 차례로 공시되면서 98년의 김대중 정부는 대통령 취임식을 벤처기업과 함께 시작했다. 경제개혁과 구조조정의 견인차 역할을 위해 벤처기업의 육성 의지를 대내외적으로 널리 천명한 것이다. 벤처기업 육성에 관한 특별 조치법은 당시 중소벤처기업들에게 새로운 기회를 제공했다. 당시 집권여당의 지지 기반은 중소서민들이었고 정부도 성장보다는 분배를 중심으로 삼았으므로 경제적 지원들이 대기업 중심에서 중소기업으로 조금씩 이동해 가는 과도기적 상황이었다.

금융권은 기술력이 우수한 중소벤처기업을 발굴, 과감한 투자를 했다. 창투사들 역시 공격적인 투자를 했는데 인터넷을 기반으로 성장한 벤처기업들이 자금을 확보하게 된 원동력이 되었다. 실제로 성공한 벤처기업들에는 상당한 돈이 몰리게 되었다. 당시 국내 인터넷은 언제 어디서나 가능할 정도로 보급망이 우수했고 그에 따른 컴퓨터 수요는 실로 엄청난 증가를 보이기 시작했다. 컴퓨터 보급의 확대는 게임을 비롯한 인터넷을 기반으로 하는 사업의 발전을 이끌어내고 있었지만 한편으로 해킹에 의한 보안 문제가 큰 이슈로 부각되었다.

그 당시 업계에서는 정보통신망을 마비시키는 컴퓨터 바이러스의 국내외 가릴 것 없는 무차별적인 공격에 말 그대로 전쟁을 치르고 있었다. 이 때문에 너나 할 것 없이 바이러스 대피 기술을 연구하기 시작했다. 1995년 3월 15일에 설립된 안철수 연구소를 필두로

98년에 설립된 하우리 등 여러 중소기업들이 이 시장에 대한 잠재성을 보고 준비를 하고 있었다. 문제는 보안기술과 관련된 업체들이 난립해 있었다는 점이다. 투자자의 입장에서는 옥석을 가릴 혜안이 필요한 때였다.

장외주식은 생태학적으로 중소기업들이 많은 시장이다. 보안시장의 리더는 누구일까? 시장의 리더가 어느 회사인지, 대기업이 진입할 수 없는 독보적 기술력을 갖고 있는지를 확인할 필요가 있었다. 결국 동종 회사 중에서도 당시 컴퓨터 바이러스 부분에 오랜 시간 기술을 습득한 안철수 연구소라는 회사를 선택했다.

안철수라는 의대 출신 사장은 새로운 시대의 전도사처럼 우리 모두에게 필요한 바이러스 백신을 보급했기에 필자는 반드시 투자해야 한다고 판단했다. 이 종목 역시 장외주식 시작 가는 2만 5천 원에 시작하여 상장 시 8만원이 넘어가는 효자 종목이 되었다.

지금도 기억이 난다. 안철수 연구소 상장일은 9.11일 테러로 미국과 전 세계인이 비탄에 잠긴 날이다. 금융시장도 말할 것 없었다. 모든 주식이 하한가를 기록할 정도로 최악의 시장이었다. 유독 안철수 연구소만이 그 최악의 시장 상황에서도 상한가를 기록한 종목이었다. 역시 시장은 독보적 기술력을 바탕으로 그 분야를 리드하는 기업이 어떤 상황에서도 흔들림 없는 모습을 보여준다는 사실을 알려준다.

안철수 연구소 주식을 분석해 보니 투자할 가치가 있는 것으로 분석되었다 치자. 하지만 장외에 있기 때문에 장기 투자로 가야 한다는 불안감을 투자자들은 가질 수밖에 없다. 이 때문에 장외주식

투자를 꺼린다. 앞에서도 얘기했고 뒤에서도 얘기할 것이다. 장외주식 투자는 기다림이다. 상식으로 분석하고 투자하기로 결정해서 매수했다면 묻어두고 기다려라. 그 기다림은 미래의 알찬 선물로 돌아온다는 진리를 이 종목을 통해서도 알 수 있었다.

물을 렌탈하다

"웅진코웨이를 10년 후 정수기 회사로 기억하는 사람은 없을 것이다." 현재는 그룹 자체가 공중 분해되어 웅진씽크빅, 웅진홀딩스 등 몇 개사의 관계사로만 구성되어 있지만 2011년만 해도 성공가도를 달리던 그룹의 총수 윤석금 회장이 그 해 초 그룹 임직원에게 강조한 말이다. 이 말에는 오너 경영자의 고뇌가 녹아 있다.

웅진코웨이는 설립 후 21년간 가파른 성장세를 이어오며 재계의 신데렐라로 부상했지만 몇 가지 고민거리를 가지고 있다. 그 중 하나가 정수기다. 당시의 웅진코웨이를 있게 한 복덩이지만 한편으로는 회사 이미지를 고착화한 부정적 요소의 주역이기도 하다. 회사가 제품군을 다변화하면서 영역을 확대해 나간 이후에도 투자자와 소비자들은 여전히 웅진코웨이를 '정수기 회사'라고 인식하고 있다. 건강, 웰빙 등이 구체화되기도 전인 1989년에 웅진코웨이는 정수기 회사로 시작했다. 89년 당시를 상상해 보면 역발상과 미래를 앞서본 사업분야였으리라 생각된다. 때로는 우리가 상상하지 못하는 일들이 현실이 되기도 하는 세상이니까.

어린 시절의 어느 날 시골에 살던 필자는 서울에 살고 있는 친척 집에 놀러 간 적이 있다. 유독 이상하게 느껴져 아직도 기억나는 것이 바로 수돗물을 끓여먹는 모습이었다. 수돗물의 소독약 냄새나 유해성분을 제거하여 배탈이 나지 않게 하려 함이라는 사실을 지금이야 이해하지만 그 당시에는 이해하지 못했었다. 시골에 살았던 필자에게는 당시 지천에 널린 게 물이었다. 그냥 퍼 마셔도 아무 탈이 없었다. 수돗물을 먹기 위해 수도세를 낸다는 사실이나 끓여 먹는다는 것, 그리고 또 하나 물을 돈 주고 사먹는 일은 상상도 할 수 없는 일이었으니 대동강 물을 팔아먹은 봉이 김선달을 떠올리게 만들었다.

이처럼 농경사회에서 생각지 못한 일들이 산업화 시대 이후 현실이 되고 있다. 우리나라에서도 1991년 낙동강유역에 위치한 구미공업단지 내 두산전자 구미공장에서 페놀이 흘러나와 취수원인 낙동강 물을 오염시킨 이른 바 낙동강 페놀 오염사건이 있었다. 두산전자에 64일의 영업정지 처분이 내려졌다. 이미 임신한 부인이 유산하고 대구지역 주민들은 악취와 환경오염 공포에 시달리는 등 피해를 입은 뒤였다. 이 사건을 계기로 두산 제품은 불매운동에 시달려야 했다. 녹색연합에서는 1999년, '50년대 이후 발생한 대한민국 환경 10대 사건' 중 낙동강 페놀 오염 사건을 1위로 선정한 바 있다.

이후 먹는 물에 대한 중요성이 부각되기 시작했다. 2000년 들어 등장한 신조어인 '웰빙'이후 건강에 대한 국민들의 관심이 더욱 증폭되기 시작했다. 장외주식시장에서는 이러한 사회적 현상을 유심히 관찰한 결과를 투자의 중요한 포인트로 삼기도 한다. 필자는 어느 날부터인가 정수기가 식당에 하나 둘 설치되고 가정집에서도 렌탈이라는 신개념으로 하나 둘 설치되기 시작한 것을 눈여겨보았다. 당시 국내 정수기 업체로는 웅진코웨이와 청호나이스가 있었다. 웅진코웨이에 점수를 좀 더 주고 있던 차라 주식을 매수하기 위해 장외시장에서 찾아보았다. 그러나 이미 상장된 상태였다.

대신 상사처럼 물건을 사고파는 웅진코웨이개발로 눈을 돌렸다. 웅진코웨이에서 납품하는 정수기를 대신하여 팔기도 하고 사후 관리나 렌탈 사업을 벌이고 있는 웅진코웨이개발을 선택하여 공부했다. 지금은 아니지만 그 당시 기업의 안정성을 웅진그룹이라는 그룹 특성에서 찾았다. 수익성은 정수기 관리라는 서비스업의 측면에서 찾았다. 매달 현금으로 들어오는 렌탈료와 필터 교체비로 수익성을 검증할 수 있었다.

어린 시절 지천에 널린 물을 사먹는다는 것은 꿈도 꾸지 못한 일이었다. 계기야 어찌되었건 물, 건강, 웰빙 등 사회적 현상과 안전성, 수익성에 대한 분석 결과는 이 주식을 사지 않고는 못 배기게 만들었다.

당시 웅진코웨이개발은 장외에서 주당가격이 2천원인 상태에서 1년 넘게 이 가격을 유지했으나 결국 상장시 2만원이 넘어가는 주식이 되었다. 당시 이토마토 증권방송 '배워야 산다' 코너에 출연한 필자는 수차례 웅진코웨이개발을 추천했다. 당시 방송을 시청한 한 고객은 이 주식을 선택하여 상장 시까지 기다린 후 2,000% 가까운 수익을 창출하기도 했다.

거품이 빠졌다는 신호

2002년과 2003년은 인터넷의 성장과 그 성장으로 인한 명암의 골이 깊었던 해였다. 버블이라는 단어만큼 너나 없이 창업한 닷컴 기업들이 하나 둘 도산하기 시작한 해로 수익 없이 성장하던 인터넷 기업들의 옥석이 가려지고 있는 시점이었다.

당시 통합검색 일인자로 다음은 '다음 없다'라는 말로 통했을 정도로 독식하던 검색사이트였다. 1997년 11월에 설립된 네이버는 삼성에서 검색엔진 부문이 따로 떨어져 나와 시작한 회사였다. 수많은 가시밭길을 걸어오면서 지식iN 서비스, 지식 검색 등으로 당당히 포털 검색 시장의 한 축을 이루다 결정적인 변신을 꾀한다. 바로 한게임과 네이버를 합병하여 NHN이라는 회사로 새롭게 등장한 것이다. 한게임을 하는 유저들이 네이버를 이용하고 네어버를 이용하는 유저들이 한게임을 이용하는 상호 시너지 효과를 기대한 합병회사로 재탄생했다. 네이버 초기화면의 녹색바람은 젊은 층을 중심으로 인기를 끌더니 끝내 다음을 제치고 검색사이트 1위로 당당하게 생존하게 된다.

이미 인터넷은 우리에게 또 하나의 가족으로 불릴 만큼 성장했다. 누구나 눈을 뜨면 제일 먼저 컴퓨터 앞으로 다가가 네이버 창을 열고 일상을 시작하게 되었다. 필자는 성장성에 가장 큰 비중을 두고 NHN을 선택했다. 이 종목의 장외가격은 1만원 이하에서 시작했으나 상장시 10만원을 상회했다. 현재는 60만원이 넘어가는 종목이다. 시간을 가지고 투자한다면 거래소와 코스닥시장이 어찌 장외주식 수익률을 따라올 수 있겠는가를 다시 한 번 깨닫게 해 준 종목이었다.

장외주식에는 왜 거의 코스닥 종목만 있는지 일반 장외투자자들이 가끔 물어온다. 이 질문에 필자는 코스닥 종목을 선택하고 싶어

하는 것이 아니라 장외에 있는 주식들이 기술 주 중심이고 비율적으로도 90%가 넘는 종목들이 코스닥 상장을 하기 때문에 대부분 코스닥 종목에 존재한다고 설명한다.

    2002년, 2003년 그리고 2004년에는 특히 인터넷을 기반으로 하는 우량한 기업들이 대거 코스닥에 상장되었다. 그 중 포털 회사인 네이버와 지식발전소가 상장을 했고 리니지라는 걸출한 게임을 개발한 개발자들이 새롭게 설립한 웹젠이라는 게임회사 또한 시장에 진출한 시기이기도 했다. 웹젠이라는 회사의 설립은 댄서였던 당시 이수영 사장의 아이디어로부터 시작되었다. 열심히 발레를 배워 국내에 들어온 이수영 사장의 고민은 '왜 예술가는 배고플까'였다고 한다. 그래서 나온 것이 발레를 소재로 여성용 게임을 만들면 좋겠다는 생각이었고 이에 무턱대고 게임 회사들을 찾아가 사업 제안을 했다. 얼마 뒤 미리내 소프트웨어에서 마케팅을 담당해달라는 연락을 받았고 이 경험이 웹젠의 운영에 큰 도움이 되었다고 한다. 이후 작은 회사들을 옮겨 다니다 현재 웹젠의 김남주 사장 등 3명의 개발자가 찾아와 웹젠을 탄생시키게 된다. 새로운 게임의 이름을 놓고 난상 토론을 벌이던 중 '뮤'라는 단어가 튀어나오고, '뮤'는 1만년 전 태평양 한가운데로 가라앉은 전설의 대륙이 되고 그렇게 온라인 게임 '뮤'가 개발된다. 당시 온라인 게임은 2D게임 중심이었다. 그런 온라인 게임시장에 3D로 무장한 웹젠의 '뮤'라는 게임은 신선한 등장이었고 전투게임의 생명인 타격감은 종전 2D게임보다 월등했으며 기존에 볼 수 없었던 화려한 그래픽으로 무장하여 게임 유저들의 관심을 증폭시켰다.

필자 또한 앞으로 게임의 방향은 3D로 갈 것임을 예측했고 이는 웹젠 주식을 추천하게 된 이유로 손색이 없었다. 장외시장 가격은 주당 7천원 선에서 시작했으나 상장 이후 16만원을 넘어갔으며 1년 안에 투자한 단기 종목임에도 엄청난 수익을 창출한 종목이 되었다.

삼성이라는 이름만으로

인터넷 기반으로 성장한 회사들이 속속 상장한 시점에 5년이라는 시간 동안 시장에서 1만원 선을 지키고 있는 삼성SDS는 당시 일반인들에게는 관심 사항이 아니었다. 그러나 국내 SI업체인 삼성SDS는 돈을 가진 장외투자자들에게는 지속적인 매입 종목이었다. 필자 또한 2003년 이토마토 증권방송에서 가장 강력하게 추천한 종목이 삼성생명과 삼성SDS였다.

주주구성상 최대주주인 이재용 부회장의 위상과 함께 성장할 수밖에 없는 종목이었고 역시 7년을 기다린 투자자들에게는 1,400% 넘는 수익을 준 종목이다. 2012년 2월 8일 당시 삼성전자 이재용 사장은 삼성SDS에 관해 "상당히 오랜 기간 동안 상장할 계획이 없다"고 말했다. 최근 장외시장에서 삼성SDS의 연내 상장 루머가 퍼지면서 잘못된 정보를 접한 소액 주주들이 손해를 볼 수 있기 때문에 이를 막기 위해서 상장 계획이 없음을 밝히는 것이라고 부연했다. 삼성그룹의 비상장 주력 계열사인 삼성SDS와 에버랜드는 장외시장에 등장한지 오래다.

필자는 2003년 삼성SDS를 강력 추천했고 당시 1만원 선을 유지하던 주가는 2011년 14만~15만선의 정점을 기록했다. 이 후 필자는 2012년 그 당시 정부 임기 마지막에 상장할 것이라고 판단했기에 10만선이 붕괴 된다면 매수를 추천하고 싶은 종목이라고 주장했다. 그러나 위의 발언 중 '오랜 기간'이라는 말을 생각해 보면 상당기간 연장됨을 의미한다. 과연 그럴까? 발언 이후 삼성SDS는 불과 2년 9개월만인 2014년 11월 중순에 상장되었다.

또 하나 장외시장의 삼성 관련 주를 얘기하면서 빼놓을 수 없는 종목이 있다. 바로 삼성생명이다. 장외주식 중 이처럼 말 많았던 종목은 없다. 상장여부에 대한 입장을 정부의 금융 책임자가 직접 언급했지만 끝내 2004년에도 상장하지 못한 한 많은 주식인 삼성생명, 이 주식을 이야기하고자 한다. 2010년 5월 12일에 국내 1위 생명보험사 삼성생명은 드디어 상장하게 된다. 국내 최대 보험사라는 이유 외에도 삼성자동차 부채 문제 등에 둘러싸여 있었기 때문에 상장문제는 경제계의 핫이슈였다.

IMF체제 시절 삼성 이건희 회장의 오랜 숙원 사업이었던 자동차 사업은 끝내 무너지고 말았다. 당시 삼성자동차의 부채를 해결하기 위해 삼성 이건희 회장은 삼성생명 주식을 채권자에게 넘기는 수모를 당하기도 했다. 그러나 당시 비상장이었던 삼성생명의 가치는 무엇으로도 판단할 수가 없었고 채권자 입장에서는 여러 가지 보증을 요구할 수밖에 없는 상황이었다. 당시 비상장 주식이었던 탓에 채권자들에게 주식을 판단할 수 있는 가장 중요한 근거는 주당 가격이었고 가장 중요한 일은 주당 가격을 산정하는 일이었다. 채권자들은 상장시 가치를 액면가 5천원 기준으로 주당 70만원을 인정했다. 미달 시에는 채권회수를 위하여 여러 가지 조건을 요구했을 것이 이러한 삼성생명이 상장될 경우 어떤 식으로든 주당가격을 70만원 이상은 만들어 놓아야 한다는 조건을 가지고 있었던 종목이었으므로 안전성을 우선시하는 투자자 중심으로 지속적인 매수세가 유입되었다. 당시 시장가격은 20만원 이하였다. 정부가 삼성생명에 대해 상장 운운이라는 말만 나와도 50만원을 넘게 움직이던 주식이었다. 그러나 필자에게는 아픔이 있는 주식이었다.

안전성의 상징인 정부기관도 때로 본의든 아니든 거짓말을 할 수 있다는 것을 알아야 한다. 금융위원장이 상장한다고 했지만 정치적 상황에 따라 좌절된다는 것도 알아야 한다. 필자는 그 사실을 간과했던 것이다. 끝내 필자에게는 엄청난 손실을 주었다. 욕심을 부린 것이 화근이었다. 과도한 투자로 인한 이자부담으로 끝내 기다리지 못하고 포기할 수밖에 없었던 종목이다. 본인의 자본을 가지고 투자한 투자자들에게는 상장 시 액면 분할하여 500원 기준으로 10만원이 넘어간 종목이었기에 엄청난 이득을 안겨준 종목이 되었다. 액면 분할 전 20만원이던 가격이 100만원이 넘어간 격이니 말이다.

이 종목으로 얻은 교훈 중 하나는 아무리 좋은 주식도 무리한 투자는 금물이라는 것이고 때로는 정부의 주장도 100% 신뢰하지 말라는 것이다. 정부 담당자들도 여론과 시국에 따라 정책을 변경할 수 있기 때문이다.

상식의 재발견

2007년부터 지금까지 필자에겐 상식이라는 말보다 더 고마운 말은 없다. 2007년 이전에도 상식에 기반한 투자와 추천으로 일관해 왔지만 그 당시에는 그게 상식인 것인 줄 몰랐다. 그 이후에 비로소 상식투자론으로 자리잡게 되었다. 상식이란 전문가들이 보유한 지식이 아닌 아주 정상적인 일반 사람들이 가지고 있거나 앞으로 가지고 있어야 할 일반 지식, 이해력, 판단력 혹은 사리 분별이라 사전에 정의되어 있다. 그렇다. 매년 이어진 필자의 투자 방식은 상식투자론을 기반으로 이루어진 것이다.

이제 국민 대부분이 핸드폰, 아니 스마트폰 하나씩은 가지고 있다. 핸드폰이나 스마트폰 속에는 늘 게임이 들어있다. 어른 아이 할 것 없이 늘 손에 쥐고 있는 모바일폰에서 작동되는 게임을 만드는 회사가 혹시 장외시장에는 없을까 생각해 본 적이 있는가? 장외시장에 확인해보니 회사가 있다. 그 회사가 선두를 달리고 있는 업체라면 더더욱 투자할 생각이 들지 않겠는가? 간단한 몇 가지 분석은 해야겠지만 과감히 투자할 용기를 가져야 할 필요가 있다.

예전에 엄지족이란 말이 있었다. 엄지손가락을 이용하여 민첩하게 소통하고 정보를 검색하기도 하고 그 날렵한 손가락으로 게임을 즐기는 신세대를 가리키는 말이다. 터치 방식의 스마트폰이 대세를 이루는 요즘에도 문자메시지를 가장 빠르고 정확하게 보내는 세계 선발대회가 있다 하니 아직도 주류를 형성하고 있는 듯하다. 이와 같은 하나의 문화현상을 이해하고 있으면서 또한 장외주식에 평소 관심을 두고 있는 독자라면 손가락으로 놀고 손가락으로 이야기하는 요즘 신세대를 보면서 답을 얻어야 한다. 모바일 게임의 선두 업체인 컴투스가 상장 전 장외주식임을 알았다면 투자하는 것이 상식이라는 얘기이다. 컴투스는 핸드폰만이 아닌 스마트폰용 게임에서도 글로벌 모바일 게임업체로 도약을 해가고 있다.

2007년 6월 29일은 아이폰이 미국에서 출시한 날이다. 이는 핸드폰 문화의 혁명을 이뤘고 모바일 문화의 보편화를 이뤄냈다. 그것을 장외주식으로 연결하는 것은 내 직업상 버릇일 수도 있지만 누구나 장외주식에 관심을 가지고 살아간다면 쉽게 얻을 수 있는 투자방법일 것이다. 결국 10명중 4명은 보유할 정도의 대세를 이루는 아이폰이나 안드로이드폰은 터치 방식이다. 터치 방식은 새로운 폰 문화를 형성하고 있는데 정전식 터치 센서 칩 및 모듈 제조, 판매를 사업 목적으로 하는 회사인 멜파스 주식도 놓치기 아쉬운 종목이었을 것이다.

장외주식은 멀리 있는 주식이 아니라 우리 곁에 있다. 상식이 수익을 준다는 진리를 다른 예로 들어보자. 상장된 기아차를 보면 필자가 주장하는 상식 기반의 투자론을 알 수 있다. 어느 날 길거리에 K시리즈 자동차들이 늘어나기 시작했다. 그럼 주식은 어떻게 될까? 말할 필요도 없다. 고공행진이다. 그 옛날 주식방송에서도 이러한 상식에 입각한 주식을 추천한 종목이 있다. 어느 날 TV가 LCD로 변하기 시작한 시점, 그것을 생산하는 업체를 보고 추천했다.

우리 집도 옆집도 변하는 것이 있다면, 어느 날 없던 정수기가 등장한다면 그것을 장외주식으로 연결하여 보자. 그것이 상식투자인 것이다. 윤윤수 회장이라는 인물을 방송과 신문지상에서 연일 볼 수 있었던 시점에 무엇을 눈 여겨 봐야 하는가? 장외주식으로 연결한다면 휠라코리아의 등장을 넘기지 않고 분석하고 투자해야 한다. 어느 날 모든 드라마에 카페베네가 등장하고 '대한민국 모든 드라마

속의 연인들은 카페베네에서 만난다'는 말을 기사로 본 적이 있는 가? 거리 중심지마다 카페베네라는 커피전문점이 등장했고 커피체인점 중 최단기간 내 500호점이 생겨났다는 기사를 보고 그것을 장외주식으로 연결하여 본다면 이미 당신은 상식투자론을 이해하고 알고 있는 독자다.

오랜 시간 장외시장에서 일하고 그에 관한 책을 서술하고 있는 필자도 더 많은 노력을 경주하여야 한다는 것을 알고 있다. 장외주식을 하는 모든 분들은 책임이 본인에게 있다는 것을 명심한 뒤 안전한 길잡이로 필자의 투자론을 따라가다 보면, 또 소걸음으로 천리를 가는 기다림으로 전진한다면 장외시장은 매력이 넘치는 시장이 될 것이다. 다시금 강조하지만 여러분은 상식투자를 벗어나지 마시기길 진심으로 바란다.

상식투자의 원칙

장외주식 시장은 정보가 부족하기 때문에 장내 종목보다도 더 공부하고 더 분석해야 한다고 누차 말해왔다. 편입하기 전에는 상식이지만 편입한 이후에도 늘 체크해야 한다. 필자가 오랜 시간 장외시장을 접하면서 정립된 상식투자론에는 일종의 원칙이 있다. 원칙을 처음부터 세운 것은 아니고 오랜 시간 공부하고 늘 체크하면서 자연스레 생긴 것이라고 보면 된다. 이는 업종별로 다르지만 여기에서는 바이오 업종에 대한 상식투자 원칙을 살펴보고자 한다.

"실현 가능한 제품을 개발하는 바이오 기업인가?"

"그 기업이 감당할 만한 비용으로 제품을 개발할 수 있는가?"
"당해 연도에 매출과 순이익이 발생할 만한가?"

한국 바이오산업의 역사는 2000년 초반을 기점으로 본격 태동되었다. 주요 지역에 바이오 기업단지들을 조성하는 등 정부의 적극적 지원에 힘입은 바 크다. 그러나 2005년 말과 2006년 초 발생한 황우석 박사의 줄기세포 진위 논란이 결국 가짜로 판명되었고 이로 인해 바이오 시장이 크게 위축되었다. 흔히들 바이오산업을 꿈의 산업이라고 한다. 특히 신약 산업은 '황금알을 낳는 거위'로 비유되기도 한다. 성공하기 힘들지만 결실이 매우 크기 때문이다.

한국이 2000년 초를 기점으로 바이오산업을 본격 태동시키고 기업단지를 조성하여 대형 클러스터로 성장하는 와중에 황우석 박사의 줄기세포 논란은 그나마 커가던 신약 등 바이오 산업을 뭉개버렸다. 그러나 대한민국은 저력 있는 나라다. 이제 바이오 제약 생산 능력은 2018년에는 세계 1위 수준을 노리고 있으며 최근 한미약품이나 셀트리온 등 국내 제약 바이오 기업들이 놀라운 성과를 내면서 한껏 고무된 양상을 띠고 있다. 이러한 스타 바이오 제약 회사들의 그늘 아래에서도 장외에서 지속적인 성장세를 꾸준히 유지하고 있는 바이오산업 군이 있었으니 바로 우리의 일상생활과 밀접한 생활형 바이오 재료 및 신약을 실험하고 연구하는 기업들이었다. 이러한 기업들 가운데서도 옥석을 가려내기 위해 상식적인 투자론에 따라 분석을 거듭했고 나름대로 바이오 기업들에 대한 정확한 평가를 위해 만든 것이 위의 상식적 투자 원칙들이다. 현재의 가치 기준으로 각 기업의 수익성을 분석했고 개발 중인 신약들이 실현 가능한 것인지 임상이 몇 단계 중에 있는지 등을 살폈다.

신약 개발은 엄청난 자금이 투자되는 경우가 일반적이라 여러 투자처로부터 안정적인 투자를 받고 있는지 등도 면밀히 검토했다. 그렇게 찾은 보석이 아미코젠이다. 그 꾸준한 연구 자세와 효소 기반의 친환경 원료 개발 기술 등을 알 수 있었고 눈으로 직접 확인하기 위해 수십 번 방문했다. 실로 세계적인 기술임을 실증적으로 확인하게 되었고 이러한 분석 결과를 토대로 투자하고 많은 수익을 창출하게 되었다. 또한 이처럼 상식에도 몇 가지 원칙을 정하여 효율적으로 판단하는 자세가 필요하다는 사실을 깨닫게 해준 소중한 종목이었다.

Part 2

장외주식 실전투자

필자가 장외주식을 시작하고 나서 오랜 시간 행복했고 지금도 행복하다. 물론 실패도 좌절도 수없이 많았다. 그럼에도 떠나지 않고 지키는 이유는 나 자신만의 소명감이 있기 때문이다. 이 시장에서 최초라는 수식어를 상당히 많이 가지고 있지만 주식 시장에서는 결국 수익을 얼마나 냈느냐 하는 것이 성공의 기준이다. 결국 부자되는 길이라는 것은 찬스와 기다림, 이 두 단어로 요약할 수 있다. 찬스 앞에서 우물쭈물하지 말고 우직해야 한다. 찬스를 잡았으면 기다림을 지루해 하지 말아야 한다. 좋은 주식은 반드시 답을 준다. 장외주식 시장 아직 끝나지 않았다. 너무 힘들어 할 필요 없다. 위기는 찬스가 될 수 있다는 평범한 진리를 생각할 필요가 있다. 기대가 큰 장은 지금도 새롭게 열리고 있다.

장외주식 매매 절차

장외주식은 당사자가 직접 만나 거래하는 것이 가장 일반적이고, 가장 확실한 방법이다. 눈으로 직접 주식을 확인한 다음, 거래를 하는 방법보다 더 안전한 방법은 없기 때문이다. 장외시장 주식을 당사자끼리 직접 만나서 살 때는 사전에 철저한 조사가 필요하다. 특히 장외주식은 정보가 절대적으로 부족한 만큼 투자자는 미리 사고자 하는 종목에 대해 충분히 연구해야 한다. 그렇지 않으면 막상 팔 사람을 만났을 때 나쁜 조건으로 해당 주식을 살 가능성이 높다. 반면 미리 파악해두면 나름대로의 논리를 바탕으로 가격협상 등에서 유리한 입장에 설 수 있다. 장외주식의 매매 프로세스와 그 의미를 살펴보면 다음과 같다.

장외주식 매매 프로세스

증권계좌 개설

장외주식 거래를 편하고 안전하게 하는 가장 확실한 방법은 주식을 사고 파는 당사자끼리 만나서 실물로 거래하는 것이지만 오고 가는 시간과 노력을 생각한다면 증권계좌를 통해서 하는 것도 나쁘지 않다. 이를 위해서는 증권사에 주식계좌를 만들어야 한다. 지방에 있거나 멀리 있는 사람을 만나지 않고도 증권회사를 통해서 주식을 거래할 수 있는 편리함이 있기 때문이다. 또한 주식을 입고하거나 출고했을 때 '사고 주식'인지 아닌지 확인도 가능하며 배당금 및 주식관리를 증권회사에서 대행해주기 때문에 편리하다. 또한 계좌 개설 시 받을 수 있는 홈트레이딩 프로그램을 자신의 PC에 설치해놓고 입고된 장외주식을 관리할 수도 있다. 이 경우 증권사를 방문하지 않고도 주식의 입고 출고 확인 및 잔액 확인이 바로 가능하다.

참고로 증권회사를 통한 주식대체 업무는 본인이 증권회사에서 만든 카드, 도장, 신분증을 가지고 직접 증권회사를 찾아가거나 본인의 도장과 신분증을 가진 제3자가 증권회사를 찾아가서 계약을 맺어야 거래가 가능하다. 공인인증서를 통한 홈트레이딩으로도 주식 대체가 가능하다. 하지만 어떠한 경우에도 전화상으로는 주식대체가 되지 않는다.

증권계좌의 개설 이외에도 은행계좌가 있으면 편리하다. 주식대금을 송금하거나 수신할 때 은행을 통해서 주고 받으면 편리하기 때문이다. 좀 더 편리함을 추구하기 위해서는 모바일이나 인터넷 뱅킹, 텔레뱅킹을 신청하여 이용한다. 꼭 주식거래가 아니더라도 인터넷뱅킹이나 텔레뱅킹을 신청해두면 대금이체 시 좀 더 저렴한 수수료로 이체가 가능하다. 또 주식대금이 이체되었는지 은행에 가지 않고도 확인이 가능하니 편리하다.

> **계좌 개설 시 필요한 서류**
> 실명확인용 주민등록증(운전면허증), 거래인감(서명가능, 인감은 인감증명서상의 인감이 아니어도 가능함) 등을 지참 후 소정의 양식을 작성하면 계좌카드 및 보안카드 등을 발급해준다. 대리인을 보낼 경우에는 대리인임을 증명하는 서류와 위임장이 필요하다.

정보 수집

매도하는 종목에 대한 정보는 경제신문의 광고면과 인터넷상 혹은 장외 전문 중개업체에서 구할 수 있다. 예전에는 경제신문의 광고면을 보면 장외주식을 팔겠다는 광고 정보가 주를 이루었는데 요즘에는 주로 인터넷 사이트의 '매매 코너'가 실제적인 매매 정보 제공처가 되고 있다. 이를 통해 자신이 관심을 가지고 있는 종목을 고른 다음 매도 매수 광고를 낸 사람에게 연락을 하여 만나면 된다. 요즘에는 광고를 낸 측의 대부분이 중개업체들이다.

사전 가격절충

만나기 전에 반드시 가격절충을 시도해야 한다. 매도를 희망하는 상대방에게 전화나 기타 통신수단을 이용하여 연락을 취한 후 1차(통신 수단 이용) 협상을 하여 가격과 수량에 대한 타협점을 도출해낸다. 대략적인 매매가격 정도는 사전에 맞추어야 직접 만나서 거래할 때 불필요한 시간낭비를 줄일 수 있기 때문이다. 그러지 않고 만났다가 의견을 좁히지 못한 채 그대로 돌아설 수도 있다.

신분 확인

만난 다음에는 반드시 신분을 확인해야 한다. 주민등록증이나 운전면허증 등을 교환해 상대방의 정확한 신원을 파악해두고 여러 군데 전화번호도 받아두어야 한다. 신분증은 가능하면 복사를 해두는 것이 좋다. 사고가 난 주식이 아닌가도 현장에서 따져 봐야 한다.

 일반적인 경우 사고 주식일 가능성이 높지는 않지만 만일의 경우를 대비해 최소한의 검증 절차는 밟는 것이 필요하다. 앞에서도 언급했지만 사고 난 주식인지 아닌지는 증권예탁결제원을 통하면 쉽게 확인할 수 있다. 만나서 거래하는 경우에는 반드시 주식 양수도 계약서 쓰는 것을 빠뜨리면 안 된다. 보통 만나서 거래를 하다 보면 별 의심 없이 주식과 돈을 바꿀 수 있다. 그렇더라도 장외주식 거래를 하면서 계약서를 작성하지 않는 방식은 절대 금물이다. 그래서 사업자등록을 필한 업체를 찾아 거래하는 것이 중요하다.

이것은 거래뿐만 아니라 훗날 매도 시 양도세 부분이 문제가 될 소지가 있기 때문이다. 매매계약서 작성을 위해서라도 정식으로 사업자등록을 마친 업체를 방문해야 한다. 지방이라면 팩스를 통해서라도 꼭 매매계약서를 받아두어야 한다는 것을 명심하기 바란다.

> **주요 매매방법**
> 실제로 매매 당사자가 함께 만나서 주식 양수도 계약서를 작성하여 계약을 체결하는 방법이 가장 안전하다. 그러나 상기의 방법은 시간적, 거리적 제약이 있기 때문에 대개의 경우 상호 간의 신용을 매개로 한 계좌이체 방법이 실제로는 많이 사용되고 있다.

계좌이체

직접 만나서 거래하는 것이 아니라면 우선 매도자의 증권계좌 번호와 매수자의 은행계좌(매도자금 수령용)를 서로 교환한다.

입고 확인과 대금 지급

먼저 매도자가 주식을 증권계좌로 이체시키고 매수자는 계좌의 입고를 확인한 다음 대금을 지불한다. 장외주식을 매수·매도할 경우에는 항상 신용을 우선시해야 한다. 그러나 장외주식의 매매에서 발생하는 문제들은 개인의 직접적인 피해로 연결되고 모든 책임 또한 개인에게 있으므로 항상 안전장치를 강구하는 자세를 가지는 것이 바람직하다.

장외주식의 입고확인과 대금지급 흐름을 다음과 같이 도식화할 수 있다.

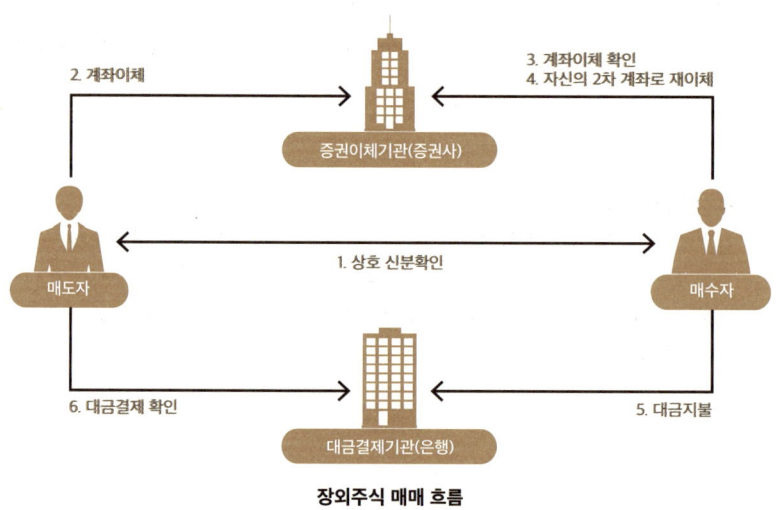

장외주식 매매 흐름

다수의 매도자 중에서 본인이 매수를 원하는 종목과 가격대를 보고 매도자를 선정한다. 이 경우 증권사를 통한 계좌이체 방식의 거래가 가능한지의 여부를 확인해야 한다. 계좌이체는 해당 기업이 통일 주권을 발행하고 명의개서가 가능한 주식에 한하여 가능하므로 이를 먼저 확인해두는 것이 좋다.

매도자를 선정한 후에는 매도자의 신원을 확인해둔다. 우선은 유

선전화를 통해 신원을 확인한다. 그 다음 계좌이체 거래를 위해서는 주로 증권사 객장에 가야 하므로 직접 객장에 전화를 걸어 직원이 매도자와 통화하게 만드는 절차도 때에 따라 필요하다. 이와 같은 과정의 선 증권 이체 후 대금 지급 방식이 현재 시장에서 널리 통용되고 있다.

선 증권 이체 후 대금 지급 방식의 이해
① 매수자의 증권계좌로 증권이 이체된 것을 확인한 후 대금을 이체시킨다. 단, 같은 증권사 간의 계좌이체는 실시간으로 이루어지나 다른 증권사 간의 계좌이체는 오후 3시에 일괄적으로 한 번에 처리되므로 가능하면 같은 증권사 간의 계좌이체를 이용하고 그렇지 못할 경우 주의하여야 한다.
② 주식 선 입고 후 주식대금 지급이라는 것을 꼭 기억해야 한다.

명의개서
주주로서의 권리를 행사할 수 있도록 주권을 자신의 소유로 만드는 것이다. 따라서 주주명부에 자신의 성명과 주소 등을 기재하는 일을 명의개서라 한다. 증권예탁원 또는 명의개서 대행기관을 통해서 할 수 있다.

장외주식
매매 상식

거래소나 코스닥 시장은 인터넷의 저변 확대와 홈트레이딩 시스템의 활성화, 모바일로 인해 누구든 알기 쉽게 접할 수 있고 이로 인해 점점 더 익숙해져 가고 있다. 또한 어느 증권사나 고객 서비스 센터를 두고 있어 투자자가 알고 싶어 하는 내용에 대해서도 즉각적으로 서비스를 받을 수 있다. 반면 장외시장은 여러 인터넷 사이트와 장외 전문 중개업체가 적지 않지만 대부분이 전담 헬프데스크를 갖추고 있지 못하여 고객 서비스 측면이 약하다. 이를 보완하기 위해 투자자들이 기본적으로 알고 있어야 할 일반적인 매매 상식을 취합하고 정리해보았다.

장외시장 홈트레이딩

증권사들이 홈트레이딩(HTS)을 처음 도입할 때만 해도 그 서비스는 주식 시세 정보와 매매 기능이 고작이었다. 이제는 다양한 기능으로 무장하여 홈트레이딩 이용자들을 끌어들이고 있다. 각종 경제 지표는 물론, 자산관리, 가치 주 선정 등의 역할까지 하고 있다. 그러나 아쉽게도 주식 이체 이외에는 장외시장 주식거래에서 홈트레이딩을 통한 거래는 불가능하다. 다만, K-OTC에 등록된 장외주식은 증권사 시스템을 이용할 수 있다.

같은 증권사 내 계좌끼리의 이체는 증권사의 업무종료 시간인 4시 전까지만 주문을 접수시키면 되지만, 타 증권사로의 이체는 대개 오후 2시까지(증권회사마다 다를 수 있으므로 전화로 먼저 확인 필요) 주문을 접수시켜야 한다.

주식이체의 경우에도 별도의 대체전표가 있다. 대체전표에는 먼저 이체시킬 주식의 종목명과 수량, 본인의 계좌번호와 비밀번호, 계좌명을 적는다. 그리고 이체해 줄 계좌의 계좌번호와 계좌명, 그 계좌의 해당 증권사 이름과 지점 이름, 그 지점의 연락 전화번호를 기재하고 서명 날인한다. 이 주문표를 신분증과 함께 창구 직원에게 제출하면 된다. 타 증권사 주식이체의 경우 이체할 해당 지점과 이체 받을 해당 지점의 담당자들끼리 전화 통화를 하여 서로 이체 확인 절차를 거친다. 따라서 이체 받을 해당 증권사명과 지점명, 연락 전화번호를 알려주어야 업무를 처리하기가 훨씬 용이해진다.

이체 주문을 처리하면 업무 종료시간인 4시에 본사끼리 상호 연락하여 이체받는 계좌로 주식이 들어가게 된다. 따라서 이체받는 계좌의 경우에는 이체 주문을 처리한 다음 날부터 매매가 가능하다. 예전에는 입고 여부의 확인을 당일 오후 4시 이후에 HTS(Home

Trading System) 등을 통해 할 수 있었지만, 요즘에는 바로 확인이 가능하다. 같은 증권사의 지점간 이체의 경우에도 이체가 주문 처리 즉시 바로 이루어지게 된다. 따라서 이체 받은 계좌에서 입고가 확인되는 당일에도 매매를 할 수 있다.

명의개서가 안 되는 주식의 처리

명의개서란 주주로서의 권리를 행사할 수 있도록 주권을 자신의 소유로 만드는 것이다. 주주명부에 자신의 성명과 주소 등을 기재하는 것으로 증권예탁원에 비치된 명의개서청구서, 인감표 2매(신규주주인 경우), 본인 인감, 주권을 준비하여 제출해야 한다. 간혹 이러한 명의개서 장치가 마련되지 않은 주식을 접하는 경우가 있다. 이때에는 거래절차가 복잡해져 거래 중개업체나 장외 펀드매니저의 도움을 받아 공증 등의 절차를 밟아두는 것이 안전하고 편리하다.

주권 발행 회사가 미래 어느 시점까지 자사주의 명의개서를 금지한다는 조항을 넣게 되면 명의개서가 되지 않는다. 경영권 보호 차원에서 이러한 조항을 넣게 되는 경우가 대부분이다. 명의개서가 안 되는 주식은 명의개서 시작 시점을 파악하는 것은 물론, 거래 시 반드시 공증을 받아두어야 한다.

계약 안전장치

장외주식 투자자들은 거래할 때 흔히 거래계약서만을 쓰는데 그것만으로는 부족하다. K-OTC 주식을 제외한 장외주식 거래는 일정한 매매시스템이 없기 때문에 거래할 때 만전을 기해야 한다. 특히 모든 거래의 책임은 본인이 져야 하므로 가능한 모든 방법을 동원해 안전장치를 만들어 놓아야 한다. 이런 점에서 매매계약서를 쓰는 것은 가장 기본적인 사항이라고 할 수 있다. 물론 거래계약서만으로도 기본적인 문제는 해결된다. 그러나 미덥지 못하다면 명의개서가 안 된 주식의 처리와 마찬가지로 공증을 받아두는 것도 한 방법이다.

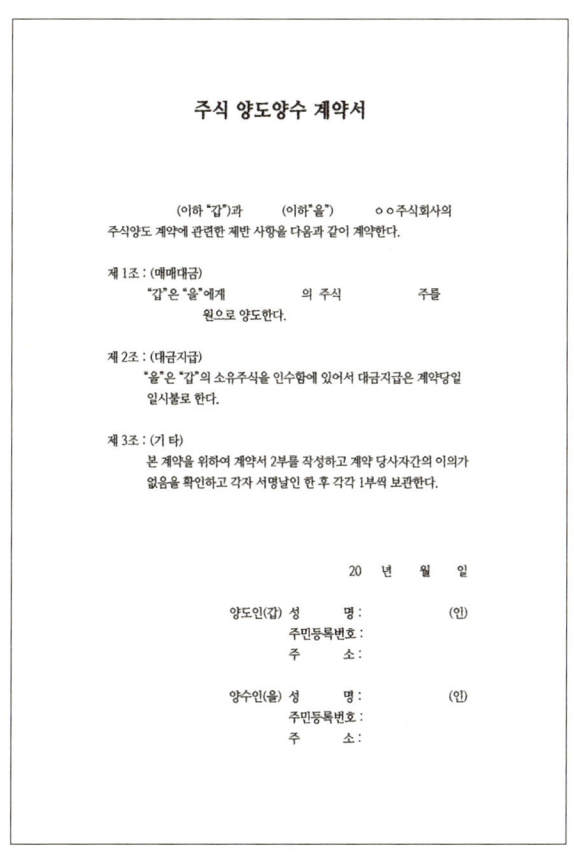

주식 양수도 계약서

주식보관증

■ 주주

1	성 명	
2	주민등록번호	
3	주 소	

■ 보유주식 내역

1	주식의 종류	보통주
2	주식 수량	ㅇㅇㅇ주
3	1주의 금액	ㅇㅇㅇ원

당사가 ㅇㅇㅇ에 기부한 상기 주식을 차후 주권을 발행하였을 때 이 보관증과 교환해 드리겠습니다.

20 년 월 일

업체명 :
대표이사 :   (인)
주 소 :

ㅇㅇㅇ 귀하

주식보관증

주식보관증의 법적 효력

주주의 성명, 주소, 보유하고 있는 주식의 종류, 수량, 1주 금액 등의 내용으로 차후 주권이 발행되었을 때 회사가 보관증과 교환을 약속하는 일종의 증명서를 주식보관증이라고 한다. 회사의 명의로 써준 주식보관증이 본인의 이름으로 되어 있다면 법적 효력이 있는 것이다. 또한 향후 주식 실물 발행 시 주식보관증을 통해 실물로 대체 가능하다. 그러나 주식보관증에 타인의 이름이 있을 경우 법적 효력을 가질 수 없으며 문제가 발생할 수 있다. 즉, 주식보관증을 받기로 한 경우에는 주식보관증이 본인 명의가 아니라면 주식권리를 행사할 수 없으니 매도자에 대해서 사기죄로 재판을 걸 수 있다.

주식 양수도 계약서 또한 마찬가지로 한 사람이 다른 한 사람에게 주식을 매도하고 동일한 주식을 다른 사람한테 다시 팔았을 경우 명의개서가 되어 있지 않은 상태에서는 주식의 권리를 주장할 수 없기 때문에 매도자에 대해서는 사기죄가 적용된다. 또한 공증은 재판절차를 줄이기 위해서 받는 것이지 공증을 받아서 주식에 대한 권리를 인정받는 것은 아니다. 그러나 거래단위가 큰 경우 더욱 확실한 승소를 위해서라도 공증을 받아두는 것이 유리하다.

유가증권신고서 제출

유가증권신고서는 기업이 유가 증권을 발행하기 전에 증권관리위원회에 제출하는 서류이다. 기업의 사업 내용, 재무 내용 따위와 유가증권의 종류, 발행액, 자금 사용 목적, 기타 사항을 기록한다. 투자자에 대한 정보제공 차원에서 유가증권의 신주 모집 또는 구주 매출가액의 총액이 10억원 이상인 경우 발행 기업이 당해 유가증권에 관하여 유가증권신고서를 증권관리위원회에 제출해야 한다. 당해 신고서가 증권 관리 위원회에 의해 수리되지 않으면 모집 또는 매출을 할 수 없다. 유가증권신고서에는 모집 또는 매출의 개요(모집 또는 매출의 요령, 자금의 사용목적 등), 발행 기업에 대한 사항(회사의 개황, 사업의 내용 등) 등에 관한 사항이 기재되며, 증권관리위원회에 비치하고 2년간 공중에게 열람된다. 한편 유가증권신고서가 증권관리위원회에 의해 수리되고, 효력이 발생한 후에 발행 기업은 모집 또는 매출 시에 사업설명서를 작성하여 투자자에게 제공해야 한다. 유가증권신고서의 효력은 유가증권신고서가 수리된 날로부터 일정 기간이 경과된 날까지 발생한다.

일괄신고제도
상장회사의 유가증권발행업무의 간소화를 도모하기 위해 도입된 것이다. 발행회사가 발행 예정기간을 정하여 그 기간 동안 모집 또는 매출할 예정인 유가증권에 관하여 증권관리위원회에 일괄하여 신고서를 제출한다. 수리된 경우에는 당해 기간 동안 모집 또는 매출 예정인 유가증권에 관하여 유가증권신고서를 별도로 제출하지 않아도 되는데 이를 일괄신고제도라 한다.

주권수령 방식

해당회사의 주권 교부일에 직접 방문하여 수령하거나 주민등록증과 도장을 가지고 증권예탁결제원(또는 지정기관)에 방문하여 이름과 종목명을 제시한 다음 관련서류를 작성하고 수령한다. 주식배당 또는 무상주를 교부받으려면 서류(주주의 신분증, 예탁원이 발송한 주권수령증, 등록 인감)를 가지고 주권수령증에 명시된 지급처에 제출하면 된다. 대리인이 가는 경우에는 대리인의 신분증도 지참한다. 만약 주권수령증을 분실했을 경우 등록인감을 소지한 채 수령증을 재작성하면 교부해준다.

비상장 주식은 대부분 발행회사에서 교부받아야 하나 명의개서 대행기관이 선임된 경우에는 그 곳에서 주권을 교부받을 수 있다. 명의개서 대행기관은 현재 증권예탁결제원과 국민은행, 하나은행이 맡고 있으며 이 중에서 발행 회사가 선택하여 계약을 체결할 수 있으므로 먼저 발행 회사에 명의개서 대행기관을 문의해야 한다.

통일주권

최초에 주식회사에서 (비상장)주식을 공모 혹은 그와 유사한 행위를 하여 불특정 다수에게 회사의 주식을 판매할 때 가주권이라는 마분지에 주식수와 가격을 표시한 주권을 주주들에게 나누어준다. 쌍방 거래 시 계좌입고 및 이체가 불가능하며 양도와 양수인이 법적으로 매매계약서를 작성해야만 거래가 성립된 것으로(필히 공증을 해야 하고 주권의 유·무상 혹은 액면분할의 권리 포함 여부) 본다. 즉 쌍방이 직접 만나 거래에 임해야 하고 번거로운 법적인 절차를 거쳐야만 비로소 그 주권에 대한 권리행사를 할 수 있다는 의미이다. 이러한 취지에서 통일주권이 생겨난 것인데 합법적으로 증권예탁결제원에 예탁이 가능하고 증권계좌간 위탁거래가 가능한 증권법상 규정되어 있는 통일된 규격으로 사용의 편리성과 거래의 안전을 도모하기 위해 발행하는 주권을 말한다. 보통 공모 후 약 2~3개월 이상의 기간이 경과해야 주권이 발행되어 가주권과 교환할 수 있게 된다.

양도소득세

우리나라의 양도소득세는 토지, 건물, 부동산에 관한 권리, 비상장주식 및 기타자산에 대하여 부과하고 있다. 주식과 관련해서는 비상장 주식, 기타 자산 중 특정 주식, 부동산 과다보유 법인의 주식 및 주식형 시설물 이용권 등이다. 양도소득세에서 과세대상이 비상장 주식이냐 기타 자산이냐에 따라 세율 및 과세방법 등에 차이가 크다.

　기타 세금 문제로는 장외주식을 보유하고 있다가 상장이나 등록 후 주식을 매도하게 되면 주식보유자가 개인일 때 양도소득세 부담 문제가 발생한다. 비상장 주식을 소유한 개인보유자가 동 주식이 증권거래법에 의한 주권 상장법인 또는 협회 등록법인으로 상장된 후 코스닥이나 증권거래소 장내에서 동 주식을 매각하면 소액주주인 경우에는 양도차익의 과다에 상관없이 양도소득세를 부담하지 않아도 된다. 그러나 대주주는 소유주식 발행 회사가 중소기업(중소기업기본법 제2조에 의한 기업 및 조세특례제한법 시행령 제2조 제1항의 중소기업 업종 영위기업)인 경우에는 양도차액의 11%, 대기업인 경우에는 1년 이상 보유 시 22%, 1년 미만 보유 시 20~40%의 양도소득세를 부담해야 한다.

　이때 부동산 양도소득과는 별도로 주식 양도차익에서 거주자 별로 연간 250만원의 양도소득 기본공제액을 공제한 후 세율을 적용한다. 그리고 주식보유자가 법인인 경우 개인 양도소득세와는 달리 장외주식 상장이나 등록 후 장내에서 매각한다고 하더라도 대주주, 소액주주 구분 없이 주식 양도차익 전액이 법인세 과세표준에 포함되어 법인세율(2억원 이하 10%, 2억원 초과 22%)을 적용한 법인세를 납부해야 한다. 위에서 대주주라 함은 주주 1인 및 국세기본법에 의한 특수관계에 있는 자의 보유주식 합계액이 당해 법인 주식 총 발행액의 100분의 3 이상이거나 보유주식 합계 시가총액이 100억원 이상인 경우의 당해 주주 1인 및 기타 특수관계에 있는 자를 말하며 소액주주라 함은 대주주를 제외한 나머지 주주를 말한다. 또 주식 양도차익이라 함은 주식의 양도가액과 취득가액과의 차액을 말하는데 양도가액은 장내에서 거래 체결된 매매가액이며 취득가액은 실제 취득 시 부담한 총 금액이다. 즉 취득 시 주식발행 법인의 유상증자에 참여 시는 유상증자 불입 총액, 기존 주주로부터 매매에 의한 매입 시는 주식 매매계약서상의 매매가액, 증여에 의한 수증 시는 주식발행 회사의 수증일 현재의 주식지분 평가액을 말한다

장외주식의
시간 투자 가격

장외주식의 시간 투자 가격에 대해 지스마트라는 종목을 예로 들어 설명해보려 한다. 특정 중개업체가 본 종목의 주식을 선편입함으로써 고평가 논란이 가중될 수 있는 대표적인 종목이다. 지스마트는 투명한 유리에 선 없는 발광다이오드(LED)를 첨가하여 외부에서 볼 수 있는 미디어가 구현되는 제품을 생산하는 곳이다.

지스마트 계열에 코스닥에 기 상장되어 있는 지스마트글로벌이 있다. 지스마트는 제품을 생산하고 자회사인 지스마트글로벌이 판매와 유통을 담당하고 있다. 웅진코웨이가 정수기를 만들고 이것에 대한 판매와 유통을 웅진코웨이개발이 담당한 것과 유사하다.

지스마트글로벌이 최대주주인 비상장 회사 지스마트는 특정 중개업체를 통해 2015년 10월경 시장에 나왔다. 특정 업체를 통해 매매되는 종목이라 아직 대중성을 확보하지 못했지만 액면가 5,000원에 30만원 선에서 거래되고 있으며 총 발행 주식수를 기준으로 시총 2,000억 선에서 움직이고 있었다.

필자는 당시 대략 20만원 선이 적정주가이고 이 가격선에서 거래되는 것이 타당하다고 봤다. 시간을 두고 투자를 고려해야 하는 시간 투자 장외주식이라 볼 수 있었다. 그렇다면 성급할 필요가 없다. 올해는 회사가 얼마나 성장할 수 있을지 성장성을 충분히 파악하고 투자해도 늦지 않은 주식이기 때문이다. 상장 예정 시기가 2017년 2분기 이후가 될 확률이 높다는 점만 봐도 그랬다. 변수를 고려해도 시간이 충분하다. 2년 정도의 시간을 두고 판단해도 늦지 않을 기업을 현재 서둘러 고가에 편입하는 것은 무리다.

조심스럽지만 2016년 1월 기준 20만원 언저리에서 매수하면 부담이 없을 것으로 판단했다. 아직 적정 가격이 어느 정도에 형성될지 가늠하기 힘들 정도로 공급자 중심의 가격이므로 시간을 두고 투자하라고 권유했다. 장외주식은 어디 가지 않는다. 내가 설정한 가격대가 있고 그 시기와 가격이 오면 편입하는 것이 정석이다.

특정 종목의 사례로 장황하게 설명했지만 장외주식에는 이처럼 시간적 가격(시간 투자 가격)이 있다. 폭발적 성장성을 이어갈 것으로 판단되는 유망 종목이라 해도 현재 주력 수출 국가들의 경기둔화도 고려해야 하는 등 종합적으로 봐야 한다. 해당 종목의 주변 상황을 종합적으로 분석하여 적정주가라고 판단되는 가격이 명확히 파악된다면 기다리는 것도 좋다. 언제고 기다리고 기다리다 보면 원하는 가격이 온다. 장외주식 투자, 시간적 가격도 반드시 고려해야 할 특성 중의 하나이다.

2016년 12월 지스마트 주식은 필자의 예측처럼 20만원 선에서 움직이고 있다. 자회사인 지스마트글로벌이 엘시티관련 사업수주로 끝없이 폭락을 하고 있는 시점에 당시 40만원을 주고 구입한 피해자들의 원망은 말로 표현할 수 없다. 장외주식이 단순히 순이익이 좋다는 이유로 평가되는 것은 무리다. 1년 이상을 기다려야 할 주식들이기에 적정주가에 주식을 사는 일이 무엇보다도 중요하다.

장기투자만이
성공의
지름길

장외주식 투자의 성패를 지난 20년 간의 노하우로 복기해보면 아주 간단한 논리가 나온다. 결론부터 말하면 수익률 측면에서 장기투자 종목이 단기투자 종목을 앞지른다는 것이다.

독자 대부분은 삼성SDS를 알 것이다. 이 종목은 2000년부터 2005년까지 장외에서 1만원이었다. 단돈 1만원짜리 주식이었다. 필자가 당시 출연하던 방송에서 삼성 관련 장외주식에 대해 특집 방송을 요청하여 진행한 적이 있다. 열변을 토했음에도 일반 투자자들은 외면했다. 그렇게들 외면하다 신문지상에 삼성SDS가 상장한다는 소리가 나오자 뒤늦게 난리가 났다.

이 종목은 상장 시 최고가 43만원에 도달했다. 감히 상상할 수 없는 수익률 대박이었다. 기다린 사람만이 엄청난 보람을 얻는다. 우량한 종목을 선 편입하고 저축상품이라는 개념으로 장외주식에 접근해야 한다.

장외주식은 일일장도 아니며 매일 매일 사고 파는 주식이 아니다. 장외주식을 거래소나 코스닥처럼 매매하는 사람들이 많아지고 있다. 이것은 분명한 망조의 지름길이다.

장외주식 투자는 장거리 여행이라고 생각해야 한다. 장기저축 상품이라 생각하고 묻어놨다가 만기(?) 시 살펴봐야 한다. 조급한 마음에 매일 매일 시장을 체크하고 가격의 등락에 부침이 심하다면 장외주식을 투자하지 말고 상장된 주식을 투자해야 한다. 장외시장은 일희일비하는 시장이 아니다.

앞서 말한 것처럼 장외주식은 진정한 장거리 여행이다. 오랜 시간이 필요한 주식일수록 초기투자 시 회사의 내재가치를 면밀하게 살펴보고 이 주식의 생명력을 유심히 봐야 한다. 또한 무슨 특별한 정보에 움직이는 종목이 아니기 때문에 성장 동력을 확보한 주식인지 먼저 살펴야 한다. 올해보다는 내년이 내년보다는 내후년에 더 좋아질 주식을 찾아야 한다. 사업 매출구조가 다각화된 기업을 찾아야 한다. 장외투자가 기다림의 미학이라고 표현을 누차 써왔는데 필자의 표현력으로는 달리 쓸 말이 없다.

장기저축 상품의 제1원칙은 여윳돈으로 해야 한다는 것이다. 장외주식은 무조건 여윳돈으로 해야 한다. 상장을 준비한 기업들 중 여러 가지 사정으로 상장이 연기되거나 심사 탈락이 될 수도 있다. 그러다 보면 시간이 길어질 수도 있기 때문이다.

최소 3개월은 시간을 투자하여 공부한 후 주식을 편입해야 한다. 아무리 여윳돈이라 하더라도 내 목숨 같은 돈이다. 직접 정보를 수집하고 여과하고 판단하는 데 최소 3개월이 소요된다. 스스로 애널리스트가 되어야 한다. 인터넷 검색으로 나온 자료만 수집해도 넘친다. 시간이 허락된다면 시장성 조사도 본인이 직접 해보는 것이 좋다. 상장된 유사업종을 비교하여 경쟁력을 살펴보는 것도 필수이다. 왜 1등인지, 왜 2등인지 종합적으로 접근해야 한다. 재무제표만으로 판단해서는 안 된다.

재무제표로 판단할 내용은 매출액 대비 매출원가, 순이익, 자본금 정도 살펴보는 수준이다. 규모가 크다고 좋은 것은 아니며 물건을 팔아 모든 경비를 제외하고 순이익이 얼마가 되는지 꼭 파악해야 한다. 지속적으로 자본이 증자된 회사나 자본금이 너무 큰 기업은 피해야 한다. 수익구조가 안 좋기 때문이다.

필자에게 전화하는 투자자들 중에는 주식을 이미 편입하고 이 주식이 앞으로 좋아지는지를 물어보는 경우가 70% 이상이다. 편입하기 전에 꼼꼼히 체크하고 들어가지 않고 우선 사람들 말만 믿고 들어가서 그때부터 확인하는 사람들이 많다는 얘기다. 후회는 아무리 빨리 해도 늦다는 말이 있다. 장외주식은 환금성이 약한 주식이기에 한 번 들어가면 쉽게 나오기가 어렵다는 것을 명심해야 한다. 반드시 사전에 조사를 철저히 하기 바란다.

장기저축 상품처럼 장거리 여행이 어려운 투자자라도 최소한 1년을 보고 투자하기 바란다. 사전 조사가 어려우면 이미 검증된 회사를 편입하는 것도 좋은 방법이다. 전년도에 심사에서 탈락한 기업 중심으로 데이터를 만들고 그 중에서 골라보는 것도 방법이다. 아니면 전년도 상장을 준비한 기업 중 여러 가지 사정으로 상장을 보류한 기업을 선택하는 방법도 사용해 봄직하다. 상장 보류든 상장 탈락이든 상장을 준비한 기업들은 그만큼 어느 정도 상장요건을 충족했다는 뜻이다. 대부분 1년 안에 재상장을 추진한다. 정 여윳돈이 없어 1년 정도만 단기 투자를 생각한다면 전년도 데이터를 분석하여 투자하면 큰 낭패를 피할 수 있다.

장외주식은 너무 쉽게 접근하면 큰 일 날 수 있는 시장이다. 사전에 철저한 기업분석을 하고 큰 호흡으로 들어와야 한다. 만고의 진리는 장기투자이다. 단기투자도 최소 1년이다. 친구 따라 강남 갔다간 쪽박 찬다. 정보를 수집하고 그 정보를 철저히 해석하고 자기 확신으로 임해야 한다는 것을 강조하고 또 강조한다.

> 반복적으로 얘기하지만 장외주식은 장기투자를 해야 성공할 수 있다. 아무리 강조해도 지나침이 없는 사실이다.

기다림의 미학

최근에 주변에서 많이들 '역시 바이오, 바이오' 한다. 아주 작은 재료에도 바이오 주식은 먼저 달려간다. 키움과 대우로 주관사를 선정하고 상장 추진한다는 말에 올리패스는 단숨에 6만원 선 고지를 돌파하면서 한 주 동안 가장 많이 상승한 종목이 되었다. 갈 길이 먼 주식인데 주관사 선정이라는 말에 사람들은 먼저 반응한다. 바이오 주식은 항상 그래왔다.

좋은 이야기를 가지고 있는 주식은 때론 실적과 상관없다. 이야기만으로 간다. 이미 필자는 2015년 12월말~ 2016년 1월초 당시에 상기 종목에 대한 예측을 했다. 이 회사의 핵심 기술에 대한 매매계약이라는 것을 명심하고 단순한 주관사 선정에 너무 성급하게 추격하지 말고 원하는 가격에 구입해야 한다고 말했다.

매각관련 소식에 급락한 삼성메디슨이 6,000원 선을 회복했지만 떨어지는 속도는 초광속이고 올라가는 속도는 소걸음이다. 그러나 소걸음을 계속하다 보면 천리도 갈 수 있으므로 지속적인 관심이 필요하다.

플렉서블(Flexible) 제품들에 대한 삼성의 투자 확대 소식으로 삼성에 납품중인 필옵틱스가 단기적 상승으로 이어지면서 15,000원 선을 회복하는 모습을 연출했다. 그러나 반도체 제조회사들의 미래는 너무 무겁고 적자지속인 상태에서 단기적 상승 재료 또한 포괄적이기에 신중하게 접근해야 할 것으로 보였다.

호주 임상승인이라는 소식에도 움직임이 없던 안트로젠이 바이오 주식의 상승세에 편승하여 3만원 선을 회복했다. 항암 치료제의 임상 2상 승인보다는 환경에 민감한 주식이라는 것을 보여주는 주식이므로 멀리 두고 봐야 한다.

LG CNS는 덩치를 키우면서 유상증자까지 실시한다고 했지만 뒤로 밀리는 모습을 보이고 있다. 왜 그럴까? 삼성SDS와 함께 시장에 나온 주식이 2016년까지 남아 여러 사람 가슴을 아프게 하고 있었다. M&A를 통한 다양성을 구축하고 모양을 잡아가고 있는데 너무 더디게 가는 모습이다. 그러나 머리 좋은 사람들은 이 종목에 미련을 가지고 간다. 필자도 이 종목만큼은 실망을 주지 않으리라 믿어 의심치 않는다. SI업체의 한계점을 회사 스스로도 인정하고 있을 것이다. 의사결정이 너무 늦어진다면 시장에서 외면당한다는 것을 경영진이 알아가기 바란다. 한발 먼저 가야 하는데 꼭 한발 늦게 대응하는 것이 아쉽다. 그리고 돈 되는 사업을 해야 하는데 너무 어렵고 복잡하게 구조를 만들어가니 될 일도 안 된다. 거듭 말하지만 장거리 여행에서는 변화하는 날씨에 바로 대응하는 것이 그리 쉽지 않다. 앞으로 3년 안에는 상장하리라 본다. 나름 변화를 주고 있고 먹거리를 다양하게 진행하고 있다는 것은 신문지상을 통해서도 알 수가 있다. 다만 속도전 있는 모습을 보여주길 바라는 마음이다.

필자가 요즘도 지속적으로 매입하고 있는 종목이 현대엔지니어링과 LG CNS이다. 그만큼 좋은 주식이라는 것은 부인하지 않는다. 관심이 많은 종목이다. 답답하겠지만 기다림의 미학으로 이 종목을 지켜보기 바란다.

장외주식이 사소한 재료에도 단기적으로 움직이는 모습을 보면서 마치 장내주식 같다는 느낌을 받는다. 사람들의 반응만 본다면 장외주식인지 장내주식인지 구분하기 어렵다는 의미이다. 상장을 앞둔 기업의 주관사 선정은 당연하다. 2015년부터 상장을 앞둔 기업이 다국적 기업과 계약파기 후 특별한 계약 없이 일상적으로 주관사를 선정했다는 이유만으로 1만원 이상 올라가는 현상은 분명 인위적이다. 좋은 주식인 것은 인정한다. 하지만 너무 급하다. 그만큼 장외주식이 장내주식을 앞서갈 경우 일반 투자자들이 먹을 구조가 나오지 않는다. 너무 빠른 움직임에 동조하는 것보다 원하는 가격까지 기다리면서 구입하기 바란다.

누가 뭐래도 시간이 넘치는 주식이 장외주식이다. 천천히 구입해도 된다. 3월 주총 이후 편입해도 충분하다. 봄바람이 불어오고 있는 징후가 여러 각도에서 나오고 있다. 그러나 아직 봄바람이 차다. 칼바람이 숨어 있다. 자세히 살피고 갈 필요가 있다.

필자는 당시 올리패스가 상장을 위해 단순히 주관사 선정으로 달려가는 것을 보고 경계했다. 끝내 주식을 상장하지 못했고 당시 60,000원하던 주식이 2016년 12월 현재 28,000원이다. 안트로젠은 상장으로 이어지면서 단기적 손익을 본 사례이다. 당시 필자가 추천한 현대엔지니어링과(770,000원) , LGCNS(23,000원)이었지만 2016년 12월 현재 가격은 현대엔지니어링은 600,000원까지 밀린 상태이고 마찬가지로 LG CNS도 21,000원까지 밀린 상태이다. 그러나 필자는 회사의 실질적 상태가 너무 좋은 회사들이라 2017년도에도 상기 두 종목을 강력 추천한다.

실제로 장외 거래를 해보자

장외주식의 매매구조에 대해 개략적으로 살펴본 내용을 토대로 좀 더 구체적인 실제 거래 방식을 알아보고자 한다. 실물거래, 증권계좌 대체거래, 우편거래 및 장외주식 사이트 이용 거래를 중심으로 살펴본다.

주식을 실물로 가지고 있을 때 세부 거래 방법

제일 쉬운 것은 파는 사람과 사는 사람이 만나서 거래하는 것이다. 이때에는 반드시 주식이 사고 주식 혹은 위조 주식이 아닌지 확인해야 한다. 일단 주식을 증권계좌로 입고시킨 후 증권계좌간 대체한다. 불편한 것처럼 보이지만 생각 외로 쉽다. 주식계좌 대체 방식이 가장 안전한 방법 중 하나이다. 앞에서도 언급했지만 3시 이후에는 주식 실물 입고가 되지 않는다.

구분	코스닥	K-OTC
회사 발행 주권	주식양수도 계약서 (당사자 1부, 회사 1부) 인감증명서 1통 (당사자 대면을 전제로 주권 있을 경우 생략 가능) 신분증 사본 1통	
통일주권	계좌 입고(선증권 계좌 입고 후 은행계좌 이체) 실물과 현금 교환 (증권계좌 입고가 안 되는 주식-주식매매 계약서, 주민등록등본 필요)	은행계좌 대금 미입금 시 증권 계좌 이체 취소 가능
미발행 주권	명의개서 불가능 시 위의 서류 외 주식 수령위임장 및 인감증명서 추가 1통 필요 명의개서 가능 시 회사에 함께 방문하여 명의 변경	주권을 매수인이 대리수령하기 위해 신분 확인 필수

장외거래 주권 형태

회사 발행 주권의 실물로 계좌이체가 안 되는 경우

주식을 발행하면 보통 증권예탁결제원에 맡겨 유통시키는 것이 일반적이다. 거래소 상장기업이나 코스닥 등록기업, 제3시장 지정기업들은 모두 증권예탁결제원에 맡겨놓고 거래를 한다. 이런 주식들은 모두 계좌이체가 가능하지만 장외시장 종목 중에 증권예탁결제원에 맡기지 않고 회사 차원에서 주식을 유통시키는 경우가 있는데 이런 회사의 주식은 계좌이체가 안 되기 때문에 직접 만나 주권과 현금을 주고 받아야 한다. 가장 안전한 방법은 회사에 직접 방문하여 주식 실물 및 주주명부 확인 후 주주명부 변경을 하면 된다.

통일주권으로 계좌입고가 안 되는 경우

통일주권 발행 시 바로 증권계좌에 입고가 되지 않기 때문에 직접 만나 주고받아야 한다. 며칠 후에 입고 및 계좌이체가 가능해진다.

주식보관증으로 거래하는 경우

회사에서 발행하는 실물이나 통일주권이 아닌 주식보관증만 가지고 있는 경우 가장 안전한 방법은 회사에 직접 방문하여 주식실물 및 주주명부 확인 후 주주명부 변경을 하면서 현금을 주고받는 것이다. 이상의 방법으로 명의개서가 불가능할 때에는 위의 서류 외 주식수령위임장과 인감증명서를 추가로 1통씩 제시해야 한다.

증권계좌를 통해 대체하는 방법(통일주권으로 계좌입고가 가능한 경우에 활용)

매도인이 매수인에게 먼저 증권계좌를 통해 주식을 계좌 이체한다. 이유는 주식은 바로 현물로 출고가 안 되지만 돈은 은행에서 바로 출금이 가능하기 때문이다. 현금을 입금시키는 측에서는 먼저 돈을 보낸다는 것이 위험하기 때문이다.

물론 신용을 바탕으로 출발하기 때문에 방법은 서로 간에 정한다. 주식을 매입한 사람은 주식 계좌이체 확인 후 바로 매도자에게 약속한 주식 매입대금을 입금시키면 된다. 만일 돈을 송금 받지 못한 매도인은 주식 계좌이체를 취소할 수 있다. 그래서 주식을 파는 사람의 신분을 꼭 확인하는 것이 안전하다.

증권회사가 서로 동일한 경우

동일 증권회사 간 계좌이체는 오전 9시부터 오후 4시까지 가능하다. 그리고 주식입고 후 5분 내로 확인이 가능하다. 단, 지점이 아닌 출장소는 바로 확인이 안 될 수도 있다.

증권회사가 서로 다른 경우

주식 대체는 증권 회사마다 다를 수 있는데 대개 오후 1시 30분까지 가능하며 주식 입고 확인은 3시 30분 이후에 가능하다. 입고된 주식은 3시 30분경에 증권사 별로 주식 대체시킬 종목들이 증권예탁결제원에 모인 후 증권사별로 주식이 분배되기 때문이다.

참고로 상대방의 신분이 확실한 경우 주식을 매입하는 사람이 주식금액을 먼저 보낸 후 주식을 이체받아도 된다. 그러나 계좌이체 방식은 서로의 신용이 보장되지 않으므로 신중을 기해야 한다. 매도시 계좌로 주식을 입고시켰지만 대금을 지연하는 경우가 있으니 거래의 성립 전 상대방의 신원확인을 꼭 필요로 한다. 또한 주식을 입고한 후 취소 주문은 입고일에만 가능하다

주식 대체 시 알아둘 사항
① 실물주식을 증권계좌로 당일(각 증권사마다 주식입고시간 및 입고일이 다르므로 확인 후 입고) 신청을 하면 다음날 오전 9시경에 정식으로 주식입고가 됐는지 확인 가능하고 그 이후에 증권계좌 간 주식 계좌이체가 가능하다.
② 주식계좌 간 대체 시 받는 사람의 증권계좌 소유주 이름과 실제 주식을 받는 사람의 이름이 다르면 증권계좌 간 주식대체가 되지 않는다.
③ 입고된 주식을 실물로 찾으려고 신청하면 2~4일 정도가 소요된다.
④ 주식계좌 간 주식이체 처리 후 취소처리가 가능하다. 상호간에 주식거래를 하기로 약속을 하고 주식을 먼저 상대방의 계좌로 이체를 시켰는데도 주식대금을 입금시키지 않을 경우 주식이체 취소를 하여 주식을 바로 돌려받을 수 있다.

우편으로 거래하는 방법

요즘에는 많이 쓰이지 않는 거래 방법이지만 거래하는 당사자 간에

지역이 다른 경우에 우편으로 거래하는 경우도 있다. 우편으로 거래하는 경우도 방법은 쉽다. 일단 분실이나 사고의 가능성을 염두에 두고 주식의 번호를 적어 놓은 후 우체국을 찾아가서 특급우편(EMS)으로 주식을 보내는 것이다. 오전 10시 이전에 주식을 보내면 당일 상대방이 주식을 받아볼 수 있다.

통상 주식을 먼저 우편으로 보내고 대금결제를 하는 방식이다. 전문적으로 주식거래를 하는 사람들은 이 방법도 많이 이용하고 있다. 참고로 특급우편의 경우 오후 4시 이후에는 접수 받지 않는다는 것을 고려해야 한다.

유가증권을 우편으로 보내는 경우 우체국 사고에 의한 보상을 받기 위해서 우편물 손해배상제도(보험 취급 우편물제도)를 활용할 수 있다. 이 방법은 분실 시 유가증권금액(2,000만원 이하)만큼을 보상받는 제도이다.

인터넷을 이용한 장외주식 거래 방법

거래소 시장이나 코스닥 시장을 보면 요즘 인터넷을 통한 홈트레이딩이 크게 증가하고 있음을 알 수 있다. 증권사 객장에 나가지 않아도 거래가 가능한데다 수수료도 일반 거래의 절반에 가깝기 때문에 이용자들이 폭발적으로 증가하고 있다. 시스템이 같은 것은 아니지만 장외주식도 사이버상에서 거래할 수 있다. 장외시장 주식에 대한 정보를 제공하는 업체들이 '삽니다, 팝니다' 코너 등을 통해 사이버상에서 주식을 사고 팔 수 있는 기회를 제공하고 있기 때문이다. 하지만 그 방법은 거래소 시장 등의 홈트레이딩과는 크게 다르다. 예를 들어 매도할 때의 거래 절차는 팔고 싶은 주식이 있으면 장외주식 정보제공 사이트에 들어가 '팝니다' 코너에 자기 주식을 올린다. 물론 자신이 팔려고 하는 주식의 가격과 수량 등도 함께 기재해야 한다. 또한 본인 이름과 주소, 연락처 등을 함께 기재해야 한다. 이런 절차가 끝나면 일단 기다려야 한다. 기다리다 주식을 사고 싶다는 사람에게 연락이 오면 조건을 맞추어 거래여부를 결정하면 된다. 조건은 서로 만나 조정할 수 있으므로 상대방과 충분한 대화를 나눈 다음 정하는 것이 좋다.

주식을 살 때도 이와 같은 방법으로 하면 된다. 다만 이때는 '삽니다' 코너에 들어가 마음에 드는 주식을 선택한 후 이를 올린 사람에게 연락을 취해 거래를 하면 된다. 조건은 팔 때와 마찬가지로 조정할 수 있으므로 팔 사람에게 자신이 원하는 거래조건을 말하면 변경될 수 있다.

그룹 후계구도에서
찾아보는
장외주식

삼성 이재용 부회장의 후계구도에서 가장 중요하게 작용한 주식은 바로 삼성SDS다. 장외에서 거래된 지 14년만에 장내시장에 상장되었다.

필자는 1999년에 장외주식을 시작했다. 삼성SDS 주식은 그 시절 1만원이었다. 2004년 당시 필자는 이토마토 증권방송에 출연 중이었다. 삼성SDS 주식은 이재용씨의 후계구도 완성을 위해서는 꼭 상장되어야만 하는 주식이라고 설명하면서 방송 중 강력한 추천을 했었다. 오랜 시간이 흐른 후 이건희 회장의 입원 소식이 세간의 화제를 모았다. 이면에서는 바로 승계과정에 착수했고 삼성SDS는 상장절차에 돌입했다. 이유는 간단하다. 엄청난 재산을 물려받기 위해서는 상속세를 내야 하기 때문이다. 부회장의 지분이 가장 많은 삼성SDS를 활용해야 지배구조를 공고히 하고 세금을 마련할 수 있다.

그래서 삼성SDS의 상장은 필수적이었고 필자가 이미 오래 전에 예측한 것이다.

1만원짜리 주식이 장외에서 6년 가까이 거래 중이었다. 상장 시 시초가가 38만원이었다. 상장 6년 전에 장외에서 삼성SDS 주식을 구입한 사람은 3,000%가 넘는 수익을 창출했다. 6년 전은커녕 1년 전에만 구입했더라도 300%의 수익을 낼 수 있었다.

이처럼 장외주식은 상식적이고 일상적인 접근에서 발굴해야 좋다. 수많은 주식 이론들이 존재하지만 일상적이고 누구나 아는 정보를 모아 투자 방향을 잡고 우직하게 걸어가는 것은 변하지 않는 법칙이다. 전설적인 투자 천재 피터 린치도 일상생활 중에 주식을 발굴하고 투자했다. 그는 미국인들이 아침식사로 간단하게 먹는 도너츠에 주목했다. 당연히 던킨 도너츠에 투자했고 엄청난 수익을 창출했다. 우리 일상생활 속에서 느끼고 본 것들을 투자로 이어지게 하는 것이 무엇보다도 중요하다.

삼성그룹의 오너 승계과정을 바라보면서 다른 그룹사는 어떻게 하고 있는지 궁금해진다. 현대차그룹의 후계구도를 생각해보자. 현대차그룹에는 정의선 부회장이 있다. 누가 뭐라 해도 적통 후계자다. 정의선 부회장의 시대도 이제 멀지 않았다. 이 상황에서 삼성그룹의 후계 공식을 적용해보자. 아주 상식적으로 말이다. 정의선 씨가 보유한 장외주식을 살펴보면, 바로 답이 나온다.

현재 정의선 부회장이 10% 넘게 보유한 우량 비상장 기업들이 장외에서 거래 중이다. 정 부회장의 후계구도 완성 시 이 장외주식의 활용 가능성은 매우 높을 것이다. 바로 현대엔지니어링이다.

현대건설과 함께 현대차그룹의 건설 플랜트 사업을 책임지고 있는 기업이다. 2014년에 현대 엠코와 합병이 되면서 현대 엠코의 일감이 그대로 현대엔지니어링으로 들어가며 수혜를 받기도 했다. 삼성그룹도 일감들을 삼성SDS에 몰아주어 주요 매출이 일어나게 하고 있었다. 마찬가지로 현대엔지니어링도 매출액 2조원이 넘는 현대 엠코와 합병을 통해 외형적 확대와 함께 지속적인 성장동력을 추가 장착한 것이다. 현재 이 주식에 대한 정의선 씨의 지분이 11.7%이다. 그룹 내 현대건설 다음으로 많은 지분을 보유하고 있다. 장외주식의 역사는 선행과 반복을 한다고 본다.

유사한 그룹 후계자들은 상속세 마련을 위해 그들의 비상장 기업 즉 장외기업을 상장시켜서 안정적인 자금 확보를 해야 한다. 당연히 정의선 씨가 11.7%나 보유한 현대엔지니어링에 현대차그룹의 알찬 일감들이 몰려드는 것이다. 그리고 결국 상장이 될 것이다.

주식은 어려운 회계나 통계 게임이 아니다. 누구나 쉽게 접근하여 해답을 찾을 수 있다.

> 필자는 상기 종목을 장기저축 상품이라고 말하고 싶다. 이보다 안전한 주식은 없다. 현대의 한전부지 개발과 관련하여 어느 종목이 가장 이득을 볼까를 생각해보라. 어차피 정의선 부회장의 후계구도는 정해진 답이다. 다시금 상기 종목을 공부해보기 바란다.

투자할 회사의
제품도 써 보라

새로운 종목을 추천하는 일은 무척 고민스럽고 어렵다. 그러나 욕먹을 각오까지 하고 추천하는 종목은 늘 있다. 필자는 '좋은 종목은 반드시 간다'는 확신을 갖고 오랜 시간 이 시장에서 살아남았다.

필자는 여러 차례 네이처리퍼블릭, 노바렉스, 현대엔지니어링, 삼성메디슨, LG CNS, 올리패스, 지아이티 등을 추천해왔다. 여기에 한 종목만 더 추가해달라고 한다면 '에프엑스기어'를 꼽고 싶다. 말로만 떠드는 VR주식은 사라져야 한다. 실력을 겸비한 이 종목, 조만간 신문이나 방송에서 많이 볼 것이다. 수출은 기본이다. 구글, 페이스북, 삼성보다 더 많은 사랑을 받는 종목이 될 듯하다. 회계법인의 외부감사를 받는다는 것은 무엇을 의미하는가? 통일주권을 발행했다는 것은 이 주식의 방향을 잘 살피라는 말과 같다.

조만간 이 회사의 활약상을 여러 매체를 통해 만나게 될 테니 잘 살펴보기 바란다. 귀하고 귀한 주식이 될 느낌이다. 시대의 영웅은 하나씩 나온다. 강원랜드, 안철수 연구소, NHN 등이다. 시대 속에서 나오고 시대 속에서 성장한다. 가시적인 성장을 앞둔 이 기업을 부디 공부해보기 바란다. 독자들에게 주는 선물이 될 것 같다. 그 동안 안트로젠, 노바렉스, 올리패스 등 연구소 회원들에게 선물을 주었다고 필자는 생각한다.

필자의 연구소는 오직 장외주식만 생각한다. 장외주식 아카데미에서 알찬 정보로 회원들과 함께 호흡하고 고민하고 있다. 난상토론을 하기도 한다. 한 종목씩 회의장 위에 올려 놓아두고 심도 있게 진행해보려고도 한다. 왜 이 종목이어야 하는지 토론을 할 것이다. 그러다 보면 장외주식 투자에 대한 기본이 형성될 것이다. 장외주식은 주변 분야의 학습도 필요로 한다. 장내주식, 부동산 전망, 인문학에 이르기까지 영역을 확대하여 공부하게 될 것이다. 국내 최고의 부동산 전문가 ○○○씨, 사람의 마음을 알아보는 인문학의 명사 ○○○ 선생님 등 누구나 인정하는 강사들의 이야기를 듣고 생생한 시장을 눈앞에서 느껴보기 바란다.

노력해야 한다. 목숨 걸고 노력해야 한다. 될 종목만 보아야 한다. 될 종목만 투자해야 한다. 그러기에 함께 토론하고 같은 방향에서 고민하는 것이다. 국내 최초로 개최되는 장외주식 아카데미는 회원들의 힘으로 완성될 것이다. 스터디 그룹은 자율적인 공간이다. 그러나 분명하고도 차별화된 서비스는 존재한다. 노력한 만큼, 공부한 만큼, 투자한 만큼 결과가 찾아올 것이다. 2016년 거의 마지막 추천 종목으로 '에프엑스기어'를 당당하게 추천한다. 이것이 본 연구소와 여러분에게 선물이 될지 악영향을 줄지 솔직히 모르겠다. 필자의 확신일 뿐이다. 오늘도 필자는 네이처리퍼블릭 매장에 가서 진생크림을 구입했다. 주주라면 한 번쯤 매장에 나가보자. 주주라면 행동해야 한다. 당당하게 물어보고, 몸으로 체크해보자. 주주의 권리를 어렵지 않게 행사하자. 노력하면 답이 있다. 죽도록 노력해보자. 돈이 된다면 정말 목숨 걸고 노력해보자. 장외주식은 무섭고 어렵다. 그러기에 더욱 더 노력해야 하는 시장이다.

당시 필자는 앞으로 시장에 영향을 줄 사업으로 VR/AR 전문기업을 찾았고 유일하게 흑자를 유지하고 있고 국내 독보적인 기술력을 보유한 에프엑스기어라는 종목을 발굴했다. 2016년 12월 현재 상기 회사의 매출액은 전년도 대비 2배 정도로 성장한 회사가 되었지만 공동설립자인 전 대표의 개인적 문제로 사회적 뉴스가 되기도 했다. 하지만 도리어 기술력을 인정받는 회사라는 것을 다시금 알게 된 계기가 되었다. 단지 회사와 무관한 대형사건에 휘말리면서 다소 주춤하고 있지만 분명 국내 독보적인 기술력이 있는 회사이기에 2017년도에도 관심 있는 종목으로 지켜보고 있다.

큰 일 낼 회사
큰 일 날 회사
큰 일 할 회사

주주총회에서 느끼는 생각이다. 이 회사는 앞으로 큰 일 날 회사인가? 아니면 앞으로 큰 일 낼 회사인가? 또 아니면 언젠가 큰 일 할 회사인가?

종이 한 장 차이다. 장외주식의 선택은 종이 한 장 차이로 결정된다는 말과 같다. 장외주식 일 년 농사는 봄에 주총에서 확인된다. 노바렉스가 강세장을 연출할 것 같다. 주총 분위기 너무 좋다. 장외주식 최고의 선물은 상장이다. 분명 오너 입장에서 상장 이야기가 나와야 된다. 아무리 좋다고 해도 이제 와서 사려고 하는 사람들을 보면 속상하다. 필자는 주총이 특별한 것은 없지만 주총 분위기로 회사의 방향을 파악한다.

이 회사가 큰 일 날 기업인가? 발전도 없고 재정적 적자는 지속된다면 분명 이런 회사는 주주들이 큰 일 날 기업이라고 판단하고 뒤도 돌아보지 않고 매각한다.

두 번째로 주총장의 분위기로 이 회사가 큰 일 낼 기업인가 본다. 재정적 부분은 우수하지만 현재의 성장성에만 너무 무게 중심을 두고 있다면 투자를 고려해본다.

끝으로 이 회사가 큰 일 할 기업인가를 본다. 현재 상태로도 충분하지만 미래 성장성도 좋으면서 펼쳐가는 일이 사회적으로 모두에게 유익함을 제공한다면 투자를 결정한다.

주총 시즌마다 필자는 강조한다. 갈 놈은 간다. 주총 시즌에는 주총에 다니느라 많은 글을 올리지 못하지만 필자의 칼럼이나 책을 읽어보면서 투자를 했거나 투자를 고려 중인 회사의 주총에 관심을 가지고 장외주식에 대한 열정을 키워보길 권한다.

거듭 얘기하지만 장외주식 농사는 봄에 결정된다. 집중해서 선택할 종목을 살펴보시라. 어떤 종목이 큰 일 날 기업인가, 큰 일 낼 기업인가, 큰 일 할 기업인가를 홈페이지나 커뮤니티에 공유하고 논의해보면 좋겠다.

> 필자가 2016년 추천종목으로 노바렉스를 선택했고 20,000원 선이던 주식이 44,000원이라는 고점까지 달려간 주식이 되었다. 그러나 상장여부 판단의 지속적인 연기와 현 경영진의 문제점이 부각되면서 2016년에 상장을 하지 못하고 2017년 상반기로 미뤄지면서 2016년 12월 현재 가격은 3월 가격으로 돌아온 23,000원 선에서 거래가 이루어지고 있다. 상장 걸림돌이었던 대표이사 교체로 2017년 1분기와 2분기 사이를 목표로 재도전을 준비하고 있다. 이 종목에 대한 내재적 가치는 충분하다고 판단된다. 이에 필자는 상기 종목에 대한 지속적인 관심을 유지하면서 2017년도 추천 유망 종목으로 선정해본다.

중개업체를
이용할 땐
이런 점에 주의하라

종목의 종류에 상관없이 장외 중개업체의 도움을 이용하는 일이 점차 중요해지고 있다. 장외 중개업체를 이용하는 주된 이유 두 가지는 다음과 같다. 첫 번째는 안정적인 투자 수익 관리를 꾀하기 위함이고 두 번째는 투자자가 보유하고자 하는 종목에 대한 지식 및 경험이 부족할 경우 이를 보완하기 위해서이다.

중개업체를 통해 장외투자를 할 것인지 여부를 결정하는 것은 자신의 손익이 걸려 있는 만큼 중요한 일이기 때문이다. 하지만 중개업체를 선정하는 일은 쉽지 않다. 여러분이 필요로 하는 서비스를 제공할 수 있는 중개업체들이 매우 많기 때문이다. 또한 이들 업체는 이미 많은 투자자를 대상으로 주식 중개를 통한 수익 창출 능력을 발휘했기 때문에 그 능력의 높낮이를 가늠하기도 힘들다. 문제는 가장 합리적인 비용으로 가장 많은 이익을 남겨 줄 수 있는 업체를 어떻게 선정하느냐 하는 것이다. 특히 초보 장외 투자자들에게는 가장 필요한 일이면서도 익숙하지 않은 일이다. 자신의 장외투자 스타일에 적합한 중개업체를 찾고자 할 때에 무엇을 질의해야 하며 심지어는 어디서부터 시작해야 하는지도 모르기 때문이다.

  우선 투자자는 자신에게 물어봐야 한다. "내 투자의 방향은 분명한가?" 혹은 "나 스스로도 전문적인 식견을 갖추고 있는데 굳이 전문업체의 자문이 필요한가?" 등. 이러한 몇 가지 자문을 해본 후에 투자의 방향이 아직 불분명해서 자문이 필요하다고 판단되는 경우에는 전문 중개업체의 도움이 필요한 것이다. 자신의 장외투자 스타일에 알맞은 중개업체를 결정하기 위한 몇 가지의 고려사항은 다음과 같다.

- 장외투자 업무에 참여해왔던 기간
- 함께할 장외 펀드매니저의 인성
- 중개업체가 제공하는 서비스
- 투자자 보유현황
- 연락 경로의 일원화

  장외주식 전문 중개업체를 선정할 때에 이러한 부분들을 고려한다면 그 업체가 가지고 있는 경험에 대해서 잘 이해할 수 있을 것이다. 그러나 더 많은 고려 사항들이 있을 수 있다. 투자자들은 위에 제시된 사항들에 대해서 좀 더 면밀히 살펴서 각 범주에 해당되는 세부 사항을 깊이 있게 이해해야 할 것이다.

장외투자 업무에 참여해 왔던 기간

장내시장에서 많은 손실을 입고 장외로 눈을 돌리는 투자자는 요구사항이 많아질 수밖에 없다. 장외 중개업체 역시 장내시장의 열기가 곧 장외로 넘어올 것을 대비하여 좀 더 치밀한 장외투자 전략을 마련하며 투자자를 지원할 준비를 하고 있다.

일정 기간 이상 활약해왔으며 우수하다고 평가되는 장외 전문 중개업체가 있는 반면 상대적으로 업계에서는 초보로 알려진 중개업체도 있다. 업계에서 초보로 알려진 중개업체라 해도 투자자가 필요로 하는 부가가치적인 중개 서비스를 제공할 수 없는 것은 아니다. 마찬가지로 수년 동안 중개 업무를 수행해왔다 하더라도 투자자의 투자 스타일에 맞는 성공적인 중개 지원을 제공한다고 볼 수 없다. 결국 업체선별에 있어서 중요하게 작용하는 것은 첫 인상이며 신뢰감을 가질 수 있느냐 없느냐에 대한 본원적인 느낌일 것이다.

함께할 장외 펀드매니저의 인성

무엇보다 중요한 것 중 하나가 투자자를 지원할 장외 펀드매니저의 인성이다. 중개업체의 선정에 있어서 가장 중요한 것은 자신의 투자 여정과 함께할 장외투자 펀드매니저에 대해서 사전에 잘 파악해보고 그의 신뢰성이나 성격이 함께하기 편안한지를 판단하는 일이다. 투자자는 장외투자 과정을 성공적으로 이끌어주지 못할 장외 전문가를 원하지 않을 것이며 지나치게 많은 투자자의 장외투자 과정을 동시에 병행적으로 관여하는 장외 전문가도 원하지 않을 것이다. 물론 전문가적 자질도 성격만큼이나 중요하다. 투자자 자신의 투자 스타일에 가장 알맞고 큰 수익을 창출해줄 수 있는 최상의 자질을 갖춘 장외 전문가와 함께할 수는 있다. 하지만 투자자의 성격과 맞지 않는다면 성공적인 장외투자로 이어지지 못할 위험이 더욱 커진다.

또 한 가지 장외 전문가가 갖추어야 할 것 중으로 중용의 미덕을 들 수 있겠다. 물론 투자자와 공감대를 형성하고 투자 성공을 이끌어낼 수 있어야 하고 투자자의 일을 내 일처럼 여기고 성실하게 해주는 전문가가 중요하기는 하다. 그러나 한편으로 생각해보면 투자자의 일에 너무 집중하고 열의를 갖고 매달리다가 본의 아니게 감정에 이끌리게 되는 경우가 종종 있다. 감정에 이끌리다보면 투자의 객관성을 잃게 되고 투자는 실패로 돌아가게 된다. 투자자는 언제나 성실하면서도 때로는 냉철한 양면적인 성격을 갖춘 장외주식 전문가를 찾아야 할 것이다.

중개업체가 제공하는 서비스

중개업체를 선정할 때 일반적으로 직접 만나 면담을 하게 되는데 장외시장 기업 및 시장 환경에 대한 식견과 미래성, 투자 사후 관리에 대한 지침 등에 대해서 파악하는 것이 중요하다. 장외주식 투자 과정 중에 투자자들이 중개업체의 지원을 원하는 또 다른 이유는 현재 투자자가 갖고 있는 능력 이상의 부가가치적인 서비스를 받고자 하는데 있기 때문이다. 이 일은 결과적으로 중개업체가 이전의 투자자에게 기여했던 부가가치 서비스의 양과 품질을 평가해보는 것을 통해서 이루어진다. 다음의 사항을 점검해보자.

중개업체가 투자자를 위해서 수행하는 교육이나 상담 서비스

중개나 상담을 지원하면서 자연스럽게 일어나는 지식 교환

투자할 기업을 선별할 수 있는 능력 함양에 대한 조언

투자자 요구 사항의 핵심을 정확하게 집어내는지에 대한 능력

투자자 보유현황

투자자 입장에서는 해당 중개업체와 계약을 체결하거나 회원으로 가입한 고객의 수와 명단을 파악하는 것이 좋다. 이 일은 질문하기가 어려울 수는 있으나 가치가 있는 질문이다. 중개업체를 믿고 과거 2~3년 동안 함께 투자를 해왔던 투자자들을 얼마나 많은지, 그것도 기꺼이 제시할 수 있는지를 살펴야 한다. 이는 주관적인 측정 기준이 될 수도 있지만, 측정하기 가장 용이한 기준이 될 수도 있다. 그러나 일부 투자자들이 주식 중개 및 투자 상담 서비스에 대해 완전하게 만족하지 못한 것으로 나타날 경우에도 전적으로 중개업체의 잘못 탓으로 돌리지는 말아야 한다. 그곳의 모든 투자자를 업체 선정에 참고할 만한 투자자로 간주할 수는 없다. 중개업체가 높은 품질의 서비스를 제공한 상위 10% 이내의 투자자를 최소한의 참고할 투자자 범위로 잡는 것이 좋다.

투자자 리스트 추천은 구체적인 요구사항에 부합될 만한 능력이 있는 중개업체를 일단 찾고 난 다음에 진행하는 것이 일반적이다. 기존 투자자들은 자신의 정보가 업체에 의해서 노출되었다는 사실을 알면 불쾌해 할 수도 있다. 신규 투자자들 역시 기존 투자자들과 대화를 나누는 것을 귀찮고 까다로운 일이라고 생각하지만, 반드시 거쳐야 될 과정 중 하나임을 명심하고 투자자 자신이 직접 점검해야

한다. 요즘은 중개업체의 투자 클럽이나 커뮤니티를 통해 기존 투자자와 만날 수 있는 기회가 많다. 이들과의 연락을 통해 오프라인 혹은 온라인상에서 질의와 응답을 수행하다보면 자연스럽게 중개업체의 성과와 능력을 평가할 수 있게 된다.

중개업체가 제시한 기존 투자자가 되었건 온라인상에서 알게 된 투자자이건 다음과 같은 질문과 응답을 통해 좀 더 명확한 업체 선정기준을 마련해야 할 것이다.

중개업체가 약속한대로 서비스를 이행했습니까?

장외투자를 중단했다가 다시 진행하게 될 경우, 지금의 중개업체를 다시 이용하시겠습니까? 왜 이용할 계획입니까? 왜 이용하지 않을 계획입니까?

장외투자 과정에 대해서 잘 알게 된 투자자 입장에서 이 업체와 다시 진행할 경우에 무엇을 다르게 하고 싶습니까?

시작부터 끝까지 같은 장외주식 전문가와 일을 했습니까? 그렇지 않았다면 왜 사람이 바뀌게 되었습니까?

이 중개업체와 투자 과정을 진행할 경우 염두에 두어야 할 사항은 무엇입니까?

위의 질의는 중개업체를 명확하게 평가하기 위한 일부 정보에 불과하다. 실제 질의는 투자자 자신의 환경과 특정 요구사항에 따라 달라질 수도 있다. 그러나 한 가지 지켜야 할 사항은 정해진 질의들은 검토해야 될 기존 투자자들에게 동일하게 질의되어야 한다는 것이다. 그래야 각 업체 비교 시 훌륭한 기초자료 역할을 할 수 있다.

연락 경로의 일원화

서구에 이미 활성화되어 있는 주치의 제도가 있다. 자신의 건강관리를 전담하는 의사를 일컫는 것으로 장외주식 투자 전문업체도 이러한 방침을 내건 업체를 선정하는 것이 좋다. 장외투자의 경우 대개 장기적으로 추진되는 것이 일반적이다. 이때 투자자에 대한 전담 장외 전문가가 바뀌어 투자전략이 달라진다면 좋지 못한 결과를 초래할 수 있다. 하지만 사람과 사람이 하는 일에는 변화가 생길 수도 있다. 이러한 경우를 대비하여 투자자의 안정적이고 지속적인 투자 관리를 책임질 수 있는 연락 경로(Contact Point)를 일원화해줄 수 있는 사람이 필요하다. 모든 종목 분야에서 전문가인 사람은 없지만 투자계약의 성공적인 관리를 책임질 수 있고 연락 경로가 한 곳으로 집약될 수 있는 사람이 반드시 필요하다. 이 사람만큼은 전체 장외투자 과정 중 바뀌어서는 안 된다.

중개업체 내의 연락 경로로 선정된 사람은 필요 시 전문적인 지식을 갖춘 다른 장외 전문가를 투입할 수 있는 권한을 가진 사람이어야 한다. 상황에 관계 없이 특정 인력이 유일한 연락 경로가 된다는 사실을 보장할 수 있는 중개업체는 드물다. 그러므로 투자자가 선정한 인력이 계약 기간 동안에 연락 경로가 될 수 있는 전담 장외 전문가가 되어야 한다는 투자자의 요구사항과 확인 절차에 대해 중개업체가 최선을 다해 받아들일 수 있도록 장외투자 계약서를 만들어야 한다. 또한 전담 장외 전문가가 중개업체를 떠나거나 어떤 이유로 그 인력을 교체해야 할 경우를 대비해서 계약서 내에 계약의 취소 권한이나 인력을 대체하기 위해 다른 인력과의 면담 혹은 선정할 수 있는 권한이 투자자에게 있다는 사실을 명시해두어야 한다.

이와 같은 지침은 투자자가 장외투자 과정을 지원해줄 수 있는 최상의 중개업체를 결정하는 데 도움이 될 것이다. 다시 한 번 장외투자 관련 업무에 전문화된 중개업체를 활용할 것을 권고한다.

지금까지 설명한 가이드대로 투자자 여러분이 열심히 조사했음에도 불구하고 중개업체 선정의 최종 결과는 일반적으로 '본능적인 느낌'으로 이루어지는 것 같다. 다행인 것은 요즘 들어 장외투자를 위한 컨설팅, 중개, 상담 서비스를 제공하는 우수한 업체들이 많아지고 있다는 사실이다. 투자자들이 이러한 상세한 선정 과정을 밟는 일이 아직은 어색하겠지만 이제부터라도 투자자의 권익과 수익 확보를 위해 보편화되어야 할 과정임에는 틀림없다.

장외 중개업체 선정 시 주의점
장외 중개업체는 고객확보가 중요하기에 타 중개업체에 우호적일 수 없다. 고객이 곧 수익이라는 생각이 많아 상대방 업체를 좋다고 평가하지 않는다. 또한 한 중개업체가 한 사무실에 여러 상호를 사용하면서 일을 하는 경우도 많으니 반드시 중개업체를 선정할 때는 먼저 사무실을 방문하기 바란다. 본문에서도 얘기했지만 장기적인 매매 파트너로서 역할을 수행할 수가 있어야 하므로 세금을 정식으로 내고 있는지, 사업자 등록증을 가진 업체인지, 꼭 확인하기 바란다.

준비하는 사람은
지금이 찬스다!

장외주식이라는 놈은 참 어렵다. 그리고 좀 무식하다. 쉽게 정보를 구할 수도 없다. 그런데 역설적이게도 참 매력적이다. 오랫동안 장외주식 한 길만 달려온 필자는 돌이켜본다. '만일 내가 거래소나 코스닥에서 투자의 길을 걸어왔다면 살아남을 수 있었을까?' 하는 의문이 든다.

장외주식을 처음 시작할 때 그 유명한 '목포세발낙지 아저씨'는 어디로 갔을까? '압구정 미꾸라지'는 또 어디로 갔을까? 흔적을 찾아볼 수가 없다. 그 만큼 오랜 시간 동안 고수로 살아남기 어려운 시장이 제도권 시장이다.

2015년 9월 이후부터 모두 힘들다고 한다. 소규모 중개업체들은 20% 가까이 문을 닫았다. 알지도 못하는 블로그나 카페 그리고 밴드에서 주식을 팔아온 장외업체들 상당수는 활동을 접고 일부는 겨울잠에 들어간 곰처럼 움직이지 않고 시장을 관망하고 있다.

그러나 그들이 정말 놀고만 있을까? 아니 그들이 방관만 하고 있을까? 천만에, 절대 그렇지 않다. 기회를 기다리고 있다. 연어가 올라올 때 그물이라도 치고 그물이 없으면 손으로라도 잡으려고 차분히 현금을 비축하고 있을 것이다. 그 만큼 먹을 것이 많은 시장이 비상장 주식 시장이다. 요즘 대형증권사 및 기관투자자까지 이 시장에 들어와 길목을 노리고 있다. 이유는 간단하다. 코스피 시장에서 두 배 먹기는 어렵다. 지수가 3천 포인트 가면 먹을 수는 있다. 그러나 3천 포인트 가기에는 글로벌 경기가 너무나 나쁘다. 그러나 비상장 주식이라는 놈은 분위기로 간다. 현재 가치보다는 미래 가치를 보고 달려가는 놈이기에 가능하다. 그만큼 찬스가 많다. 그러나 바꾸어 말하면 함정도 많은 시장이다.

장이 나쁘다고 투자자들은 놀기만 하면 될까? 증권사도 기관도 안테나를 세우며 노리고 있는데 우리가 그런 식으로 놀 수는 없다. 지금부터라도 확실한 비상장 주식 즉 장외주식의 기초부터 준비해 두어야 한다. 겨울이 지나면 봄이 온다. 봄날 냉이의 냄새가 올라올 때 광주리 가득 담아내기 위해서 우리는 평소에 준비해야 한다.

어렵고, 무섭고, 정보도 비대칭인 이 비상장 주식 시장의 기초부터 공부해보자. 다음과 같이 해보자.
① 하루에 한 번 네이버 검색어에 "비상장 주식", "장외주식"이라 치고 뉴스를 찾아보자.
② 장외주식 투자 관련 서적을 한 권이라도 구해서 여러 번 읽자. 반복해서 읽어보아야 한다. 한 번으로는 힘들다. 필자의 이 책도, 다른

사람의 책일지라도 대부분 기본부터 알려주고 있기에 최소 한 권의 책은 읽어보기 바란다.

③ 그리고 무엇보다도 장외주식은 우리 주변에 있다는 것을 명심하자. 화장품 주식은 당분간 테마주를 형성할 것이다. 가까운 화장품 매장에 가서 살펴보기 바란다. 어떤 제품이 잘 나가는지 그리고 주변에 피부샵이나 화장품 판매를 하는 사람이 있다면 물어보라. 기업을 분석하는 출발선은 현장이다.

④ 요즘 파리기후협정 이후 환경 관련주도 주목받고 있다. 파리기후협정이 현실적으로 지켜지지 않는다 해도 지금 상태에서는 가는 추세이다. 오랜만에 태양열 관련 주식도 들썩이고 있다. 그리고 전기차 시장이 들썩인다. 장외주식도 마찬가지다. 당분간 사물인터넷 관련 주, 바이오 주식, 화장품 주식, 2차전지 관련 주, 페이 관련 주, 현대자동차후계구도 관련 주, 삼성의료기계 관련 주, 전기차 관련 주 등이 시장 중심으로 움직일 것이다. 뜬금없는 주식은 피해야 한다. 기본도 힘들어 죽겠는데 이놈 저놈 잡지 말고 여러분들이 현재 근무하는 환경을 살펴보고 가까운 곳에서 앞서 언급한 관련 주들이 있다면 그 현장에 근무하는 사람에게 집요하게 물어보고 또 물어봐라. 그것이 바로 비상장 주식을 알아가는 중요한 단계이다.

⑤ 마지막으로 혼자 가지 마라. 자신감으로 출발하다가는 낭패 보기 쉽다. 꼭 무리를 지어 움직이는 기러기처럼 앞서가는 놈을 유심히 살펴보라. 그 무리의 대장은 휴식할 곳을 알고 먹이 있는 곳을 아는 놈이다. 최소한 전문가 하나는 알아놓고 출발하라.

필자가 소속된 한국장외주식연구소가 아니어도 한 사람이라도 알고 출발해야 한다. 분명 부자들은 비상장 주식으로 움직이고 있다. 그들은 정보도 인맥도 많이 있다. 왜 이 시장에 들어올까?

혹자는 삼성SDS, 카카오톡이 대중성을 심어주었다고 한다. 부인할 수 없는 말이다. 그러나 단순하게 그 이유만으로 들어온 것은 아니다. 미래에셋의 공동 창업자 구재상 씨도 장외주식 시장에 투자한다고 한다. 왜 그럴까? 이 시장에 찬스와 투자이익 창출 구조의 큰 매력이 있기 때문이다. 그렇다면 답은 무엇인가? 시장이 어렵다고 놀고 있어야 하나? 아니다. 준비해야 한다. 날아갈 때 준비하면 이미 늦는다.

필자는 장외주식을 기다림의 미학이라고 말했다. 겨울은 참 공부하기 좋은 계절이다. '제발 더 많이 밀려라, 더 많이 떨어져라, 그래야 내가 들어갈 때 내가 준비를 마치고 비상할 때 좀 싸게 구입할 수 있지!' 이런 자세와 각오로 버텨야 한다. 행여 연초에 들어간 종목이 탈락했다고 가격이 후퇴했다고 우울해하지 마라. 아직 비상장 주식이라 기회는 또 온다. 그러나 철저하게 준비하지 않으면 기회가 와도 불안하다. 그 옛날 오랜만에 도서관에서 공부하고 돌아오는 길은 스스로에게 대견하다고 칭찬했던 기억이 난다. 지금 좀 힘들어도 준비하면서 웃는 그날이 오기를 기다리자.

> 좋은 주식들이 헐값에 난무하는 2016년 12월이었다. 2017년 경제가 그리 좋아 보이지는 않는다. 그러나 세계는 공통의 전선을 구축하고 나간다는 것을 명심하기 바란다. 경제가 충분히 살아나는 시점에 준비하면 늦다. 지금부터 철저하게 준비해야 성공하는 것이 장외주식이다.

정보의
비대칭에서
성공하는 방법

장외주식은 정보의 비대칭 시장이다. 주식 구입시 의존할 수 있는 정보로는 회사에서 제공된 사업계획서가 전부인 경우가 많다. 장외 종목의 성장성에 무게를 두고 최소 3년 전에 주식을 공략할 때 대부분 외부감사 지정이 안 된 회사들이 많다. 투자자 입장에서는 유일하게 회사에서 제공된 자료(사업계획서)에 의존하면서 투자에 임하게 된다.

초기에 기관 투자자들도 회사에서 제시하는 자료에 의존하지만 여러 가지 보호 장치를 만들어 투자 원금을 보장받고 전환사채중심으로 투자가 이루어지기에 어찌 보면 맨땅에 헤딩하는 일반 투자자들보다는 안전하다. 대부분의 투자자들은 장외주식에 대한 정보의 목마름으로 인해 언론에 나온 회사자료와 장외주식 정보거래 사이트 주주동호회의 글들, 밴드에서 주식을 매각하기 위하여 올린 일방적인 글들에 의존한다. 장외주식을 정확하게 평가할 자료와 정보가 없다. 금융당국과 한국거래소의 감독을 받는 상장사가 아니므로 증권사는 분석 리포트를 발행하지 않는다. 선택의 여지 없이 회사측이 일방적으로 제공한 사업계획서에 의존하게 된다.

회사 입장에서는 장밋빛 전망으로 자신의 회사를 포장하는 것이 당연하다. 회사 중에 사업계획서에 나온 대로 움직인다면 망할 회사가 없다. 언론에 발표된 자료도 대부분 회사측에서 언론 홍보용으로 제공한 기사들이기에 회사의 일방적 주장이 대부분이다. 결국 사업계획서나 일방적인 언론자료만 보고 회사를 판단한다면 실패하기 딱 좋다.

이처럼 정보의 비대칭 속에서 뜬소문만을 믿고 투자한 단기 투자자들을 주위에서 적지 않게 볼 수 있다. 얼마 전 상장을 철회한 다이노나 및 싸이토젠의 거래를 보면 쉽게 이해가 될 것이다. 이 종목들의 공통점은 철회하기 일주일 전부터 가격이 폭등했다. 마치 상장이 아무 문제없이 통과될 거라는 분위기를 형성하면서 가격이 폭등하고 이런 상장이 기정 사실화될 것 같은 뜬소문에 일반 장외투자자들이 불나방처럼 몰리고 끝내는 상장 철회로 투자금액에 대한 회수는 기약 없는 기다림이 되고 말았다. 그 만큼 정보가 어두운 곳이 장외주식 시장이다.

이제부터라도 근거 없는 주주동호회 글들이나 밴드의 말들에 속지 말아야 한다. 회사측에서 일방적으로 작성된 사업계획서도 100% 믿지 말아야 한다. 사실 장외주식에 투자하는 개인들이 할 수 있는 방법은 그리 많지 않다. 그래도 다음의 3가지 정도는 노력해서 공부해보라고 말하고 싶다.

첫 번째로 시장성을 파악하라는 것이다. 장외주식에 적극적으로 투자하는 투자자라면 회사를 방문하여 회사분위기를 파악하는 등 회사의 내용을 알아보려고 노력해야 한다. 그러나 일반 개인투자자들을 환영하는 기업은 아무도 없다. 장외주식에 투자한 소액주주에게 한계는 분명히 있다. 아직 상장 전 회사이기에 주주들을 위한 주식담당자를 배정해 놓은 기업은 찾아보기 힘들다. 통상적으로 경영지원실 직원이 통합해서 관리하는 경우가 많다. 따라서 개인들이 회사를 방문한다고 하더라도 회사내용을 알기에는 역부족이다.

장외주식에 투자를 결정한 투자자가 최우선적으로 해야 할 일은 회사가 보유한 기술력이 어느 정도의 시장 장악력을 가지고 있는지 파악하는 것이다. 어렵더라도 지속적으로 투자할 회사의 성장성을 보기 위해서는 오직 시장을 파악하는 수밖에 없다. 만약 다이노나 및 싸이토젠이 제약사 또는 다국적 기업에 계약을 체결했다면 상장 철회로 이어지지 않았을 것이다. 그러므로 언론지상에 회사의 홍보성 기사가 아닌 제품의 판매처와 계약의 상황이 1차적 회사를 판단하는 기준이 된다. MOU 체결인지 정식 계약인지도 면밀히 살펴보기 바란다. 통상적으로 장외기업들의 계약 단계에서 나오는 기사들이 업무협정문, 즉 MOU에 지나지 않는 경우가 대부분이기에 계약의 성질을 면밀히 파악해야 한다. 아무리 좋은 특허권이라도 아무리 좋은 제품이라도 시장에서 반응이 없다면 투자할 회사가 아니라고 봐야 한다.

4년 전 필자가 아미코젠에 투자할 때 이 회사는 너무 미약한 정보로 인하여 투자에 어려움이 많았다. 그러나 아미코젠은 이미 다국적기업에 납품할 정도의 기술력과 중국시장에 진출하여 제품을 수출하고 있다는 것이 굉장한 매력으로 다가왔다. 당시 자본금 15억원짜리 회사에 과감하게 투자할 수 있게 해준 것은 제품을 인정한 수출계약이기 때문이다.

회사의 설립단계부터 투자에 들어갈 수는 없기에 어느 정도 회사가 안정권에 진입한 회사에 투자하라는 말이다. 제품이 나오고 그 제품이 시장에서 인정을 받는 시점이 최적의 장외주식 투자 시점이라고 필자는 생각한다. 제품이 개발 중인 상태에서는 회사측 발표 자료만으로 근거를 삼고 투자해야 하기 때문에 성공 확률보다는 실패 확률이 더 높다.

두 번째로 듣보잡 장외주식은 근처에도 가지 말라는 것이다. 장외주식 정보제공 사이트에는 없는데 일부 오프라인 판매처 및 밴드에서만 거래되는 종목에 투자하는 것은 피해야 한다. 정보도 미약할 뿐 아니라 오프라인 판매자가 작성한 사업계획서 또는 회사측에서 제공한 정보로 만들어진 일방적인 밴드 자료로 정보를 파악해야 하는 상황이라면 어느 것도 믿지 말아야 한다. 바꾸어 말하면 주식의 시장성을 무시하지 말라는 것이다. 최소한 장외주식 정보제공 사이트에서 거래가 활발한 종목을 선택하는 것이 유리하다. 사려고 할 때 매물이 있어서 구입할 수 있고 팔려고 하면 팔 수도 있는 유동성 높은 종목을 선택해야 한다는 것이다. 대부분 일부 밴드에서 판매하는 종목은 정보제공 사이트에 없는 주식들이 많다. 설령 정보제공 사이트에 있는 주식도 허상인 기업들이 너무 많이 있는데 어찌 거래

자체를 확인할 수 없는 기업에 무엇을 믿고 투자한단 말인가? 듣보잡이라는 말은 괜히 생긴 말이 아닌 듯하다. 전혀 알지도 못하는 회사인데 조만간 대기업에 납품을 하기로 했다, 세계적 기업에 수출하기로 했다 등이 듣보잡 종목의 대표적 소문의 유형이다. 말도 안되는 미래를 가지고 마치 지금 당장 계약이 되는 것처럼 선전하는 주식은 정말 피해야 한다. 무엇을 이미 했다는 과거형 보도가 아닌 곧 한다라는 예정의 말, 이 말에 속아 넘어가는 투자자들이 너무 많다.

세 번째로 증권사에서 판매한다고 반드시 좋은 장외주식은 아니라는 것이다. 요즘 증권사들은 신탁계정으로 장외주식을 판매하는 일이 많다. 신탁계정을 자세히 읽어보면 증권사에서는 투자한 회사에 대한 책임을 전혀 지지 않는다는 말이 숨어 있다. 그럼에도 증권사라는 사실만 믿고 묻지마 투자를 하다 낭패를 보는 사례가 속출하고 있다. 증권사 또한 일개 중개업체에 지나지 않는다고 생각하기 바란다. 증권사도 주식을 중개해주고 수수료를 먹는 구조이다. 증권사에서 권하는 장외주식이니 조금 더 좋은 주식일 거라는 생각은 과감히 버리고 접근해야 한다. 증권사 직원들도 영업을 한다. 장외기업에 대한 분석은 마찬가지로 회사에서 제공한 정보에 대다수 의존하고 있는 실정이기에 절대적 신뢰는 금한다.

장외주식은 정보의 비대칭이 굉장히 큰 시장이다. 관련 정보가 시원하게 나온 적이 없는 시장이다. 따라서 매일 매일 본인이 투자하고자 하는 회사의 정보노트를 만들어 직접 정보를 수집하고 정리하여 투자해야 한다. 정보가 미약하지만 수집하다보면 정보의 여과 과정도 늘어가는 것이고 결국 그것이 본인만의 정보노트가 된다.

장외주식을 전문으로 하는 전문가에게 상담하는 것도 나름대로 필요하겠지만 무엇보다도 투자자 본인이 정보를 선별할 수 있는 능력을 키우는 것이 장외주식에서 성공할 수 있는 유일한 해법이다.

> 장외주식을 시작하는 개인투자자들은 이 글에 말 하나 하나 다 중요한 요소들이기에 철저하게 복기하기 바란다.

장외투자, 이것만 주의하면 실패는 없다

장외투자에 투자자의 관심이 몰리는 이유는 아이러니하게도 거래소나 코스닥 시장에 비해 장외시장의 비제도적 측면에 의해 발생하는 장점 때문이다. 그러나 비제도적이어서 파생되는 단점 또한 많다. 다시 말해 장외주식 시장은 제도적 장치가 매우 미비한 관습적인 시장이다. 매매방법도 직접거래가 기본이고 결제방식 또한 직접결제가 대부분이다. 따라서 투자위험이 거래소나 코스닥 시장과는 비교가 안 될 정도로 큰 시장이며 막대한 투자 손실을 보더라도 보호받을 수 있는 길이 매우 한정되어 있다. 따라서 모든 투자의 책임은 투자자 본인에게 있음을 명심해야 한다. 그렇다고 위험 요인만을 부각시켜 장외시장을 자신의 재테크 수단에서 제외시킬 필요는 없다. 다음과 같은 단점을 분명히 알고 이에 대처하는 방법을 충분히 숙지한다면 현명한 투자를 통한 수익의 극대화를 꾀할 수 있다.

다음의 피해 사례를 통해 장외주식투자의 실패요인을 피해가는 방법을 터득해보자.

실패 사례

돈을 마련하는 것도 어렵지만 돈을 제대로 굴리는 것 또한 쉽지 않다. 특히 은행 금리가 크게 떨어진 상태에서 투자자의 기대수익에 걸맞은 투자 수단은 매우 제한적이다. 주변에는 유난히 돈을 잘 굴리는 사람도 있지만 하는 일마다 실패투성이인 투자자도 적지 않다. 재테크 전문가들은 재테크의 왕도는 없다고 한다. 일확천금을 꿈꾸는 투기는 투자라고 할 수 없다.

말처럼 쉽지 않지만 목표를 정확하게 설정하고 기본에 충실한 투자가 편안한 노후를 보장해준다. 여기에 소개되는 재테크 사례는 처음부터 투자의 단추를 어떻게 꿰어야 하는가를 잘 보여준다. 다음의 사례를 통해 장외투자에서 성공하려는 투자자에게 올바른 가치투자 가이드라인을 제시하고자 한다.

사회에 첫발을 내디딘 주씨 역시 증권사를 선택했다. 주씨는 입사 초기 모의투자로 많은 수익을 얻을 수 있었다. 입사 6개월이 지난 후부터 주씨는 여유자금을 가지고 주식투자를 실제로 시작했다. 초기 2년간은 100%가 넘는 수익률을 기록하여 나름대로 자신감을 갖게 됐다. 2년 후 결혼하면서 주식투자자금 일부와 대출을 통해 6,000만원의 전세를 얻고도 여전히 주식투자자금 3,000만원을 보유할 수 있었다. 결혼 이후 부인과 맞벌이를 하면서 가정의 소득은 연간 4,000만원을 넘게 되었고 나름대로 풍요로운 생활을 유지할 수 있었다.

그러나 주식이 폭락하면서 원금의 3분의 1을 손해 보았다. 그해 말 주가가 약간 반등하자 저점을 확신하고 부인의 만기 적금 2,000만원과 자신의 투자자금 2,000만원, 그리고 부모님에게서 빌린 돈 5,000만원을 합해 본격적인 투자에 나섰다. 잠시 투자수익이 발생했으나 이듬해에 접어들면서 상황은 악화되고 남은 자산은 원금의 30%인 2,500만원 수준으로 떨어졌다. 이제는 주식투자의 원금이 문제가 아니라 부모님이 은퇴 후 사용할 자금을 마련해 드리는 것이 더 중요한 이슈가 되고 말았다. 원금 손실을 만회하려다가 큰 손해를 본 주씨는 전략을 바꾸어 단기 매매로 전환했다.

시장이 본격적인 상승국면을 맞으면서 어느 정도 이익이 발생하기 시작했다. 그러나 잦은 매매를 시행하면서 연말에 평가해 본 투자자산의 규모는 5,000만원 정도 밖에는 되지 않았다. 결국 주가가 급등하는 시기에 이루어진 잦은 매매는 매수 타이밍을 놓치면서 생각보다 큰 수익을 얻을 수 없었던 것이다.

주씨의 부인은 평범하게 살기를 원하며 저축을 통해 안정적으로 살기를 바란다는 이야기를 수차례 남편에게 전달했고 주씨도 그러자고 합의했다. 주식투자를 정리하고 내 집 마련을 하기로 했는데 주가가 점차로 가파르게 상승국면을 나타내고 있어 마지막으로 한 번 더 투자하리라 마음 먹었다.

마지막이라는 생각이 뇌리를 스치자 좀 더 많은 수익을 얻기 위해 코스닥 시장으로 눈을 돌렸고 다행스럽게도 주가는 원하는 만큼 올라 주었다.

이제 어느 정도 자신이 생긴 주씨는 투자자금을 장외거래로 돌려 비상장 주식을 대거 보유하기 시작했다. 그러나 여유와 자신감이 화를 불러오고 말았다. 보유 주식수를 늘려가던 중에 유망 특정 종목을 발견했다. 전화만으로 상대를 믿고 거래하던 차에 이번에도 신원이 확인되었다는 생각이 들자 대금을 먼저 입금을 했다. 그러나 아무리 기다려도 상대로부터 계좌이체가 되지 않았다. 전화를 들었지만 이미 연락을 취할 수 없었다. 엎친 데 덮친 격으로 많은 프리미엄을 지불하고 산 그 장외주식이 크게 폭락하기 시작했고 한번 폭락하자 손실을 줄이려고 손절매를 하려고 해도 살 사람이 없어지고 말았다. 이 때부터 뒤늦게 장내시장과의 차이점을 깨닫고 위조증권 판별법, 매매가의 결정 메커니즘 등 여러 사항들을 공부하기 시작하면서 무릎을 쳤지만 기차는 이미 떠나가버렸다.

결국 아직도 그때 매입한 주식을 보유하고 있으며 내 집 마련은 주가가 오르기 전에는 생각하기 어려워지고 말았다. 현재 주씨가 보유하고 있는 순 자산을 평가해보면 전세보증금 6,000만원과 1억 5,000만원을 들여 매입한 장외주식 3,000만원이 전부이다.

부인이 열심히 모은 적금은 부모님에게 빌린 돈을 상환하기 위해 사용했고 아직도 2,000만원 정도를 더 갚아야 하는 처지다. 흔히들 주식투자를 할 때에는 처음을 조심하라고 충고한다. 처음 시작한 투자가 대성공을 거두게 되면 종국에는 큰 실패로 이어진다고 이야기한다. 이는 장내든, 장외든 주식투자로 이익을 얻는 것보다는 돈을 관리하는 것이 그만큼 더 어렵다는 사실을 반증하고 있다.

문제점 분석

기본적 포트폴리오를 무시한 주씨의 주식투자 패턴은 단기적이며 투기적인 형태라고 할 수 있다. 실제로 상승장에서는 대형 우량주의 상승률이 기대에 미치지 못하는 반면 소형주의 약진은 두드러진다. 이러한 시장환경을 따라가게 되면 하락장에서는 큰 손실로 이어지는 경우가 많다.

결국 단기적 예측은 매우 잘했더라도 이를 지속적으로 끌고 나가기는 쉽지 않으며 가치 중심의 투자가 아닌 단기 자본차익을 목적으로 하는 투자는 그 만큼 위험하다는 사실을 알 수 있다. 또 주씨의 투자 전략을 보면 장기적 목표가 뚜렷하지 않았다. 특수한 장외시장의 환경에 대한 학습이 선결되지 않은 점도 장외투자 실패의 한 요인으로 작용했다. 단계별로 필요한 계획을 세우지 않았으며 투자의 기초체력을 높이는 데에도 별로 신경을 쓰지 않았다.

위의 사례 중 장외투자 부문에서 주씨가 피부로 경험했던 장외투자 실패요인을 바탕으로 대응 방법을 차례로 살펴보면 다음과 같다.

거래상대에 대한 무조건적인 신뢰는 금물이다.
위조된 주식인지 면밀히 따져봐야 한다.

장외시장의 주식 매매가가 천편일률적인 것은 아니다.

사기 좋은 주식이라고 반드시 팔기 좋은 주식은 아니다.

거래상대에 대한 무조건적인 신뢰는 금물이다

신원의 미확인으로 발생한 피해를 미연에 없앨 수 있는 가장 좋은 방법은 신원이 확실하고 믿을 만한 사람이나 회사와 거래하는 것이다. 어찌 보면 당연한 얘기이면서도 힘든 얘기일 것이다. 거래를 하기 위해서 전화로 상대를 신뢰하기 위해서는 주소, 연락처(유·무선 전화번호, 이메일 등), 주민등록번호, 증권 계좌번호 등 확인 가능한 모든 신상 관련 자료를 확보해두는 것이 미연에 사태를 방지할 수 있는 방법이다. 그래도 이 모든 것을 믿기 어렵고 장외시장 및 장외기업에 대한 정보 획득이 어렵다면 장외 중개업체를 통해 간접 투자하는 방법을 쓸 수밖에 없다.

위조된 주식인지 면밀히 따져봐야 한다

위조 유가증권이란 발행권한이 없는 자가 본래의 유가증권 외향과 비슷 또는 동일하게 유가증권을 작성하는 것을 말하며 변조 유가증권이란 본래의 유가증권의 내용에 일련번호, 금액, 날짜 등 기재내용에 변경을 가하는 것을 말한다. 지폐에도 위조지폐가 있듯이 주식에도 위조된 주식이 있을 수 있으므로 명의개서 여부를 명확히 알고 거래하는 것이 좋다. 될 수 있으면 명의개서가 불가능한 종목은 사지 않는 것이 바람직하다. 법인이 가지고 있는 주식의 경우 일정기간 매매가 금지되므로 명의개서 시점을 명확히 알고 있어야 한다.

어느 경우에나 주식 양수도 계약서 등을 반드시 작성하고 변호사나 법무사 등의 공증을 반드시 거치는 것이 현명한 매매방법이다. 일반 주권 이외의 서류는 가능하면 발행회사에게 직접 문의하든지 혹은 방문하여 발행을 확인하고 날인된 인감을 확인해야 한다. 그러나 대부분의 주식 유가증권은 저액권이기 때문에 위조 사건이 거의 일어나지 않는다.

장외시장의 주식 매매가가 천편일률적인 것은 아니다

장외주식은 정확한 가치 산정 및 절대적인 가격이 없다. 따라서 어떤 종목의 현재가격을 정확하게 알 수가 없다. 요즘 장외시장의 주식 매매가는 여러 웹 사이트에 게시된 매매 기준을 통해 형성되기도 하고 장외주식 전문 거래업체가 파악한 매매가에 의존하기도 한다. 한 곳에서 정해진 가격만을 그대로 신뢰하지 말고 여러 경로를 통해 최적의 매매가를 산정해야 한다.

요즈음 장외시장에서 거래되는 종목의 호가를 기준으로 장외 종합지수 및 종목 거래 가격을 매일 인터넷에 올리는 웹사이트들이 성황리에 운영되고 있다. 이러한 사이트에서는 비교적 객관화된 가격이 형성되어 있다. 아울러 종목 게시판의 매물 제공자를 중심으로 핸드폰 번호 등을 적어 두고 전화를 걸어 시세를 확인하는 절차가 보편화되어 있다. 장외 전문 거래업체를 이용하는 것도 한 방법이다. 이렇게 수집된 종목의 호가를 수집하여 비교한 다음 가장 싸게 내놓은 거래자를 선택하면 된다. 아니면 이 책에 소개된 기업 가치 평가 및 적정 주가 산정 방법을 통해 투자자 본인이 평가 능력을 키우는 방법도 있다. 자신이 판단한 적정 주가를 기준으로 거래 상대를 찾게 되면 거래가 좀 더 수월해지기 때문이다.

최근에는 인터넷 등 여러 매체를 통해 다양한 장외주식정보가 제공되기 때문에 일반 투자자들의 정보력이 크게 증가하여 비교적 객관화된 가격이 형성되고 있다.

사기 좋은 주식이라고 반드시 팔기 좋은 주식은 아니다

장외주식을 매수할 때에 반드시 환금성을 고려해야 한다. 환금성이란 필요할 때에 주식을 매도하여 현금을 확보하기 쉬운 성질을 말한다. 이러한 경우에는 매매가격과 함께 투자할 종목의 거래량 추이를 파악해두어야 한다. 거래량 추이가 중요한 이유는 장외주식의 경우 환금성이 절대적으로 떨어지기 때문이다. 따라서 거래가 잘 이루어지지 않는 종목은 피하는 것이 좋다.

요즘처럼 정보의 공유와 참여, 개방이 활발해지는 소셜네트워크의 시대라 하더라도 장외시장에서는 정보가 상당 부분 차단되어 있어 개별기업들의 소식을 듣기가 어려운 실정이다. 결국 주식을 사는 사람 입장에서 미심쩍다 싶으면 미리 회사내용을 파악해 본 다음 매수해도 늦지 않다는 점을 잊어서는 안 된다. 정보교환과 공동 매수·매도전략을 펴는 투자 클럽을 만드는 것도 좋은 방법이 될 수 있다. 회사 동료, 학교 동창 등 10명 내외의 사람들이 모여 장외주식 투자를 함께 하는 것이다. 이러한 투자 클럽은 개인 투자자의 정보력을 증가시키고 또한 거래 단위를 늘림으로써 매입단가의 절감 효과를 가져올 수 있으며 이에 따른 거래비용도 감소시킬 수 있다. 이

밖에 장내주식과 마찬가지로 장외주식 또한 테마를 형성하는 경우가 많고 양쪽 시장간의 상관관계가 매우 높으므로 장내시장의 주 테마를 항상 눈여겨보고 그에 따른 매수·매도 전략을 가질 필요가 있다.

투자 후 매도 타이밍을 잡기 어렵다면 상장 직후 주가가 단기 급등하는 때를 매도시점으로 보는 것도 한 방법이다.

위조주권의 유형
위·변조의 유형은 두 종류로 나누어 볼 수 있다. 위조 유가증권에는 인쇄를 하거나 컬러복사기를 이용하여 복사하는 것, 컬러프린터 등을 이용한 것 등이 있고, 변조 유가증권에는 액면금액을 저액권에서 고액권으로 바꾼다든지 발행일자 또는 이자지급일 등을 변경하여 채권가치를 상승시키는 방법 등이 있다.
위·변조 유가증권이 발생되면 증권시장을 포함한 금융시장 전체가 혼란스러워지기 때문에 국가경제의 혼란을 야기시킬 수 있어 이를 예방하기 위해서 예탁원에서는 유가증권의 위·변조를 방지하기 위한 다양한 방지대책을 수립·운용하고 있다.

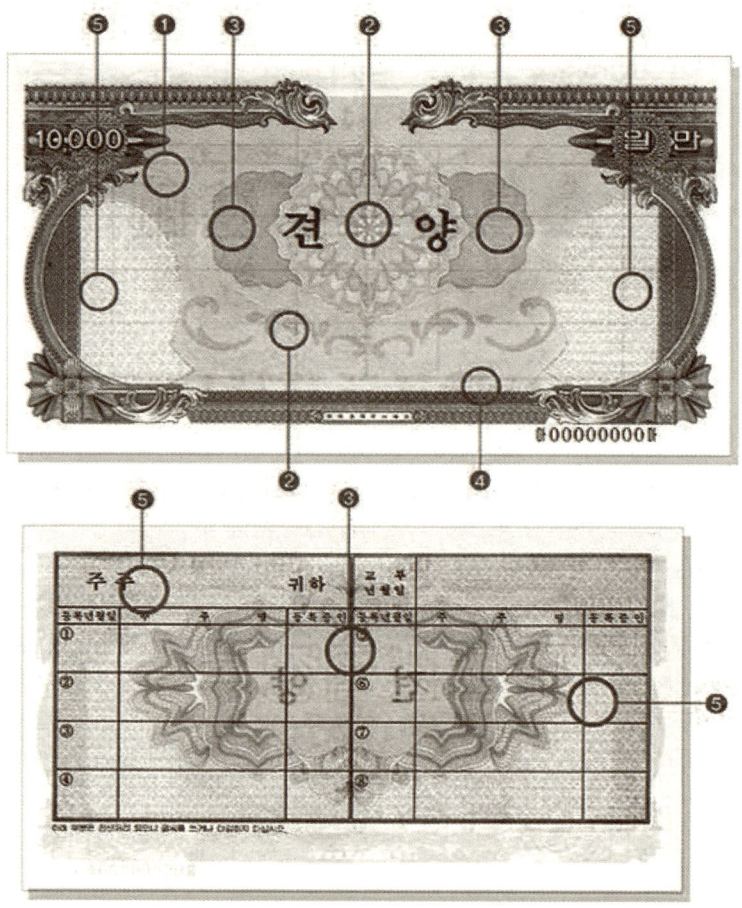

주식(통일규격 주권) 견양(증권예탁원)

위·변조 유가증권 식별방법
① 은서 : 밝은 빛에 비추어 보면 '대한민국정부' 글자가 용지 전면에 연속하여 쓰여져 있다.
② 형광인쇄 : 어두운 곳에서 주권을 자외선 램프로 비추면 바탕에서 밝은 빛을 발한다.
③ 광간섭 무늬 : 앞·뒷면 중앙에 동그란 나선형 무늬가 천연색 복사를 할 경우 색이 변하고 날개모양의 무늬가 나타난다.
④ 미세문자 : 육안으로 선처럼 보이나 확대경으로 자세히 관찰하면 연속으로 이어진 '예탁결제원'이라는 작은 문자가 반복되며 나타난다.
⑤ 잠상 : 컬러 복사를 하면 앞면 좌·우측에 '위조'라는 숨은 글자가 나타난다. 뒷면을 복사하면 'X'자 형상이 나타난다.

사고증권의 조회
사고 증권으로 의심이 되면 증권 예탁원 홈페이지(www.ksd.or.kr)로 접속히여 상단 메뉴의 기업 정보를 클릭한 후 우측 중앙에 보이는 '사고증권 조회' 화면을 열어 증권번호를 입력하여 확인한다.

인간은
스스로 완벽하다고
생각할 때 무너진다

골프를 치는 사람은 "타이거 우즈를 절대 이길 수 없다"라고 말한다. 그러나 주식하는 사람들은 "나는 워렌 버핏만큼 할 수 있다"고 한다. 자만심이 넘친다. 이유는 뭘까? 간단하다. 주식을 너무 쉽게 생각하기 때문이다.

주식시장의 고수로 올라갈수록 무섭고 두려워한다. 장외주식에서 공모주 주식이 연속으로 상종가를 치는 시점은 좀 쉬어가라는 시간임을 알아야 고수이다. 필자는 이런 경험을 바탕으로 일반 투자자들에게 2015년 8월부터 아프리카TV를 통해 투자 경고를 알려왔다.

장외주식의 버블 논란이라는 제목과 장외주식 초토화라는 단어까지 사용하면서 경고를 했지만 한 번 불빛을 보고 몰려드는 불나방처럼 무섭게 시장이 과열되기 시작했고, 끝내 9월 이후 장외주식의 선행시장인 거래소, 코스닥의 부진 속에 공모주 시장은 찬 서리와 함께 장외주식도 무너지기 시작했다. 기세등등하던 기평 종목들의 탈락과 함께 상장 철회 종목이 10개를 넘어서는 지금 이 순간 후퇴하기도 이미 늦어 버렸다.

이런 혼돈의 시장 속에서 손해가 눈덩이처럼 늘어나고 끝내 장외주식 투자에 대한 불신의 벽도 높아지고 있다. 게다가 이런 상황에서 비상장 주식을 이용한 불법 다단계 회사들이 하나 둘 세상에 알려지면서 9시 뉴스나 고발 프로그램까지 등장하고 있다. 현재 일반 개인 투자자들에게는 기다리라는 말도 참아달라는 말도 절대 귀에 들어오지 않는 벙어리 시장이 되었다.

필자는 두 개의 종목으로 한 해를 마무리 했다. 장이 아무리 좋아도 절대 무리하지 말아야 한다. 장외주식은 시장 안 좋을 때 환금성이 너무 약하다. 장이 무너지는 시점이라는 것을 알고 매도하고 싶어도 매수자를 찾지 못하는 것이 장외주식이다.

사람은 참 신기하다. 내려올 때 복기를 한다. 왜 이런 장을 피하지 못해 너무 많은 종목을 구입하거나 한 번 종목 추천으로 성공한 종목이 나온 중개업체들을 믿기 시작하더니 그들에게서 하루가 멀다 하고 걸려오는 전화에 회사의 기본적인 재무 상황도 파악하지도 않은 채 너무 쉽게 주식을 구입한 자신이 원망스럽기 시작한다. 그러나 아픔은 교훈을 준다. 내려올 때 더 선명하게 보인다. 아픈 경험이 하나 둘 늘어간다는 것은 정말 소중하다. 이런 혼돈의 장에서 구입한 주식은 어떤 방법으로 극복해낼 수 있을까? 그것은 기다리는 것이다. 어쩔 수 없이 긴급자금으로 구입한 주식이라면 매도를 해야 한다. 하지만 매수자를 찾을 수 없는 주식이라면 어렵더라도 기다려야 한다.

2007년 리먼 사태 당시에 필자도 주식을 대량 구입한 상태에서 자금이 필요하여 사방팔방으로 주식을 매각하고 싶어 노력했지만 끝내 팔지 못했다. 그 지옥 같은 시간을 버티어 오다가 도리어 장이 살아나면서 더 많은 수익을 얻은 경험이 있다. 차라리 아직 상장하지 않는 것이 더 큰 이익이 될 수 있고, 차라리 지금 팔 수 없는 종목이 나중에 효자가 될 수도 있다. 상장을 하지 않았기에 희망을 걸어도 충분하다. 우리 민족이 가진 정서 중 하나는 기다림이다. 기다림의 미학을 생각하면서 잠시 먼 산 보고 한숨 한번 크게 쉬어 보고 좀 기다리자. 장이라는 놈은 꼭 회귀본능을 가지고 돌아오기 때문이다. 이런 장에 상장을 한다면 어떤 종목도 살아남지 못한다. 차라리 눈 감고 귀 막고 기다려라. 다만 종목에 대한 철저한 분석이 동반된 기다림이 필요하다. 기평으로 상장청구까지 이어진 종목이 상장 심사에 탈락했다면 그 회사에 대한 정확한 정보를 체크할 필요가 있다. 기평 종목 90% 이상이 적자 기업들이므로 정보 확인은 필수다. 이번 찬스를 살리지 못하고 내년에 성장성에서 뒤로 밀리면 그 종목은 다시 상장의 길로 가기에는 너무 험한 산을 넘어야 한다. 회사 정보에 대한 꼼꼼한 체크가 필요하다.

본인이 혼자하기 어렵다면 언제라도 믿을 만한 회사를 찾아라. 한국장외주식연구소의 전문가 집단에 메일을 보내면 성실하게 정보를 제공해 드린다. 혼자 가기보다 함께 가다보면 이 혼돈의 장도 지나간다. 오랫동안 장외주식하면서 찬스의 시점은 이런 방법으로 온다는 것을 터득했다. 장외주식에 놀라 떠나는 고객이 늘어가고 어떤 종목도 거래되지 않는 시점이 찬스이다. 회사의 내부 상황은 변동은 없으나 주식장의 하락으로 상장을 미룬 기업을 보라. 내 몸은 이상 없는데 밖의 날씨가 추워 잠시 집에 앉아 있는 종목들 중 연초보다 50% 이상 내려간 것도 있다. 날씨가 좋아지면 밖으로 금방이라도 나갈 주식들이기에 이런 주식을 선별하여 천천히 공부해보라. 더 이상 투자할 돈이 없어도 공부하여 연습해서 훗날을 대비해야 한다. 실력을 키워놔야 한다.

'거안위사(居安危思)', 평화로운 시점에 위급함을 대비한다는 말이다. 이 말을 반대로 생각해보라. 위험한 시점에 평화를 준비해보라. 지금 이런 시장이 투자자 여러분들에게 약이 될 수도 찬스가 될 수도 있다.

삼성SDS, 카카오톡 등의 상장은 장외주식의 대중화를 이끌었고 한편으로 불법거래 업체들이 늘어나는 기회를 제공했다. 기술특례 상장은 좋은 제도이지만 다른 한편으로 보면 재무상황을 무시하고 정말 말도 안 되는 장외주식 버블화를 이끌었다고 생각한다. 기본을 무시한 무리한 상장 수 늘리기에 급급한 거래소도 이런 버블의 장을 만들어낸 장본인 중 하나라고 생각한다.

이런 시점에 왜 필자는 빈 허공에 희망을 쏘아올리라고 말을 하는 것일까? 내려올 때 보인다. 장이 내려올 때 보인다. 골짜기 골짜기마다 들려오는 원성에서 차분하게 때를 기다리는 희망의 눈빛을 느낄 수 있다. 역사라는 놈이 '정반합'으로 굴러간다. 주식은 올라가거나 내려가거나 양방향으로 움직이는 생물이므로 내려올 때 우리는 분명 올라간다는 것을 알고 있다.

아직 끝나지 않은 시장이다. 비상장 주식, 즉 장외주식이라는 놈은 여기서 끝난 게임이 아니다. 좋은 실적을 바탕으로 갈 놈은 가는 장이 올 것이다. 누가 뭐라 해도 새벽은 온다. 새벽의 빛은 청색에서 출발하여 빨간 태양으로 인사한다. 주식도 마찬가지이다. 푸른 하락장이 이어진 후에는 빨간 장이 그 다음을 기다린다.

우리 모두 힘내자고 말하고 싶다. 갈 놈은 간다고 말하고 싶다. 그리고 올 놈은 온다고 말하고 싶다. 그날이 오면 지금을 논하면서 웃어보자.

찢어진 깃발만 남은 당을 이끌고 어떤 분은 대통령이 되었다. 자신을 다 버리고 다시 시작했기에 그는 대통령도 되었다. 지금 시점 다 버리고 초심으로 돌아가보자. 그리고 그 순간에 희망을 쏘아올려보자. 의연한 자세로 지금 장을 이겨 내고 담대하게 걸어가자. 가다 보면 노을빛보다 붉은 날이 온다.

> 돈 앞에 천하장사가 없다고 한다. 주식 앞에 그 누구도 함부로 자만하지 말아야 한다. 주식 앞에 자만은 망하는 지름길이다.

나쁜 주식
안 만나는 것이
복이다

장외주식을 하면서 늘 고민하고 또 고민한다. 주식이라는 것이 매력적인 투자처라는 것은 분명한 사실이다. 장외주식을 편입하고 회사를 체크하지 않는 것도 바보스럽지만 더 큰 문제는 너무 맹신하는 것이다. 맹신은 똑바로 보는 눈을 멀게 하기 때문이다.

20년 가까이 이 시장을 지키고 있다. 그러나 일부 밴드 회원들은 필자의 칼럼을 보고 비토 수준을 넘어 막말을 한다. 그리고 단 한 번도 유료회원에 가입하라고 한 적도 없는데 마치 그저 그런 밴드라고 말을 쉽게 한다. 솔직하게 이 밴드를 통해 돈을 벌 생각도 없다. 아니 유료회원을 모집할 생각도 이유도 없다. 필자는 이미 먹고 사는데 전혀 지장이 없는 사람이다.

왜 밴드를 만들어 글을 올리는지 물어본다면 책임감이라고 말하고 싶다. 최초의 장외주식 정보제공 사이트인 피스탁을 이끌어본 사람으로서 최초로 장외주식 관련 서적을 집필한 사람으로서 최초의 장외주식 증권방송 "배워야 산다" 코너를 진행한 사람으로서 이 장외시장에 대한 무한 책임감을 가지고 있다.

이런 독설이 있었다. "늙은 사람이 어찌 바이오를 아시나요?"라고 말을 한다. 그러나 필자는 주식이라는 것은 나이가 들어 갈수록 리스크를 줄이는 방법을 하나씩 알아가기에 누구보다 보수적 접근으로 바이오 기업에 대한 분석을 한다. 바이오 기업을 자세히 들어가면 끝도 없다. 필자는 크게 3가지로 나누어 분석을 한다.

① 첫 번째, 실현 가능한 제품을 개발하는 바이오 기업인가?

그 동안 수없이 많은 다국적 제약회사들이 수 조원을 들여가면서 실패한 사례들을 공부할 필요가 있다. 왜 다국적 기업들이 이미 확인된 회사에 천문학적 비용을 주면서 계약을 하는지 이해해야 한다. 그만큼 신약을 개발하는 것은 어렵다. 완치와 억제 중 필자는 억제제 신약을 개발하는 회사에 더 집중적인 공부를 하고 있다. 또한 일상생활에 적용되는 바이오 기업들을 중심으로 공부해야 한다고 생각한다.

② 두 번째, 제품개발에 대하여 중소기업이 감당할 정도의 투자비용으로 제품결과를 낼 수 있는 기업인가?

벤처 캐피탈들이 참여한 기업 및 연구개발비의 지속 투자 여부를 확인한다. 행여나 지속적 연구개발비로 자본이 잠식된 회사는 탈락시킨다.

③ 세 번째, 당해 연도에 매출과 순이익이 발생할 기업인가?

임상 전이나 임상 진행 중인 기업이 매출과 순이익을 내기는 어렵다. 그러나 특별하게 우수한 기업이 아니라고 판단되면 1차적 매출 구조를 확보한 기업인지 확인하고 그런 기업을 선호한다. 경우에 따라 해당 임상이 실현 가능한 바이오 기업인지 따져보고 신중히 선택하기도 한다.

이 과정을 통과한 기업을 우선적으로 선정했으면 이제 2차 기업 분석을 한다. 이런 기본적인 방법으로 필자는 2012년에 아미코젠과 2013년에 제노포커스를 발굴했다.

필자는 이제 돈 몇 푼에 살아가는 나이가 아니다. 솔직하게 담대하게 모든 것을 필자의 시각과 생각으로 글을 쓰고 있다. 필자의 칼럼은 투자 시 참고사항 정도로만 삼아주시고 자기 확신으로 투자하기 바란다.

투자자들의 가장 많은 질문 중 하나는 올해 가장 유망한 종목에 대한 것이다. 회원 여러분들에게 이 말을 하고 싶다.

"좋은 주식 만나는 것이 복이 아니라 나쁜 주식 만나지 않는 것이 복이다."

유망 종목도 중요하지만 투자부적격 종목을 피하는 것도 무엇보다 중요하다. 이 말을 꼭 명심하기 바란다. 이런 관점에서 유망 종목과 투자부적격 회사를 나름의 소신으로 담대하게 글로 표현했다.

장외주식을 투자하는 돈은 여러분의 돈이다. 본인의 돈이기에 제발 신중해야 한다. 제발 천천히 살펴보기 바란다. 주식에 대한 기술적 분석 시대는 단 한 번도 완전히 성공한 적이 없다. 오직 기업에 대한 기본적 분석에 열을 다해 공부하여 실패할 리스크를 줄이는 게 답이다. 명심하기 바란다.

장외주식은 봄 농사가 제일 중요하다. 장외주식을 시작했다면 목숨을 걸고 분석하고, 목숨을 걸고 주식을 선택하라. 신중함만이 성공의 길이라고 필자는 생각한다.

> 남자의 복은 좋은 여자 만나는 것이 아니라 나쁜 여자 안 만나는 것이 복이다. 주식도 마찬가지다. 수익이 나는 회사 이전에 손실이 나는 회사를 만나지 말아야 한다. 가장 기본적인 이 정도만 숙지하여도 피해를 줄일 수 있을 것이다.

기업의 발표 내용은 반만 믿자
_바이오 주식

'예정', '준비', '목표' 이 세 단어는 장외주식 기업들이 회사 전망을 대외에 알릴 때 많이 사용한다. 2016년 상장 예정, 2016년 신규사업 진출 준비, 2016년 매출 5천억 달성 목표. 그런데 가만히 뜻을 새겨 보면 단어 뜻 그대로 정해진 것이 없다. 회사 일정상 다음으로 미뤄 질 수도 있다.

포스코가 창립 47년만에 처음으로 3천억 정도의 적자를 기록할 것으로 보인다. 국내를 이끌어 가는 대표 기업의 현 모습이다. 그렇 다면 차세대 국내 시장을 주도할 만한 종목군은 무엇일까? 삼성을 보자. 바이오산업 투자가 엄청나게 이뤄지고 있다. 그렇다. 시대는 바이오를 향하고 있다. 그러한 시대상이 반영된 탓인지 요즘 바이오 기업들이 장내시장뿐 아니라 장외시장까지 주도하고 있다.

바이오산업은 질병으로부터의 보호에서 생명 연장의 꿈까지 인간을 향해 있다. 인간 질병의 역사와 함께 의약은 발달했고 21세기에는 각 국가들의 기간산업으로 성장했다. 국내에도 이러한 영향을 반영하여 바이오협회가 1991년 등장했고 2000년경부터 본격적인 바이오 기업들이 우후죽순 등장하기 시작했다. 중소 규모의 바이오 기업들이 등장하여 약 16년의 시간이 흐르는 동안 이익을 실현하는 기업들이 등장하고 이러한 기업들이 상장을 하면서 시장을 주도하고 있다. 수없이 많은 회사들이 중도에 도산하기도 했지만 끝없이 성장하고 있는 것은 자명한 사실이다.

지속적인 연구개발에 투자를 해야 하는 사업의 특성상 적자는 당연하다. 그런 탓에 바이오 기업들이 상장으로 가는 길이 무척 어려웠다. 2015년 기술 특례 상장의 활성화는 바이오산업에 큰 생명력을 부여했다. 기술 특례 상장의 문호가 더욱 폭넓게 개방되는 2016년에는 더 많은 바이오 기업들이 상장을 준비하고 있다.

글로벌 경기의 둔화 속에서 여기저기서 양적 완화 카드를 또 다시 내밀고 있다. 언제 폭발할지 모를 시한폭탄이 계속 양산되고 있는 시점에 유독 상승하는 주식이 바로 바이오 주식이므로 장내뿐 아니라 장외에서도 관심을 받고 있는 것이다. 그러나 일반인들뿐 아니라 그 분야의 전문가도 이해하기 어려운 시장이 바로 바이오 분야이다. 어렵다보니 회사가 발표하는 내용을 100% 신뢰하고 의지할 수밖에 없다. 그러다보면 함정으로 빠지기 쉽다. 마치 다 된 것처럼 발표되는 내용들을 하나 둘 접하다 보면 마치 본인이 전문가가 된 양 의식하게 되고 맹신하게 된다.

회사에서 발표한 내용을 어디까지 믿을 수 있을까? 50%만 믿고 가자는 것이 필자의 생각이다. 이 글 서두에서 얘기한 '준비, 예정, 목표'는 실현된 것이 아니다. 의지치가 반영된 회사의 계획일 뿐이다. 계약도 금방 될 것처럼 이야기하지만 실은 멀리 있다. 실제로 이뤄진 경우도 몇 % 되지 않는다.

시장에 정확하게 공시할 필요가 없는 것이 장외주식이다. 회사의 계획을 일정에 맞춰 얘기한 것일 뿐이다. 일정대로 딱딱 맞춰가지 못하는 회사들이 존재하는 시장이다. 그러기에 눈으로 보고 확인하기 전까지는 전진하지 말아야 한다. 바이오 제품 등 의약품이 시장에 출시되기 위해서는 임상 시험을 3차례 성공 및 완료해야 하는데 그러한 바이오 기업이 얼마나 될까? 현실형과 진행형 바이오 기업의 차이는 아주 크다고 생각한다. 모든 바이오 회사를 한미약품이나 셀트리온 등 잘나가는 회사와 동등 비교하는 어리석음을 너무도 자연스럽게 행한다. 잘나가는 바이오 회사 가격이 이 정도이니 이 회사의 주가도 결국 이 정도 갈 것이라고 말한다. 어리석은 생각이다.

아직 갈 길이 먼데도 이렇게 평가를 하다보니 장외주식 가격만 고평가된다. 급하게 달려갈 필요는 없다. 장외에서 구입해서 상장 후 차익만큼 이익을 취하려면 고평가할 필요가 없다. 요즘 올라가는 종목들이라 하더라도 상장 전 장외 가격 이하에서 거래되고 있다.

바이오가 대세라고 하지만 옥석을 가려야 한다. 검증된 바이오 회사를 구별하여 편입하기가 매우 어렵다. 결과를 예측할 수 없는 시장이기에 더욱 더 조심해야 한다. 거듭 말하지만 임상 3상이니 미국 FDA 승인이니 하며 떠드는 내용들이 바로 회사의 매출구조와 연결된다는 생각은 금물이다. 앞서간다고 좋은 것이 아니다. 천천히 가도 보배 같은 주식은 가려낼 수 있다. 바이오 장외주식은 이제 시작이다. 하나씩 잘 살펴보자. 아직도 생생한 놈들 많이 있다. 회사 입장에서 발표하는 어려운 자료들을 외우고 떠들 필요가 절대 없다. 괜히 버블 논란의 중심에 선 개인 투자자가 될 뿐이다. 적정가격 산정 시 단순히 회사 간 동등 비교로 하지 말라. 험한 산을 넘어가야 하는 주식이니 똑같은 내용으로 평가하지 말자. 주식은 감이 중요하다. 상식적 투자 관점에서 현재 돈 벌고 있는 종목 중심으로 찾아보기 바란다.

> 한미약품의 계약파기는 장외의 바이오 주식들에게 직격탄이 되었다. 필자는 지속적인 바이오 주식에 대한 스토리텔링에 속지 말라고 주의 했지만 한번 바이오 주식에 맹신한 사람들은 다른 사람 말을 듣지도 믿지도 않는다. 알 수 없는 주주 동호회 글들까지 맹신하기 시작한다. 내 눈으로 보이는 실적이 나오는 순간까지는 기다리고 또 기다리고 선택해야 하는 것이 바이오 주식이다.

흔들리는 깃발

본인의 의지, 노력 및 정성이 수익을 만들어간다. 흔들리지 않는 깃발은 없다. 삼성메디슨에 가슴 철렁 내려앉아 가슴을 쓸어내리지 않은 개인투자자는 몇 명이나 될까? 그러나 우직함은 승리한다. 아니 장을 잘 모르는 자가 이기는 승부가 되기도 한다. 놀란 가슴에 매도한 투자자만 눈물이 날 수도 있다. 무심히 아주 무심히 전진해보라. 일을 하다보면 상장소식은 온 천지에서 들어온다. 그날 무심히 고개 들어 시장을 보기 바란다.

본 종목은 삼성이라는 이름을 달고 있다. 통할 수 있는 종목이다. 어느 날 상장의 소식이 온 신문지상에 터질 때 그날 웃으면 된다. 의료기계 사업은 쉽게 포기할 수 없는 고수익 사업이다. 적자의 연속이지만 분명 갈 종목은 간다고 생각된다. 무심히 본인 일에 열중하는 자, 그 무심이 열정이요, 그 무심이 정성이 된다. 그리고 주식은 주가로 답을 한다. 누구나 주식의 예측이 가능하다. 좋은 회사는 좋은 결실로 오기에 필자는 상식적이고 정직한 투자로 일에 임한다. 회사에 이유가 있어 주가가 밀렸다면 그 밀린 이유가 해소되고 시장 분위기와 맞물리면 주가로 답을 하게 마련이다.

자만하지 말고 상식적 투자기법으로 갈 주식을 찾아 최소 1년 정도는 지켜볼 주식을 구입하기 바란다. 주식은 나쁜 방향보다 좋은 방향으로 흘러가려고 생동한다. 공모주시장이 살아나면 장외주식도 살아나기에 잘 준비하고 성투하기 바란다.

다시금 힘내는 구간이다. 겨울이 지나면 봄이 온다는 것은 누구나 알고 있다. 칼바람 속에 분명 봄이 숨어 있다. 그날을 위해 마음도 몸도 다스리고 일도 열중하다보면 그날이 올 것이다.

흔들리지 않는 깃발은 없다. 그때마다 정공법으로 참고 참고 전진 또 전진해보자.

당시 삼성메디슨 매각 이야기가 나오면서 주가는 출렁이기 시작했다. 그러나 얼마 후 매각은 근거없는 소문이 되었다. 삼성메디슨의 실적이 살아나지 않는 현재에도 그 가격대에 버티고 있지만 아직까지 갈 길이 멀어 보인다. 그러나 이미 삼성이 차세대 먹거리 사업으로 바이오를 선택한 상황에 바이오 장비의 핵심인 반도체 부분과 어떤 식으로든 연결함으로 삼성이 가진 디자인 및 세계적 유통망을 이용한 그룹적 지원이 이루어진다면 삼성메디슨의 주식은 매력이 있어 보인다. 필자가 상기 종목을 2017년도에도 추천 종목으로 선정한 이유다.

Part 3

장외주식 분석과 평가

장외주식은 공인된 거래소가 없다. 주식을 사려면 매도자를 찾아야 하고 주식을 받고 돈을 보내는 매매를 개인끼리 직접 해야 한다. 따라서 장외주식을 거래할 때는 상대방의 신분확인이 필수적이다. 상대방의 직장과 신분이 확실하다면 굳이 만나지 않고 증권계좌를 통해 이체하고 은행계좌를 통해 송금하는 것이 일반적이다. 여전히 위험하고 가슴 졸여야 하는 것은 마찬가지이다. 물론 무사히 거래가 이루어졌다면 한숨 돌리겠으나 허위로 신분을 가장한 채 사기거래를 한 사고사례도 있으므로 개인 간의 주식거래는 서로 만나서 거래를 하는 것이 바람직하다. 시간과 장소의 제약이 있기 때문에 장외주식 정보제공 사이트인 38커뮤니케이션의 매물정보코너를 이용하기도 한다. 사고자 하는 종목의 매도매물을 검색하여 가격과 수량이 일치할 경우 매도자에게 전화해 직접 거래를 한다. 그러나 매물정보 코너의 매도자나 매수자에게 전화를 걸어 봐도 대부분 중개업체이며 개인을 찾기가 쉽지 않다. 전문가와의 상담이 필요한 이유다. 요즘 들어 온라인 거래 사이트에 올라온 매물들이 매도가격과 매수가격이 역전되는 등 정확한 가격을 확인하기가 힘들다. 포털 사이트의 블로그를 이용하여 주식을 구입하기도 하지만 이것 또한 알 수 없는 거래들이므로 본인이 장외주식에 대한 이해와 종목에 대한 공부를 철저히 한 다음 가격을 결정할 것을 권장한다.

투자할 기업의
질적 분석

투자자라면 기본적으로 자신이 투자할 기업에 대한 지식을 가지고 있어야 한다. 여러 지식이 있겠지만 그 중에서도 기업이 발행한 주식 총수, 주주의 구성 현황 및 해당 종목의 향후 발전 가능성은 물론, 기업의 안정성, 활동성, 성장성 등을 평가해야 한다. 또한 기업의 경영 능력, 기술력 등도 정성적으로나마 평가해봐야 한다.

이를 다른 말로 총칭하면 기업의 가치평가라고 한다. 기업을 제대로 가치 평가해두어야 투자를 효율화시킬 수 있다. 기업의 가치평가에는 위의 정성적 평가 같은 종목 선별원칙도 있겠지만 질적 분석과 양적 분석도 있다.

질적 분석이란 숫자로는 파악이 불가능한 부분, 즉 경영자의 역량, 기술의 시장성, 기술력 등을 통해서 기업을 분석하는 것이다.

투자할 기업의 질적 판단

투자유치를 신청한 기업 가운데 실제 투자를 유치하는 경우는 10% 내외라고 한다. 이처럼 까다로운 투자 결정을 위해 심사하는 기준은 무엇인지 살펴보면 다음과 같다.

CEO 역량

투자 심사역들이 가장 중요시하는 것은 해당 기업을 이끌고 있는 CEO와 회사 구성원들의 능력이다. 최고경영자와 구성원을 평가하는 작업은 그 회사의 성장 가능성을 판단하는 데 가장 유용한 근거 자료이다. 특히 벤처기업일 경우에는 기업의 규모가 작아 개개인의 능력에 의해 사업의 성패가 좌우되는 경우가 더욱 많다.

예를 들어, 엔지니어 출신의 개발자가 세운 벤처기업에서 자주 볼 수 있는 현상 중 하나는 CEO의 역량이 기술 개발 능력에 집중되어 마케팅이나 영업 능력이 뒤처지는 경우가 적지 않다는 점이다. 이러한 기업의 경우 비즈니스 마인드가 특화된 인력이 구성원 중에 포함되어 있는지 면밀히 판단해야 한다.

시장성

어떤 투자자든 투자의 궁극적 목적은 투자 회수에 있다. 회사가 보유한 기술이 아무리 좋은 기술이라 해도 상품성이나 시장성이 없다면 투자 대상이 될 수 없다. 시장성은 그 기술이 상품화되었을 때 어느 정도의 수요를 창출할 수 있는가에 대한 것이다. 상품화 가능성과 시장성은 특히 바이오 벤처 투자 결정에서 상대적으로 큰 변수로 작용하고 있다.

기술력

정보통신, 솔루션 개발 및 바이오 벤처 업체들은 기술력이 투자 평가의 주요 관건이다. 참신한 아이디어와 함께 이를 뒷받침하는 기술력이야 말로 이들 기업들이 갖춰야 할 자질이며 이러한 기술력과 연구개발력 등이 시장성에 앞서 평가되어야 할 기본요소이다.

수익모델

수익모델은 가장 중요한 투자 결정 요소이다. 장기적이고 안정적인 수익모델의 파악이 어렵기는 하지만 투자자의 식견과 지식에 의해 주관적으로라도 투자의사 결정 요인에 포함시켜야 한다.

마케팅

CEO의 역량 부문에서도 언급했지만 기업들의 경우 대부분 엔지니어들이 설립하는 경우가 많아 마케팅 능력과 판매망 확보 및 영업력이 취약할 수밖에 없다. 이러한 요인 역시 투자 의사결정에 포함시켜야 하는 요인이다.

투자기간 대비 수익률

길게 잡아도 3년 안에는 투자 수익을 올리는 기업을 투자 대상 업체로 선정한다. 지금까지 언급한 5개의 요인을 종합하여 어느 정도의 기간 내에 수익을 낼 수 있는가를 판단해야 한다.

주식의 분류
주식은 성격에 따라 분류될 수 있다. 장외주식이 향후 거래소나 코스닥 등록 시, 성격이 어떤 방향으로 나아갈지 가늠해 보고 투자전략을 수립해보는 차원에서 주식을 분류해보면 대개 가치 주, 경기 순환 주, 성장주, 자산 주, 전환주로 나누어지며 그 의미는 다음과 같다.

1. 가치 주
양적 분석을 통해 기업의 가치를 분석했을 때, 주가가 분석의 결과보다 낮게 평가되어 있는 주식을 의미한다. 양적 분석(PER, 주가순자산 비율, 자기자본 수익률 등)을 통해 낮게 평가되어 있는 주식을 찾아 투자하는 것은 가치투자자들이 선호하는 투자전략이다.

2. 경기순환 주
경기가 변동함에 따라 이익도 함께 변동하는 주식을 의미한다. 타 투자자보다 경기의 변화를 먼저 읽어낼 수 있는 선견이 필요하다. 상당한 경제적 지식을 갖고 있어야 자신 있게 투자할 수 있는 종류이다. 가구를 만드는 회사나 철강 주 등이 대표적인 예이다.

3. 성장주
경기의 상승, 하락여부와 관련 없이 성장하는 기업의 주식을 말한다. 장기적인 투자 전략을 구사할 때에 투자할 만한 주식이다. 음식료 업종이나 제약주가 대표적이다. 경기의 상승, 하락에 상관없이 먹어야 할 것이고 아픈 곳은 치료해야 하기 때문이다.

4. 자산 주
주식에 숨어있는 가치가 내재되어 있는 주식을 말한다. 가치란 자산을 의미한다. 예를 들어 토지를 많이 보유하고 있거나 은행에 예금이나 적금이 많은 기업의 주식을 가리킨다. 자산주 투자일 경우 기업의 업종, 시장 경쟁상태 등은 중요하지 않다. '주가 순자산 비율'이라는 분석 지표를 통해 주가가 해당 순자산보다 낮게 평가되어 있을 경우 매수를 고려할 수 있다.

5. 전환주
부도가 나거나 부도 직전에 당면해 있어 주가가 하락되어 있는 주식을 말한다. 기업이 다시 일어설 수 있다는 확신이 있을 때 투자할 경우 큰 수익을 거둘 수 있겠지만 잘못될 경우 큰 리스크를 감내해야 한다.

투자할
기업의
양적 분석

양적 분석이란 각종 수치를 통해서 기업을 분석하는 것이다. 기업의 수치를 통한 평가란 재무제표의 대차대조표나 손익계산서 상에 나와 있는 수치를 중심으로 기업의 수익성, 안정성, 활동성, 성장성 등을 평가하는 방법이다. 회계적 사상이 저변에 깔려 있기는 하나 재무제표 상에 나와 있는 수치들의 조합, 즉 나누기, 곱하기, 빼기와 같은 사칙연산 정도의 계산 능력만으로도 투자자의 기본 자질인 기업의 분석능력을 갖출 수 있다.

지금까지 설명한 내용과 기본 지식을 토대로 경영분석을 수행하게 되는데 주요 분석 지표는 기업의 성장성, 안정성, 활동성, 수익성, 생산성 및 손익분기점 분석 등이다. 여기에서는 손익분기점 분석을 제외한 5가지 분석 방법을 살펴보고자 한다. 분석을 위한 각 요소들은 대차대조표와 손익계산서 등에 나와 있는 것들을 대상으로 분석을 수행하게 된다.

투자할 기업의 양적 판단

성장성 분석

기업이 전년도에 비해 얼마나 성장했는지를 알 수 있는 분석지표이다. 기업의 규모와 경영성과가 중심이며 본 분석을 통해 기업의 경쟁력과 수익 창출 능력에 대해 검증할 수 있다.

총자산 증가율 = 당기 말 총자산/전기 말 총자산 × 100 - 100
유형자산 증가율 = 당기 말 유형자산/전기 말 유형자산 × 100 - 100
유동자산 증가율 = 당기 말 유동자산/전기 말 유동자산 × 100 - 100
자기자본 증가율 = 당기 말 자기자본/전기 말 자기자본 × 100 - 100
매출액 증가율 = 당기 말 매출액/전기 말 매출액 × 100 - 100

성장성 분석을 위한 모든 계산 결과가 20% 이상으로 나오면 해당 기업은 양호한 것으로 파악하며 10% 이하로 결과가 나올 경우에는 불량한 것으로 판단한다.

안정성 분석

여러 설명이 있겠지만 한마디로 기업이 부도로 망하겠느냐 안 망하겠느냐를 판단하는 즉, 채무 상환 능력이 양호한지, 불황이 닥쳐와도 슬기롭게 헤쳐나갈 수 있는 역량이 있는지를 판단하는 지표이다.

안정적이라고 파악될 때에는 기업의 향후 향방을 가늠할 수 있으며 불안정하다는 분석 결과가 나왔을 때에는 판매 부진, 하청 업체의 부도 등 불안정의 원인을 파악할 수 있다. 유동비율과 당좌비율은 안정성 분석의 중심이다.

자기자본 비율 = 자기자본/총자본 × 100(결과값: 30% 이상 양호, 20% 이하 불량)

유동비율 = 유동자산/유동부채 × 100(결과값: 150% 이상 양호, 100% 이하 불량)

당좌비율 = 당좌자산/유동부채 × 100(결과값: 100% 이상 양호, 50% 이하 불량)

부채비율 = (유동부채+비유동부채)/자기자본 × 100(결과값: 200% 이하 양호, 400% 이상 불량)

차입금 의존도 = 차입금/총자본 × 100(결과값: 30% 이하 양호, 60% 이상 불량)

활동성 분석

기업에 투자된 자본금이 기업의 영업활동을 위해 얼마만큼이나 활발하게 운용되었는지를 판단하는 지표로 회전율이라는 말로 표현하기도 한다. 이 분석을 통해 기업이 보유한 자산의 정도를 파악할 수 있으며 분석결과를 경쟁업체 및 산업군과 비교하여 해당 기업 보유 자산의 적정성을 판단할 수 있다.

총자산 회전율 = 매출액/총자산(결과값: 1.5회 이상 양호, 1회 이하 불량)

자기자본 회전율 = 매출액/자기자본(결과값: 3회 이상 양호, 2회 이하 불량)

유형자산 회전율 = 매출액/유형자산(결과값: 3회 이상 양호, 2회 이하 불량)

매출채권 회전율 = 매출액/매출채권(결과값: 6회 이상 양호, 4회 이하 불량)

수익성 분석

기업이 돈을 벌고 있는지를 판단하는 분석방법이다. 주로 손익계산서 상의 지표를 많이 활용하게 되는데 총자산, 자기자본, 매출액 등의 비율 계산을 통해 분석한다.

총자산 법인세차감전이익률 = 법인세차감전이익/총자산×100(결과값: 6%이상 양호, 3%이하 불량)

총자산 순이익률 = 당기순이익/총자산×100(결과값: 6%이상 양호, 3%이하 불량)

매출액 순이익률 = 당기순이익/매출액×100(결과값: 5%이상 양호, 2%이하 불량)

생산성 분석

말 그대로 생산을 위해 투입되는 인력 혹은 자본 대비 산출되는 생산량을 측정하는 분석방법이다.

종업원 1인당 부가가치 증가율 = 당기 종업원 1인당 부가가치/전기 종업원 1인당 부가가치×100 - 100(결과값: 20%이상 양호, 10%이하 불량)

종업원 1인당 매출액 증가율 = 당기 종업원 1인당 매출액/전기 종업원 1인당 매출액×100 - 100(결과값: 20%이상 양호, 10%이하 불량)

총자본 투자효율 = 부가가치/총자본×100(결과값: 30%이상 양호, 10%이하 불량)

부가가치율 = 부가가치/매출액×100(결과값: 30%이상 양호, 20%이하 불량)

장외기업의 투자를 위해 투자자들이 기본적으로 갖춰야 할 기업분석 지식을 간략하게 설명했다. 좀 더 구체적으로 알기 위해서는 회계학을 공부해야 하겠지만 이 책에서 서술한 내용만으로도 간단한 기업 분석 업무는 수행할 수 있을 것이다. 굳이 자세한 분석을 필요로 하는 경우라면 비전공자를 위해 알기 쉽게 해설한 서적이 많이 나와 있으므로 책을 참조하기 바란다.

재무제표는 금융감독원의 전자공시 시스템(DART: Data Analysis, Retrieval and Transfer System)에의 인터넷 접속(http://dart.fss.or.kr)을 통해 쉽게 구할 수 있다. 전자공시 시스템은 기업이 금융감독위원회 등의 관계기관에 제출하는 신고 또는 보고서를 전자문서로 제출받아 일반인에게 공시하는 시스템이다. 기업의 개황, 각종 보고서별 검색 등이 용이하다. 이곳에서 구한 재무제표로 지금까지 설명한 방법을 기준으로 두세 차례 연습 분석을 수행하게 되면 투자 시 해당 기업의 분석이 좀 더 편리해질 것이다.

과거로부터 배우는
현재의 비상장
주식시장

2015년 비상장 주식 시장의 가장 높은 상승 구간은 4월부터 6월까지였다. 거래소 및 코스닥 또한 풍부한 유동성 장세와 공모주 연속 상승으로 비상장 주식도 폭발적 상승이 이어지던 구간이었다. 폭발적 상승 이후 2015년 9월부터 깊은 골짜기 구간으로 급격하게 향하는 종목들 중 낙폭이 심한 종목들을 살펴보고자 한다.

필자가 항상 강조하는 투자론 중에는 과거를 버리지 말고 복습하라는 것이 있다. "구관이 명관이다", "과거 없는 현재는 없다"라는 말이 비상장 주식 시장에서 꼭 필요한 명언이다.

고진감래하는 주식들의 낙폭을 확인해 보고 숨어있는 보석을 선별하여 2017년에는 성투하는 시간들이 되기 바란다. 2015년도 대비 낙폭 심한 종목들을 특정한 순서 없이 나열하면 다음 표와 같다.

종목	최고가	현재가	하락원인
애니젠	48,000원	16,000원	심사탈락
옐로 모바일	4,800,000원	2,300,000원	적자지속
선바이오	97,000원	30,000원	자진철회(1:1 무증)
다이노나	47,000원	8,500원	자본잠식
라파스	110,000원	33,000원	고평가 논란(1:1 무증)
네이처리퍼블릭	173,000원	27,000원	오너 구속
싸이토젠	23,000원	10,000원	속개 진행 중
올리패스	160,000원	28,000원	다국적 기업과 계약해지
LG CNS	43,0000원	20,000원	상장여부 불투명
현대엔지니어링	1,290,000원	605,000원	합병 이후 재료 소명
현대엠엔소프트	74,000원	40,000원	상장여부 불투명
노바셀테크놀로지	13,000원	6,000원	심사탈락
신라젠	34,000원	24,000원	1대 주주 무제 및 기평 지연

2015년 대비 낙폭이 심한 종목들 (2016년 12월 30일 기준)

상기 종목의 하락원인이 해소된다면 어떤 종목이 올라갈 수 있을까? 스스로 자료를 찾고 준비하여 공부해보기 바란다. 필자가 오래 전에 썼던 글과 자료를 다시금 책에 담은 이유는 무엇일까? 바로 공부하는 자세를 항상 견지해달라는 당부를 드리고 싶어서이다. 지금 이 책을 읽고 유망한 종목이라고 판단되는 종목이 있다면 한국장외주식 연구소의 홈페이지나 전화를 이용하여 말씀해주시기 바란다.

애니젠은 그래도 2016년 1월에 구입한 고객에게는 이익을 주고 상장을 했다. 그러나 선바이오와 신라젠은 상장은 되었지만 장외가격보다 낮은 가격에 시장을 형성하면서 엄청난 손실을 준 종목이 되고 말았다. 그 나머지 종목은 2016년 12월 현재 모두 3분의 1 토막난 수준이 되었다. 네이처리퍼블릭은 현재가격이 27,000원이고 올리패스는 28,000원이다. 다이노나는 8,500원이라면 믿을 수 있겠는가?

이게 장외주식이다. 오너리스크와 자본잠식 그리고 상장을 하지 못한 주식들의 하락은 상장주식하고는 차원이 다르다. 그만큼 고위험이 존재한다는 것이다. 그러나 이런 참담한 주식들이 오너리스크를 해결하고 실적이 바탕이 된다면 가격을 회복할 수도 있다. 필자는 2017년도 추천종목으로 네이처리퍼블릭을 선정했다. 여러분들은 어떤 종목을 스스로의 추천종목으로 선정할지 한 번쯤 살펴보기 바란다.

답답할 때
찬스가
온다

앞으로도 뒤로도 밀리지 않는 분위기가 어느 정도 연출되다가 최근 슬그머니 뒤로 밀리기 시작하는 분위기가 지금의 시장 모양이다. 눈치를 보는 것도 아닌데 선행 시장이 답답하게 횡보를 하다보니 장외시장 전반에 안개가 자욱이 내려앉았다. 이러한 상황에서 주도주로 나설 종목은 무엇일까? 어느 방향, 어느 모습으로 장을 이끌어 나갈까? 관망의 자세로 시장을 바라보는 투자자들이 많긴 한데 시대의 리더는 늘 나타나기 마련이다.

  앞으로 시장의 큰 변화는 분명 올 것이다. 시장 경제는 기존 산업군에서 새로운 산업군으로 변화하면서 성장해왔다. 2016년 상반기 가장 관심을 이끈 종목군이 바이오와 화장품 산업이었다면 그 다음 변화는 VR/AR(가상현실/증강현실)이 주도할 만한 주식이 될 것으로 보인다. 스마트폰 시장 흐름에서 듀얼카메라 장착이 일반화되었고 이는 VR실현을 촉발시켰다. 앞으로도 스마트폰과 VR 연동은 지속적인 테마를 형성할 것이다.

국내에서 유일하게 플랫폼과 컨텐츠와 하드웨어를 동시에 보유한 회사가 있다. 아직 비상장 주식인 점도 성장성 측면에서 무궁무진한 것이 강점이다. 기업의 홍보물을 비롯하여 게임, 영화, 네비게이션, 성인물 등 활용 분야도 광범위하다는 것도 시장의 잠재력을 높이 보는 요인이다.

상식투자론이란 시대가 요청하는 주식을 하는 것이다. 다시 말하면 누구나 인정하는 주식을 말한다. 시대가 요청하는 종목군을 발견했으면 이제 몫은 투자자 여러분에게 있다. 밥상을 차려 놓으면 숟가락은 본인이 들어야 한다. 찾아보고 또 찾아봐야 한다.

필자는 현재 에프엑스기어라는 회사를 눈여겨보고 있다. 여러분들 중에 이곳을 능가하는 회사를 발견했다면 알려주기 바란다. 정보는 공유하라고 있는 것이다. 상호 난상토론에 의하여 종목이 탄생되는 것이다. 답답하다고 힘들어 하지도 말기 바란다. 찬스는 이런 시기에 오는 것이다.

> 필자는 앞으로 시대를 이끌어나갈 VR/AR 회사를 찾아보았고 국내 독보적인 기술을 보유한 에프엑스기어를 발굴했다. 2016년 12월 현재 전년대비 100%이상의 매출확장을 했지만 공동설립자인 전 대표 문제가 사회적 이슈가 되면서 신문지상에 오르내리고 있다. 그러나 문제들은 사실이 아닌 것으로 판명이 났고 오히려 독보적 기술력을 보유한 기업으로 소문이 나고 있는 것도 한편으로 다행이리라 생각한다. 포켓몬고의 열풍 속에 이제 기업의 홍보 및 게임 등 어느 분야에도 적용되어야 하는 기술이기에 관심을 가지고 지켜보고자 한다.

시장 가치의 평가

투자한 기업의 주가가 본질가치에 비해서 고평가되어 있다고 말할 때 본질가치가 무엇인지, 본질가치의 산정은 어떻게 해야 하는지 알아보자.

   기업이나 주식(통상적으로 보통 주를 말함)의 평가에는 크게 세 가지의 접근법이 적용된다. 우선 기업의 현재 순자산가치를 주식가치로 평가하는 방법과 대상기업의 미래수익 창출능력을 주식가치로 평가하는 수익가치 평가법이 있다. 마지막으로 시장에서 형성되는 시가를 기업의 가치로 평가하는 시장 가치 평가법이 있다.

자산가치에 의한 평가(주당 순자산; PBR; PriceBook-valueRatio)

주식을 평가함에 있어 자산가치는 기업의 순자산가치를 발행주식 총수로 나눈 것이다. 기업의 순자산가치는 총자산가액에서 부채총액을 차감한 것이기 때문에 주식의 자산가치는 보통 주에 귀속될 수 있는 기업의 회계적 가치에 해당하는 것이라 할 수 있다.

'유가증권인수업무규정'에 의한 자산가치평가는 순자산에서 발행주식의 총수로 나누어서 산정한 것을 자산가치라고 규정하고 있다. 자산가치에 대한 평가방법은 실질적으로 나타난 객관적인 자료에 의하여 평가함으로써 객관성은 확보된다고 할 수 있는데 시장가격과 일치한다고는 볼 수 없다.

자산가치와 순자산은 유가증권신고서 제출일이 속하는 사업연도의 직전 사업연도 말의 대차대조표를 기준으로 다음 산식에 의하여 계산한다.

주당 순자산(자산가치) = 순자산/발행주식의 총수

※ 순자산 = 최근 사업연도 말 총자산 − 이연자산 − 무형비유동자산 − 부도어음 및 회수불능채권 − 투자유가증권 평가 손 − 퇴직급여충당금 부족액 + 환율 조정대 + 유상증자금액 + 자본준비금 증가액 − 이익잉여금 사외유출 액 − 특별손실 − 전기손익수정손실

수익가치에 의한 평가

수익가치란 주식의 본질적 요인에 기초한 가치로서, 주식의 미래수익을 자본비용(위험도를 반영한 할인율)으로 할인하여 얻어진 자본환원가치 또는 현재가치를 말한다. 수익가치는 발행회사의 장래 수익력을 현재가치로 할인한 가액을 말하며, 향후 2개년 사업연도의 추

정재무제표를 기준으로 다음의 산식에 의하여 계산한다.

수익가치 = 주당추정이익/자본환원율(자본환원율은 시중은행의 1년 만기 정기예금 이자율의 1.5배)

※ 주당추정이익 = (추정법인세차감전이익 + 유상증자추정이익 – 법인세 등 – 우선주 배당조정액)/사업년도말 발행주식수

계산하기 위해서는 먼저 현재의 사업년도를 포함한 향후 2년간의 추정손익계산서를 작성한 후, 위의 산식에 따라 산출되는 각 사업년도의 1주당 추정이익을 가중평가(가중치: 제1차 사업년도는 3이고, 제2차 사업년도는 2이다)한 가액으로 한다. 다만, 제2차 사업년도의 주당추정 이익이 제1차 사업년도의 이익보다 적을 때는 단순평가액으로 한다.

본질가치의 평가

일반적으로 당해 주식의 평가는 자산가치와 수익가치를 포함하게 되며 평가의 용도 및 주체에 따라 여러 가지의 모델이 있을 수 있으나 기업 공개 시에는 투자자보호 측면에 비중을 두어 증권관리위원회가 정한 '유가증권 인수 업무규정'에 따르게 된다.

위 기준에 따르면 인수가액은 동종 업종 상장주식의 시장가격과 비교한 당해 주식의 상대 가치와 당해 주식의 순자산액과 장래의 수익력을 기준으로 평가한 본질가치로 결정하도록 하고 있다. 여기에

서 주당 순자산액과 상대가치는 과거자료를 기준으로 하게 되므로 위 기준에서 정하는 산식에 따라 기술적으로 산출하면 되므로 장래의 수익력에 대한 평가가 주안점이 된다.

본질가치란 자산가치와 수익가치를 산술평균하여 계산했으나 1996년도부터는 수익가치에 1.5의 가중치를 두어 2.5로 나눈 값을 본질가치로 계산하고 있다.

본질가치 = (자산가치 + 수익가치 × 1.5) / 2.5

본질가치는 자산가치와 수익가치를 각각 가중 산술 평균한 가액을 말한다. 그래서 자산가치와 수익가치를 정확히 산출하여야 본질가치가 정확히 구해지는 것이다. 자산가치는 기준일 현재의 주당순자산가치를 말한다. 즉 평가 기준일 현재 대차대조표상의 자본총계에서 다음과 같은 사항들을 가감하여 산출된 순자산을 총 발행주식수로 나누면 자산가치가 산출된다.

차감항목:
실질 가치 없는 무형자산, 회수불가능채권, 투자주식의 평가손, 규정상 퇴직급여충당금의 부족분, 전환권조정계정과 신주인수권조정 계정에 상당하는 조정권 대가와 신주인수권 대가의 금액, 분석기준일이 속하는 사업연도의 기 발생한 특별손실과 전기오류수정손실 등.

가산항목:

자기주식, 분석기준일이 속한 사업연도에 기 증가한 자본 잉여금(자본금과 자산재평가적립금 등) 등.

EPS와 PER

투자자라면 기초적으로 알고 있어야 할 두 가지가 EPS와 PER이다.

EPS(Earning Per Share): 주당순이익. 기업이 연간 벌어들인 순이익을 주식수로 나누어서 주식 한 주당 순이익이 얼마인지를 나타내는 지표로 한 주에 100원짜리 주식을 매수한 후 EPS를 계산해보니 20원일 때 20원에 대한 수익을 기대하고 거둘 수 있다는 의미로 해석. 대개 과거 기준의 EPS를 산정하므로 미래 추정 예측치를 감안하여 충분한 수익이 날 것으로 예상되는 EPS가 계산될 때 투자함.

PER(Price Earnings Ratio): 주가를 순이익으로 나눈 것. 한 주에 100원짜리 주식의 EPS가 20원이면 이 기업의 PER은 5배수가 됨. 적정 PER은 산업별 업종별로 차이가 있으므로 일률적으로 PER이 낮아서 저평가되었다는 식의 분석은 지양해야 함. 게임개발업체나 인터넷 관련 주는 PER이 매우 높으며 반면에 제조업종은 PER이 낮은 편임. 미래의 PER을 감안하여 투자하는 것이 바람직함.

의심하기보다는
차라리 실망하자

요즘 희망 공모밴드의 하단보다 낮게 공모가격이 확정된 종목들이 상장 첫날 100% 상승으로 이어지고 있다. 이처럼 제도권에 들어간 종목들은 그 평가적 부분에서 적정가격을 찾아가고 공모시장에 투자한 투자자에게 이익을 주고 상장공모자금 모집에 흥행을 만들어 간다. 이와는 달리 비상장 주식의 유통경로는 제도적 장치의 미흡으로 적정가격 산출이 제대로 이뤄지지 않는다. 동종업종 비교나 시총 평가, 불확실한 미래성장성을 혼합하여 대충 산정한 것이 대부분이다. 비상장 주식의 유통경로상 최상단 포식자는 벤처 캐피탈이다. 추가하면 기관도 있다. 이들은 회사의 초기 투자로 인한 손실 부분을 되찾으려 한다. 10여 군데 투자하여 생존하는 회사가 2~3개 불과한 현실에서 그 2~3개 회사로 손실 부분도 만회하려 하니 당연고 마진을 붙이고 비상장 시장에 매도한다. 누가 뭐라 해도 할 말이 없다. 다만 이 최초 유통경로에서 국내 150개 넘는 중개업체들 중 자금을 가지고 운영되는 10여개 회사가 독점하고 있다는 것이 문제이다. 이들은 회사라기보다는 개인이라고 표현하는 것이 맞다. 개인사업자가 많고 금융컨설팅으로 일을 하는 사람들(기관에서 근무하다 퇴사한 사람들이 장외주식을 유통하는 것이 일반화되었고 그러다보니 장외가격보다 높게 매도하는 기관들이 상당함)이라 이들이 가격의 적절한 평가를 하여야 하는데 상호경쟁으로 초기부터 높은 가격에 주식을 도매로 받아 군소업체들에게 소매로 매각하는 절차로 진행한다. 가격에 대한 적정성보다는 기관이 요구하는 가격에 서로 경쟁하다 그 중 높은 가격에 기관으로부터 구입하여 그 높은 가격에서 또 일부 마진을 붙여 소매 중개업체에 판다. 거기에서 소매업체들은 개인 투자자에게 또 가격에 수수료를 첨가하여 일반 개인투자자는 거의 최소 3단계에서 5단계까지 거친 후 거품 가득한 가격에 주식을 구입한다. 이것이 가장 기본적인 유통구조다.

농수산물도 생산자와 소비자가 직접 만나 거래하는 장터를 만드는데 주식시장의 가장 하부구조를 담당하는 비상장 주식 시장은 왜 방관하는지 모르겠다. 코넥스와 K-OTC 시장은 상장요건이 미흡한 회사들의 집합체가 되었다. 투자자들로부터 외면받는 곳이다. 일 거래량만 보아도 알 수 있다. 한숨만 나온다.

비상장 주식 정보업체인 38이나 피스탁 및 제이스톡에는 여전히 95% 넘게 공매도 공매수 시장이 판을 치고 있다. 그들이 만들어 놓은 매도, 매수 장터에 개인들은 찾아보기 어렵다. 이러다 보니 나름 생산자가 생산한 채소를 블로그나 카페 등에 올려 소비자와 직거래하는 일상화된 인터넷 시장처럼 때와 장소를 가리지 않는 비상장 주식은 물 만난 고기처럼 네이버, 다음, 페이스북, 각종 포털에서 운영하는 블로그나 카페, 밴드 등을 이용하여 마치 자신이 유능한 비상장 주식 전문인 양 추천하고 모집하여 투자유의종목을 매도하여, 엄청난 피해자를 양산하고 있다. 이런 시장을 위하여 한국경제 증권방송에서는 거래의 투명성확보를 위해 개인들에게 장외주식 정보를 제공하는 프로그램을 만들어 나름 대응한다고 고군분투하지만 방송 하나의 힘으로는 부족하다.

이런 시장이다보니 박수치고 잘한다고 해도 모자랄 판에 음해하고 욕하는 투자자들이 나온다. 아니 주식의 투자는 본인의 책임인데도 너 때문에 이 주식 구입해서 망했다. 추천한 종목이 잘 가면 조용하고 안 되면 욕한다. 정말 웃음만 나온다.

인간이 하는 일에 실패도 있고 성공도 있지 어떻게 성공만 올 수 있는지 생각해보라. 이런 측면에서 시장의 투명성 확보는 절실하게 필요하다. 그러기에 대중방송을 이용하여 비상장 주식의 적정주가에 대하여 논하고 공매도 공매수 판치는 정보제공사이트는 정화되어야 할 필요가 있다. 사적인 마음이 아니라 새로운 투자처가 목마른 고객에게 양질의 서비스를 제공하는 새로운 패러다임을 제시하는 비상장 주식 유통경로가 절실하게 필요하다.

몇몇 자금을 가진 비상장 주식 즉 장외주식 중개업체들의 농간으로 더 이상 피해를 방지하기 위해서는 젊은 피 또한 필요하다. 필자도 이제 늙은 세대다. 다양한 다중 채널로부터 장외주식의 전도사가 나와야 한다. 얼마 전 대형증권사 및 유명투자기관의 대표가 이 장외주식 시장에 뛰어 들었다는 것은 그 만큼 매력 있는 시장이라는 말과 다름없다. 기존 식상한 투자방법으로는 다양한 욕구를 가진 투자자들을 설득하기에는 요즘의 시장이 너무 좁다.

거듭 얘기하지만 거래소 및 코스닥 시장을 넘어 이제 미래 가치에 눈을 돌리는 개인들을 위해서도 양질의 서비스와 적정가격을 알려주는 새로운 장외주식 거래 시스템이 절실하다. 그러기에 하나 둘 생기는 블로그, 카페는 스스로 정화작업을 해야 한다. 좋은 종목에만 집중해도 장외주식 종류는 너무 많다. 또한 공중파 방송이 어렵다면 여러 전문 방송 채널에서 지속적으로 장외주식에 대한 상식적 이해를 도모하는 내용을 전파하고 투자접근의 신중성, 거래방법과 절차, 상식석 투자자세와 바른 길, 기본 자세를 통한 다중적 접근 기법 및 실질적 매매 방법 등을 가르쳐줘야 한다.

동굴 속에서 빛을 보기 위해서는 자신이 빛이 되어야 한다는 말이 있다. 개인투자자들은 스스로 빛이 되기 위해 다양한 장외주식 투자 루트를 찾아 헤매고 있다. 그런 개인들을 위한 한국경제 TV 등의 노력은 높이 살만 하다. 이런 프로그램이 여러 군데에서 나와야 한다. 그래야 아무것도 모르는 선량한 개인들을 울리는 중개업체들의 설 땅이 없어진다. 주식에 대한 기본 분석능력도 없으면서 셀링 포인트 하나 가지고 마치 그 회사의 정보를 다 아는 것처럼 떠들어 대는 중개업체 아주머니들 정말 할 말이 없다. 방송이 활성화되고 시장이 투명해져야 매도한 주식이 나빠지면 전화번호 바꾸고 블로그 삭제하고 카페 삭제하는 천하의 나쁜 사람들이 없어진다.

필자는 제1 유통경로를 제일 큰 문제로 본다. 기관 투자기관들은 언제부터인지 공개입찰을 통하여 비상장 주식을 매각하고 있다. 그러나 개별 투자기관들까지 따라할 수 없다. 이것을 잡는 방법은 개인이 살아나는 방법밖에 없다. 개인투자자들이 영리하고 똑똑해지면 버블논란이 가중된 장외주식의 적정가격 구입이 조금이나마 나아질 것이다. 그러기에 제발 부탁한다. 공부하고 또 공부해야 한다. 개인투자자들이 다 함께 건전한 투자공간을 만들어 내고 함께 공동구매를 한다면 가격에 대한 경쟁력도 생길 것이다. 개인들이 똑똑해진다면 중개업체들이 마음대로 올려놓은 가격에 절대 주식을 매입하지 않는다. 그러면 가격은 제자리로 돌아온다. 수요와 공급의 원칙을 생각해보면 쉽다. 공급자보다 수요자가 많으면 가격은 올라간다. 그러나 공급자보다 수요자가 적으면 가격은 내려간다. 여기에 다양한 정보제공채널의 등장으로 개인투자자들이 똑똑해지고 적정가격의 산정법을 조금이라도 알아간다면 장외주식이라는 시장에서 높은 가격에 주식을 구매하는 일은 조금이라도 시정될 것이다.

멍청하게 당하지 말고 수단과 방법을 가리지 말고 기초를 공부한 다음 수단과 방법을 가리지 말고 정보를 수집해야 한다. 장외중개업체들도 네이버 등을 검색하여 비상장기업 기사를 매일 매일 수집한다. 그리고 직접 회사에 전화를 걸고 직접 기관에 연대하여 물어본다. 개인 투자자들도 이 정도는 노력해야 적정가격에 주식을 매입할 수 있다.

워런버핏이 주식을 구입할 때 가장 중요하게 보는 기준은 주식을 매수할 때의 합리적인 가격이라고 한다. 이 합리적인 가격을 확보해야 이익을 추구할 수가 있다. 그러기에 장외주식에 대한 적정주가는 여러분들의 몫이다. 제발 설렁설렁 인절미 칼질하듯 하지 마시고 꼼꼼히 체크하시기 바란다. 이 세상은 당하는 놈이 바보되는 세상이다. 자기 확신으로 투자한 이후에는 남 탓을 하면 안 된다. 본인의 책임이다.

"의심하기보다는 차라리 실망하자"라는 말이 있다. 알지도 못하면서 의심하며 욕하지 말자. 장외주식의 대중화에 앞장서 온 필자로서 실로 가슴 아픈 일이 아닐 수 없다. 체 게바라의 일화처럼 잘 알지 못하면 의심하지 말아야 한다.

체 게바라는 이런 말도 남겼다. "나는 해방가가 아니다. '해방가'는 존재하지 않는다. 민중은 스스로를 해방시킨다."

"장외주식 투자자 여러분! 누가 알을 깨고 나와야 합니까? 알을 깨고 나올 때 누가 도와줍니까?" 스스로 터득하여 스스로 깨우쳐야 한다는 말씀을 드린다.

> 장외주식에서 살아남는 방법은 오직 공부뿐이다. 방법을 알아야 피해가고 선택하는 것이다. 무엇보다도 자기 확신이 없다면 주식을 구입하지 말라. 자기 확신 없는 주식은 남이 운전하는 택시에 편승하는 것이기에 망조의 지름길이다.

과감한
구조조정이
필요한 시점이다

장외주식은 과감한 구조조정이 필요한 시점이다. 한국경제의 장밋빛 전망은 이제 오래된 이야기가 되었다. 이미 정부는 현재의 총체적 문제를 경기적 요인보다는 구조적 요인이 크다고 판단한 모양이다. 해운, 조선, 건설, 철강, 석유화학 등은 구조조정을 해야만 한다고 보았다. 과감한 구조조정만이 한국경제를 구한다고 본 것 같다.

시대적 흐름이 이미 그렇게 흘렀다. 노동집약적 시장은 중국에 밀린지 오래되었고 전기전자 업종도 턱밑까지 압박해오고 있는 것이 현실이다. 반도체 관련 주와 스마트폰 관련 주들이 전년도에 비해 장외 비중이 낮아지고 있다는 것도 투자해야 할 기업의 변화를 엿볼 수 있게 하는 대목이다.

시대를 거슬러 올라가보자. 1998년부터 2000년까지는 통신주가 시장을 리드했고 2001년부터 2003년까지는 인터넷 기반의 벤처기업 시대였다. 2004년부터 2006년까지는 게임 주 기업들이 시대를 리드했고 2007년부터 2009년까지는 휴대폰 관련 주와 반도체 관련 주들의 시장이었다. 2010년부터 2012년까지는 신기술을 바탕으로 한 IT관련 장이었고 2013년부터 2015년까지는 엔터테인먼트 관련 주와 바이오 주식들이 장을 주도했다. 각 시대별로 그 시대를 관통하는 주식들이 등장했고 시대에 적응한 투자자와 기업들만이 살아남았다.

2016년에서 2018년까지 장을 주도할 주식은 무엇인지 한 번 생각해보자. 누구나 제약, 바이오 주식들을 생각할 것이고 시대적 흐름에 적합한 신기술로 무장한 IT 관련 주가 장을 주도할 것이라고 생각할 것이다. 그 장을 주도할 주식은 실적을 바탕으로 성장성을 겸비한 주식이다. 그 주식을 찾아야 한다.

바이오 및 제약 관련 주들의 함정은 스토리텔링이다. 신기술로 무장한 IT 관련 주는 수익창출이 멀다는 것이 함정이다. 그러나 분명 시대를 리드하는 성장성과 수익성을 겸비한 주식이 있다. 그 주식을 찾아 우보천리(牛步天里)하는 마음으로 다가가야 한다.

이미 필자는 이런 종목들을 발굴하여 수차 강조했다. 장외시장에서도 너무 오래된 종목은 과감하게 구조조정을 해야 할 시기이다. 냉정하게 받아들이고 신속하게 선택해야 한다. 미련을 두면 손실은 늘어난다. 죽일 놈은 죽이고 될 놈으로 이동해야 한다.

> 주식하고 결혼하지 말라고 했다. 이미 희망이 없는 주식을 가지고 주저하지 말자. 장외주식은 상장을 하지 못하면 끝난 주식이다. 배당하는 주식이 거의 없다고 해도 무방하다. 희망이 없는 주식은 과감하게 포기해야 한다.

기업 성장의
버팀목,
코스닥 등록

기업의 현재 분석을 통해 가치를 분석·평가해보고 미래 코스닥에 등록될 경우 어느 정도의 수익을 낼 수 있는지 파악해보는 방법을 지금까지 배워보았다. 이제 기업이 어떠한 조건을 충족해야만 코스닥에 등록될 수 있는지 알아보고자 한다. 장외주식이 IPO심사 청구 시점이 되면 급반등을 하고 대개 상장 이후 기관의 보호 예수가 풀리기 전까지는 상당기간 상승해 온 것이 전례에서도 잘 드러나고 있다. 투자자로서는 가장 기다려지는 때이고 마음 설레지 않을 수 없는 시기이기도 하다. 기업의 입장에서는 자금조달이 용이하고 정부로부터 각종 세제상의 혜택을 받을 수 있다는 장점이 있어 코스닥 등록을 위해 노력하고 있다.

    장외시장에서 거래되던 기업들은 코스닥에 등록할 때 직등록하는 방법과 공모를 통한 방법을 이용한다. 직등록하는 경우 기존 공모물량에 대한 부담이 있으며 공모의 경우 기관 및 개인배정 물량에 대한 부담이 있다. 직등록하는 경우 이전 공모가가 낮을 경우 차익 매물벽이 두터울 수 있으나 기관 공모물량으로 인해 신규 등록기업이 고전한 점을 고려한다면 직등록주가 더 유리하다고 볼 수 있다. 여러 직등록 기업이 상한가 행진을 펼쳤다는 점을 봐도 그렇다. 그러나 결국은 물량에 대한 부담을 둘 다 가지고 있기 때문에 장기적으로 회사의 발전가치에 주가가 의존한다고 봐야 한다.

코스닥 상장의 양적 심사요건

설립 후 경과연수 상장예비심사청구일 현재 3년 이상 경과한 회사로서 계속직으로 영업을 하고 있어야 한다. 설립 후 경과연수는 법인등기부등본 상의 설립 등기일을 기준으로 한다. 합병/분할 시에서 실질기간을 고려하며 벤처기업은 적용이 제외된다. 건설업은 5년 이상 경과된 회사이어야 한다.

자기자본 등록예비심사청구일 현재 자본금은 30억원 이상이거나 기준시가 총액이 90억원 이상이어야 하며 벤처기업은 15억원이다. 주식의 분산은 공모분산과 기 분산으로 나뉜다. 공모분산이란 기 분산 요건을 미비한 신규등록 신청인이 공모증자를 통해 자금조달과 함께 분산요건 충족을 동시에 행하는 것이며 기 분산은 공모절차 없이도 이미 주식분산요건충족이 가능한 상태를 말한다. 아래의 요건 중 하나에 해당되어야 한다.

상장신청일 현재 소액주주가 500인이상 & 아래 요건 충족

- 예비심사청구 시 소액주주비율이 25%미만시 10%이상 모집 → 상장 신청 시 25%이상
- 예비심사청구 시 소액주주비율이 25%이상시 5%이상 모집 & 10억 이상 모집

상장신청일 현재 소액주주가 500인이상 & 모집총수가 10%이상 & 아래 요건 충족

- 자기자본기준
   자기자본 500억~1천억: 1백만주 이상
   자기자본 1천억~2천5백억: 2백만주 이상
   자기자본 2천5백억이상: 5백만주 이상
- 기준시가 총액기준
   시가총액 1,000억원~2,000억원: 1백만주 이상
   시가총액 2,000억원~5,000억원: 2백만주 이상
시가총액 5,000억원 이상: 5백만주 이상

예비심사청구 시 소액주주가 500인이상 & 소액주주 25%이상 or 모집총수가 10%이상이고 상기 자기자본 또는 기준시가총액 요건 충족

단, 예비심사청구 전 6월내 모집분은 제외되며 예비심사 청구일전 1년 이전에 출자한 벤처금융 지분은 소액 주주분에 포함된다.

예비심사 주 상장 신청일까지 모집총수 25% 이상이고 소액주주 500인 이상

자본상태는 최근 사업연도 말 현재 기준으로 당해 사업연도 중 유상증자금액 및 자산재평가에 의하여 자본에 전입할 금액을 반영하여 자본잠식이 없어야 하며 최근 사업 연도의 세전 이익이 있는 경영성과를 보여줘야 한다.

이익규모, 매출액 및 기준시가총액 자기자본 이익률은 최근 사업연도 말 자기자본이익률이 10%이상(벤처기업: 5%)이거나 당기순이익이 20억원 이상(벤처기업은 10억원)이어야 한다. 최근 사업연도의 매출액도 100억원(벤처기업은 50억원) 이상, 기준시가총액이 300억원 이상이어야 한다.

자본금은 무상과 유상 두 가지 방식으로 변경되는데 무상증자는 예비 심사 청구 전 1년내 잉여금 자본전입 시 2년전말 현재 자본금의 100%이하(단, 한도 초과 분은 1년간 보호예수)여야 한다. 유상증자는 예비 심사 청구 전 1년내 유증 금액과 행사되지 않은 CB/BW로 증가될 자본금 합계가 2년전말 현재 자본금의 100%이하(단, 초과시 보호예수)여야 한다.

감사인의 최근 사업연도 감사의견이 적정으로 나와야 하며 합병, 분할, 분할합병, 영업 전부 또는 중요한 일부의 양도·양수, 감자를 한 경우에는 당해 합병 등의 기일 및 감자의 등기일이 속하는 사업연도의 결산재무제표가 확정되어야 한다. 그러나 당해 합병 등의 기일로부터 당해 사업연도 말까지의 기간이 3월 미만인 경우에는 다음 사업연도의 반기재무제표에 대한 감사보고서를 제출해야 한다.

정관에 주식 양도의 제한이 없고 다만 법령에 의한 제한시 매매거래 저해 여부로 판단한다. 또한 상장예비심사청구일로부터 1년

전의 날 현재 최대주주가 상장예비심사청구일 전 1년 이내에 변경이 없어야 한다. 다만, 정부 및 예금보험공사의 소유주식 매각으로 인한 경우 또는 상속 및 유증으로 인한 경우로서 최대주주의 변경이 기업경영의 계속성을 저해하지 아니한다고 거래소가 인정하는 경우에는 괜찮다.

액면가액은 100원, 200원, 500원, 1,000원, 2,500원, 5,000원으로 정할 수 있으며 최근 사업연도 말 기준 자산총액 1천억 이상인 법인이라면 상근감사를 두어야 한다. 사외이사의 수는 이사총수의 1/4이상이고 대통령령이 정하는 경우 및 증권회사는 3인 이상 또는 과반수이어야 한다.

당연한 얘기겠지만 신고서 허위기재/누락, 재무적 안정성이 낮은 경우, 내부자 거래, 주요 공시누락, 법령위반 및 관계사부도 등으로 재무상황 악화, 기타 투자자보호 등의 사유가 없어야 한다.

대분류	중분류	소분류
기술성	기술의 완성도	기술의 신뢰성 기술을 구현하기 위한 안정된 인프라의 존재
	기술의 경쟁우위도	핵심기술 보유 유무(상용화 기술 포함) 지적재산권 소유 유무 기술의 수명주기 및 제품응용범위
	기술 인력의 수준	기술인력의 확보 정도와 그 충분성 기술인력의 전문성 및 숙련도
	기술의 상용화 경쟁력	기술의 제품화 정도 기술제품의 표준화 정도 기술제품의 신뢰성(상용화 측면) 기술제품의 모방장벽
시장성	시장의 규모 및 성장 잠재력	주력시장 등의 규모 주력시장 등의 성장률 대체시장 존재 여부 및 규모
	시장 경쟁상황	시장 점유율 경쟁자에 관한 현황 진입장벽의 고저
수익성	수익성 비용의 우위성	생산비용의 비교우위 정도 원자재의 안정적 확보 유무
	매출의 우량도	매출규모 매출의 안정성 제품의 마진율 매출채권의 회수기간
경영성	CEO의 자질	CEO의 전문성 CEO의 추진력 및 리더쉽
	인력 및 조직경쟁력	보유 인력의 전문성 및 숙련도(기술/경영/생산) 보유 인력의 고용안정성(충성도) 경영진과 직원간의 화합정도(노동쟁의 발생 등)
	경영의 투명성	소송사건 연루 유무 내부거래 유무 부당한 자금사용(자금사용의 불투명성 등)
	경영의 독립성	지배구조의 독립성 확보 유무 관계회사의 영업성과에 의한 영향 정도 안정적인 경영권 확보 유무
재무상태	재무 성장성	매출성장률 영업이익 규모 및 성장률 1인당 부가가치 경상 이익율
	재무 안정성	자기자본 대비 부채규모 자본의 잠식정도 재고자산 및 매출채권 회전율 영업활동으로 인한 현금 흐름 특정인에 대한 자금의존 또는 자금대여
	재무자료의 신뢰성	감사인의 감사의견 회계기준 적용의 적정성 감사인의 독립성

코스닥 등록의 질적 요건

코스닥 등록의 질적 요건

새로운 질적 심사 요건의 주요내용은 앞장의 표와 같다. 질적 심사 요건을 새롭게 도입한 배경은 코스닥시장의 상장심사기준이 지나치게 과거성과와 재무상황 중심으로만 구성되어 있어 벤처기업 상장심사기준으로는 충분하지 못하며 기존의 질적 심사 요건이 뚜렷한 기준 없이 피상적인 요건들만을 나열하고 있어 공정성의 논란이 있어 왔기 때문이다. 이에 코스닥위원회는 기술력에 대한 보다 심층적인 검증 및 객관성 확보를 위해 종전의 질적 심사기준을 확대 개정했다. 또한, 개정된 질적 심사항목을 모든 기업에 동일한 가중치를 가지고 적용하는 것이 아니라 벤처기업과 일반기업간 적용항목의 우선순위를 차별화했다.

벤처기업:
①기술성 ②시장성 ③수익성 ④경영성 ⑤재무상태

일반기업:
①수익성 ②시장성 ③재무상태 ④경영성 ⑤기술성

2016년 공모주 시장의 예측과 결말

2015년에는 상장한 기업이 13년 만에 최고 기록인 120여 개에 이르렀다. 2016년에는 대략 150~160여개 회사들이 상장을 준비하고 있었다.

필자는 글로벌 경제 환경이 악화로 쉽지 않을 것이라고 예측했었다. 한편으로 유동성이 급격하게 위축된 상황이 지속될 경우에도 힘들 것으로 보았다. 그럼에도 기업공개 시장은 뜨거워질 것으로 전망했다. 기술력과 미래적 가치를 가진 성장주들에게 상장의 문은 더 크게 개방될 것이기 때문이다. 정부의 정책 기조 역시 기업 공개에 우호적이기 때문에 2016년도 상장 기업 수는 분명 2015년 수준 이상은 될 것으로 예측했었다. 경제 상황에 따라 유동적일 수는 있겠지만 말이다. 2016년 공모주 시장 대 전망을 한 줄로 정의를 내리면 다음과 같았다.

"춤은 대형주가 추고 이익은 중소형 주들이 챙긴다."

2016년 IPO 시장은 대기업 대형주들이 공모주 시장을 주도할 것으로 보았다. 그리고 그 반사적 이익은 아마 중소형주들이 혜택을 받을 것이었다. 이미 대기업 집단의 대형주들은 상장 전 높은 밸류를 가지고 입성했다. 공모 가격도 상당할 것이다. 보통 대형주들이 시총을 조 단위로 보고 있기에 많은 공모금액들이 모일 것이고 흥행적인 부분에서도 성공 가능성이 높다고 했다.

대형주들의 사상 최고 공모금액 모집이라는 기사들이 나오고 그러한 것들이 공모주 펀드의 활성화로 이어질 것으로 보았다. 그리고 개인들의 자금도 공모주 시장에 집중될 것이라고 했다. 흥행에서 성공한다면 분명 유동성 자금이 풍족해질 것이고 이익적 부분에서 대형주를 앞서가는 알짜 중소형주들이 그 혜택을 받을 것이라고.

이미 2015년 9월 이후 지속적인 하락을 연출하고 있는 장외주식 중 상장을 자진 철회한 기업이나 여러 가지 미흡한 상황으로 상장을 보류한 기업들의 주식이 충분히 매력적인 가격에 근접했다. 이런 면에서 2016년 대어급들이 장을 살려주고 그 이익은 중소형주들이 혜택 받을 확률이 높다고 생각했다.

2016년도 대어급 공모주들을 살펴보자. 결정적으로 주주 구성을 보면 그들만의 리그가 될 것으로 전망했다. 장외에서 구입하기가 힘들기 때문이다.

롯데호텔(시총 12조원에서 15조원 예상) 주주구성 도표 참조

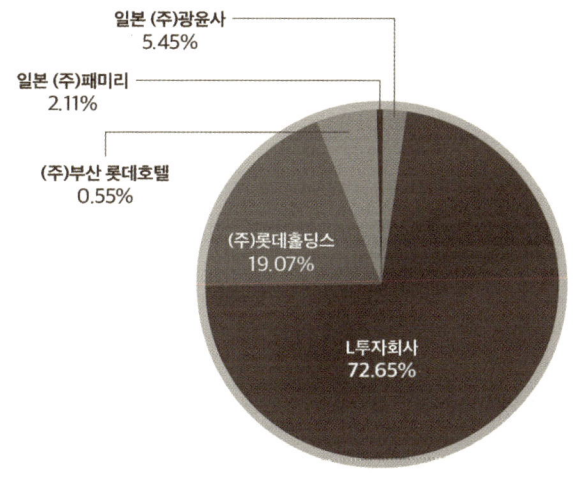

삼성바이오로직스(시총 10조원 예상) 주주구성: 삼성물산51% 삼성전자 45.65%

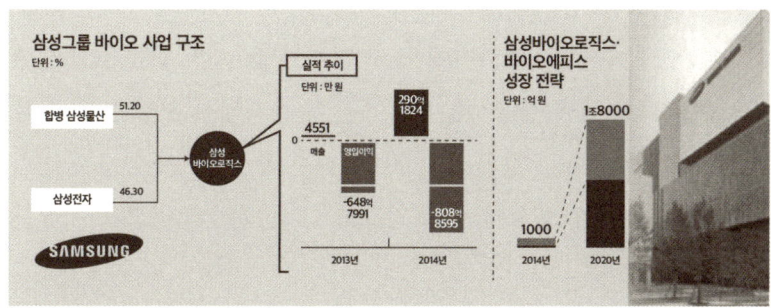

용평리조트(시총 6천억원 예상)

주주: 세계기독교통일신령협회 유지재단(지분율 49.99%), 선원건설(16.79%), 피크위크 인베스트먼트(13.26%), 세계일보(12.59%)

코리아세븐(시총 1조4천억원 예상)

주주: 롯데쇼핑(51.14%), 롯데제과(16.5%), 롯데로지스틱스(13.8%), 신동빈(9.55%), 신동주(4.10%), 신영자(2.47%), 신유미(1.40%)

티브로드 (시총 1조원 예상)

주주: 태광산업㈜ 외 특수관계인이 지분(79.7%), IMM 컨소시엄 (18%-20%)예상

대림 씨엔에스(시총 3천억원 예상)

주주: 대림산업 등이 약 97%

    2016년에는 공모주시장이 한솔씨엔피의 공모주 청약으로 대장정에 돌입했다. 2015년 공모주 시장은 풍년이었고 상장 기업만 120여 개에 달했다. 공모주 펀드에 유입된 금액만 2조 4천억 정도였다. 그러나 펀드 수익율은 2%밖에 되지 않아 풍요 속의 빈곤을 연출했다. 10월 이후 신규 상장사들이 일순간에 몰리면서 시장은 수급 불균형으로 급격하게 냉각되고 공모미달까지 속출하면서 공모를 철회하는 기업만 10개 회사에 이를 정도로 15년 하반기 공모주 시장은 참담했다.

    2016년 현재 상황은 2015년 10월 이후 시장이나 별 차이를 느끼지 못했다. 금리인상의 여파보다 중국시장의 폭락, 저유가의 가속화 등 더 많은 악재를 가지고 출발하는 모양새다. 상장을 앞둔 기업들은 공모가를 낮추어가면서 상장을 준비하고 있다는 말은 현재 공

모주 시장이 결코 녹록치 못한 상황이라는 것을 보여주는 반증이다. 2016년도 시장은 유동성 측면에서는 대어급의 등장으로 기관 및 개인의 관심도는 높아지고 있다는 것이 그나마 다행이라고 보았다.

이런 시장도 현재 장기적 침체된 주식시장의 상황에 따라 변할 수 있기에 주식시장의 상황을 면밀하게 체크하면서 공모주 시장에 들어가야 한다.

1월 27일 상장하는 '한솔씨엔피' 한 종목으로 시장을 읽어내기는 어렵다. 국내 IPO 종목 중 가장 관심을 이끌고 있는 호텔롯데의 공모청약이 2016년 한 해 공모주 시장의 방향을 결정하는 중요한 순간이 될 것이다. 삼성SDS, 카카오톡이 장외주식의 대중성을 이끌어낸 것처럼 호텔롯데의 움직임을 살펴본 후 공모주 시장에 들어가는 것도 나쁘지 않아 보이지 않는다(★ 호텔롯데는 현재 비자금 등 검찰 조사 중으로 공모가 연기되고 있다). 한편으로 안트로젠의 상장 또한 철회 기업들의 중요한 분기점이 될 것이다.

시작이 반이라는 말이 있다

2016년도에는 더 많은 기업들이 기술특례 상장으로 입성할 예정이었다. 바이오 회사 중심의 기술특례 상장이 다양하게 문호가 개방되면서 2015년 수준을 넘어가는 상장기업들을 볼 수도 있을 것이다. 그러기에 시작점에 선 기업들의 선방이 정말 중요한 한 해이다.

장외주식시장의 2016년도 기상도는 바이오 주식 중심으로 꾸준하게 매수세가 유입되고 있고 실적 및 성장성에서 탁월한 기업들 중심으로 저가매수가 유입되면서 시장을 건조하게 지탱하고 있다.

장외주식이라는 것은 상장된 후 냉정한 현실적 평가를 받는다

국내적 상황에 부침이 심한 장을 연출하고 있기에 장내시장의 분위기도 중요하다. 그러기에 무엇보다도 중요한 것은 공모주 기업에 대한 철저한 분석으로 실적이 우량한 기업을 선택해야 된다. 설령 장이 나빠 밀려도 실적이 우량한 기업은 장이 살아나면 원위치될 확률이 높다. 그러나 실적보다는 성장성 중심으로 장외에서 고 평가된 공모기업은 살아남기 어렵다. 현 수급상황에서 공모가격을 낮추어 상장하는 기업들이 늘어날 것으로 보인다. 그러기에 상장을 앞둔 기업 중 확정된 공모가격의 50% 이상에서 형성된 장외주식에 대하여 단기적 투자 편입은 자제할 필요가 있다.

단기성 투자로 공모에 임박한 기업에 투자한 사람치고 성공한 사람이 드물다. 그래도 꼭 하고 싶다면 공모청약 이후 공모에 참여한 기관이나 개인들이 공모가격에 일정 프리미엄을 받고 바로 매각하는 시점에 들어가서 편입하는 것이 유리하다.

장외시장에 공모주식이 나오기 시작하면 공모주와 구주의 일정 부분 가격 편차는 있지만 상장일이 다가올수록 그 편차는 줄어든다. 한 예로 잇츠스킨을 살펴보자. 공모전 장외주식 가격이 26만원에서 28만원을 횡보했다. 그러나 17만원 공모주가 프리미엄 1만원에 더한 금액인 18만원에 장외시장에 출현하면서 첫날 구주 가격은 23만원까지 밀렸다. 그리고 상장 전날은 21만원까지 하락했다. 그만큼 단기적 투자는 리스크를 동반하므로 바람직하지 않다.

2015년 9월 이후 어떤 변환점이 필요한 시점이다. 장내시장의 불안감이 아직도 팽배하기 때문에 공모주식 시장 또한 그 영향을 받을 것으로 보인다. 장내주식의 불안감이 해소되고 대어급들이 선전하는 시점이 공모시장의 1차 변환점이라고 보여진다. 공모시장이 살아나면 장외시장은 동반 살아나기 때문에 현재의 시점에서는 무리한 투자보다는 이 변환점을 확인하고 투자에 임하기 바란다. 수차 강조한다. 기다리면 원하는 가격에 주식을 구입할 수 있다. 추격매수하는 투자법은 장외주식에서는 금물이다.

2016년도 공모주 시장이 열리는 시작점에서 진지하게 현 장외주식에 대한 고민을 해본다. 일부 종목의 상승으로 한해 장을 예측 할 수는 없다. 다만 이미 새로운 투자처로 대중성을 확보한 장외주식 시장에 관심을 가지고 있는 고객들이 늘어날 것이다. 이런 시장에서 자기 확신 없이는 한 발자국도 움직이지 말라는 것이다.

필자의 의견도 여러 의견 중 하나이기에 참고사항으로 읽기 바라며 오직 자신만의 투자철학을 확립하고 2016년도 시장에 들어오기 바란다. 노력하면 안 되는 일이 없다.

> 필자의 예측이 빗나가고 말았다. 상반기 최대 대어주인 호텔롯데의 상장이 물 건너가면서 줄줄이 상장을 연기하고 말았다. 후반기 삼성바이오로직스가 상장이 되었지만 7월 이후 상장된 주식들은 공모가 이하로 형성되었고 장외주식의 최대 관심 대어주인 신라젠은 장외가격의 3분1 토막 수준으로 밀리면서 공모주 시장에 냉각기를 형성하고 말았다. 그만큼 시장의 반응이 차가운 한 해였다. 상장을 보류한 대기업들이 2017년을 기점으로 상장에 도전한다고 한다. 그러나 아직도 힘들어 보이는 것이 현재의 장외주식 상황이다. 그러기에 공모주 시장은 보수적 투자관점으로 접근할 필요가 있겠다.

코스닥 등록
실패 사례에서
배운다

코스닥 등록에는 필요한 여러 요건들이 존재한다. 따라서 등록이 쉽지 않다. 승인 보류 사례를 통해 실패 요소를 하나라도 줄일 수 있어야겠다. 승인 보류 사례의 60% 이상이 사업성 미흡이고, 약 20%정도가 재무안전성 미흡, 나머지 20%는 회사내부 통제구조 구축미비나 경영투명성 미흡에 의한 것으로 나타나고 있다.

관계회사의 부실 사례

A사가 지분 30%를 가지고 있는 판매법인의 2006년 실적이 매출 58억원, 순 손실 51억원으로 부실화되었고 그중 A사와 관련된 매출은 전체 50%를 차지하고 있다. 이 관계회사의 부실이 모회사에 부정적인 영향을 미칠 것이라는 내용으로 문제가 제기되었다.

A사가 지분을 보유하고 있는 미국 판매법인의 실적이 부진하고

자본금의 63%가 잠식된 상태에서 모회사에 나쁜 영향을 미치고 있다.

2008년 매출의 87% 및 매출채권의 90%가 대주주 및 특수 관계인과 관련돼 있어 영업 거래관계에 대한 투명성 문제가 제기되었다.

재무적 안정성

총자산 440억원 중 투자 유가증권이 120억원, 매출채권 80억원, 재고자산 100억원 수준으로 과다하여 전년 대비 자산 회전율이 대폭 하락했다. 특히, 06년 매출(160억원) 대비 재고자산 비율이 63%, 매출채권 비율이 50%로 현금 유동성이 떨어졌다.

A사는 2000년 단기 차입금 6억원에서 2004년 IT경기 침체로 매출이 부진해짐에 따라 단기차입금이 40여억원 증가하여 재무구조가 악화되었다. 또한 신규사업 지연으로 인한 투자 유가증권의 고착화, 사옥 건설에 따른 유동자금의 부족 등 자금 차입 수요가 지속적으로 있었다.

부품 제조를 위한 시설 투자를 확대함에 따라 비 유동자산 및 장단기 차입금이 큰 폭으로 증가했다. 이에 따라 비 유동비율이 동종업계 평균 99%보다 높은 189%, 부채비율은 동종업계 평균 105%보다 높은 178%의 재무비율을 보이고 있다. 특히 부채 163억원 중 단기차입금이 100억원(61%) 규모로 대부분을 차지하여 현금 유동성이 악화될 소지가 있었다.

안정성 및 성장성

A사는 2003년 말에 설립하여 2005년부터 본격적으로 매출이 발생했다. 기술 평가에서 BBB를 받아 기술력과 수익성은 인정받았으나, 실제 영업기간은 1년에 불과하여 시장 내에서 안정성과 성장성을 검증하기 위해 추가적으로 기간이 필요하게 되었다.

매출구성상 수주에 의존하는 비중이 67%로 과다하여 매출의 안정성에 대해 의문이 제기되었다. 주 거래처와의 매출채권 회수 문제로 매출이 중단되어 매출이 큰 폭으로 하락했다. 대규모 용역 수주 위주의 매출구조를 제품 위주로 전환할 필요성이 대두되고 있다.

전체 매출의 80%가 한 곳에 집중되어 있었고 매출채권 또한 증가하여 영업의 현금흐름이 악화되었다. 2003년 매출채권 회수율은 94%였으나 최근 들어 매출채권 회수율이 50%대를 보이고 있다. 주 거래처의 매출채권 회수기간이 10개월 수준에 육박하고 있다. 경기 침체로 매출채권의 회수 리스크도 증대했다.

수익성

A사가 속해 있는 업종의 특성상 경쟁이 치열하여 수익성 보전을 위해서는 외형이 커야 하나 동종업계 대비 매출 규모가 작아 수익성 개선이 힘들 것으로 전망했다.

A사가 속해 있는 시장 자체가 초기 형성되어 가는 단계로 그 산업 자체에 대한 시장성 검증기간이 필요한 상태이다. 비록 반기 실적상 경상 이익률이 28% 수준에 이르지만 매출액 규모가 25억원에 불과하여 시장 및 산업 검증에 추가 기간이 필요하다.

B사는 유명 게임업체로 2007년 코스닥 등록신청을 했으나 단일 게임 매출 구조로 향후 수익모델을 검증하기 어려운 것으로 판단되어 승인 보류되었다. 심사위원회는 게임 개발사의 경우 자체 개발 게임 2개 이상, 퍼블리싱 게임 3개 이상을 보유를 기준으로 코스닥 심사 기준을 강화한 바 있다.

아프냐
나도
아프다

주식시장에 살아남는 자가 몇 명이나 될까? 살아남았다 해도 언젠가는 '아프다'라고 말을 한다. 그런 사람들이 늘어났다 줄어들었다 하는 곳이 바로 주식 시장이다. 아프지 않기 위해 '배 들어오면 접어야 한다'고 선배들은 조언을 한다.

  장외주식을 업으로 살아가는 필자는 오랜 시간 시장에 살아남아 있다. 이유가 뭘까? 너무도 간단하다. 1년에 3종목 이상 발굴하여 장기 투자한다. 한 바구니에 담지 않는다는 원칙에 따른다. 주식은 주가로 말한다. 이유 없이 단기 상승한 종목은 이익을 떠나 손실이 발생하면 바로 처분한다.

  또 다른 이유는 뭘까? 생각을 비우기도 하고 장이 나쁠 땐 주식을 잊고 여행도 하고 친구도 만나고 시간을 보낸다. 그러다 장외에서 상장을 철회하거나 탈락한 이유로 폭락이 이틀 이상 이어지면 기분

좋게 좋은 놈 골라 잡아두고 1년을 기다린다. 시장에 상장된 유사 종목군을 확인하여 가격이 낮게 형성된다 싶으면 그 달은 유사한 장외 종목을 구입하고 상장 시장도 함께 확인한다. 이 종목들은 내 다이어리에 오래 전 기록하고 지켜본 종목들이므로 위와 같은 판단이 서게 되면 과감하게 매수하고 또 과감하게 손절하기도 한다.

이미 장외 종목의 기술적 분석에 의존하는 시장은 끝난 것으로 보인다. 장외시장에서 출발시점부터 함께한 종목이기에 누구보다 자신 있게 종목을 확인할 수 있다고 자부한다.

이미 2016년 이후 유망 종목을 알려드린 바와 같이 앞으로 VR 시장은 대세다. 그럼 그 중에서 가장 앞서가는 선두업체를 공부해보라. 그 놈이 날아갈 종목이다. 지난해까지 아직 날시 못한 화상품 대어급은 어디가 남아있는가 확인해보라. 그 놈이 날아갈 종목이다.

장외라는 주식시장을 하나의 재테크 시장으로 생각하라. 쉽고 깐깐하게 접근하되 조금은 여유자금으로 한다면 실패보다는 성공이 더 많은 세계다. 시장이 염병을 앓는다고 한다. 그런 시점에는 슬그머니 좋은 종목 낮게 조금씩 사 모으자. 그 놈이 효자가 될 것이다. 망하려고 들어온 시장이 아니다. 부자 되려고 들어온 시장이다. 설렁설렁 말고 깐깐하게 접근한다면 언젠가 부자가 되어 있을 것이다.

> 장외주식이라는 것이 잡다한 종목을 투자하여 종목을 늘려가는 것이 아니라 엑기스 포인트처럼 한 두 종목으로 승부를 내야 하는 시장이다. 그러기에 긴 시간을 두고 투자하여도 무방한 주식에 투자하면서 시간과 싸움에서 이겨야 한다.

게임은
아직 끝나지
않았다

2015년 7월 장세를 보고 장외주식 시장에 들어온 투자자들은 지금 힘든 시기를 겪고 있을 것이다. 17만원에 네이처리퍼블릭 매수, 14만원에 올리패스 매수, 3만5천원에 신라젠 매수 등 수많은 투자자들이 물려있다. 더블유게임즈는 이미 끝난 게임이 되어 버렸다. 무엇 하나 똑 부러지게 마무리하지 못하고 질질 끌려 다니며 매일 허상만 바라보고 있다.

어느 종목 하나 매수가 대비 시원하게 날아가는 주식이 없다. 싸이토젠에 물리고 파맵신에도 물리고 애니젠에 물리고 잇츠스킨으로 돈을 날리고 머리털 쥐어 뜯으며 미쳐도 이렇게 미칠 수는 없다.

2015년은 광풍이었다. 대중들이 너무 쉽게 접하고 너무 쉽게 달려들었다. 적정한 목표 수익도 없이 무조건 대박을 노리고 달려들었다. 너무도 가혹한 수업료였다.

해가 바뀌었지만 장은 여전히 불안하다. 일부 바이오 종목 중심으로 매수세가 유입된다고 하지만 새 발의 피다. 기다리다 지치고 화도 나고 결국 '내가 왜 그랬을까' 자아비판을 한다. 일이 손에 잡힐 리 없다. 주주동호회에 어쩌다 올라온 글 하나에 온통 집중하고 미친 사람처럼 정보를 수집하려고 기웃거리지만 누구 하나 시원하게 말해주는 주식 전문가도 없다. 주식을 매각할 때는 간이라도 떼어 줄 것처럼 설명하던 중개인들은 소리 소문 없이 사라지고 주식이 너무 저평가되어 매수하라고 떠들던 사람들도 무책임하게 변명만 늘어놓는다. '내가 속았다'고 생각하는 사람부터 '내가 미쳤다'고 생각하는 사람까지 사연과 사연 속에서 이야기가 양성되어 울고불고 하다 어쩌다 나온 기대감 넘치는 글에 웃어보기도 하지만 2015년 7월장에 매수한 가격은 다시 오지 않으리라 느껴진다.

공모가를 낮추어서라도 하루 빨리 상장으로 가려는 기업들에 투자한 사람들은 그나마 나아 보인다. 탈락하거나 속개 중인 기업에 투자한 사람들은 마음이 쓰라리다.

그래! 어차피 장외주식이다. '맘먹고 2년만 기다리자' 하면서 며칠이 지나면 또 정보 사이트를 보고 밴드에 들어가 멍하니 글을 살피는 자신을 발견한다. 참을 줄 알았는데 한 시간도 못 참고 또 편입한 주식을 만지작거린다. 그러다 벌써 6개월이 지나고 있다. 공모주 시장이 열리고 결과물들이 속속 나온다. 어디서 들은 얘기는 있다. 시장은 생물이라던데 그래서 살아 움직인다던데. 움직이니까 희망이 있을 텐데라고 믿는다. 내 모든 것을 걸어본다. 먹고 싶은 것 입고 싶은 것 아껴가며 모은 돈을 투자했다. 연말에 인센티브로 받은 돈을 투자했다. 그래도 내가 산 주식은 바이오 쪽이니까, 지금 임상 중이니까 한미약품 같은 대박이 날 것이라고 믿는다. 장외주식만 만 20년 가까이 하고 있는 필자로서는 가슴이 먹먹해지는 순간이 아닐 수 없다.

    2015년 그 시절 장세는 아니더라도 장내분위기가 차고 넘쳐야 장외주식으로 돈이 넘어온다는 것을 필자는 잘 알고 있다. 2015년 7월과 같은 장세는 당분간 힘들겠지만 지나온 5개월 같은 긴 터널은 없을 것이라고 생각한다. 죽었다고 생각할 때 장은 살아난다. 끝났다고 생각할 때 주식은 시작한다. 2001년 벤처버블의 역사에서도 경험해 본 일이다. 그렇다. 아직 끝난 게임이 아니다. 물타기를 지양하고 조금만 관망하는 자세로 바라보기 바란다. 손에 들고 있는 주식을 손절매하는 것이 정말 중요하다.

    기업 일정에 밀린 기업들도 수단과 방법을 가리지 않고 상장하려고 애를 쓸 것이다. 그러기에 합심하여 극복하는 것이 통할 수 있다. 이런 순간일수록 긍정적인 생각만 해야 한다. 조금 손해가 있더라도 손절매에 감사하고 자신의 투자를 복기해야 한다.

    세계는 또다시 돈을 찍어 댄다고 한다. 결국은 경기의 둔화를 또 돈 놀음으로 막으려고 한다. 어찌 보면 미친 소리지만 그것이라도 해야 한다고 생각한다. 아직 끝난 주식이 아니다.

    물려서 답답해하는 투자자들 담대하게 의연하게 대처해야 한다. 이미 걸어온 길을 되돌아갈 수는 없다. 이런 순간일수록 더 냉정하게 현실을 인식하고 절대 맹신하지 말고 손실을 최소화 하는 방법으로 선회하는 것이 답이다. 그리고 아직 끝나지 않았다는 생각을 가장 큰 무기로 이겨 나가야 한다. 시작은 정신이 없었다. 그 동안 비싼 수업료 내고 수업을 했다. 매도를 현명하게 진행해야 한다. 아직 끝나지 않는 게임에 너무 놀라지 말기 바란다.

> 장외에서 투자한 종목이 한 번쯤 상장을 실패했다고 해도 기회는 남아있다. 통상적으로 실패 후 재상장 시 상장에 대한 방법론을 알기에 통과되는 확률이 높다. 그러니 한번의 상장 실패로 놀라지 말기 바란다. 주식이 내 손을 떠나는 순간 진짜로 게임은 끝나는 것이다.

内 머리에 있는
경험과 열정은
아무도 가져갈 수 없다

책을 마무리하면서 드는 생각이 있다. 장외주식 시장이 대중성이 없는 시장이기에 출판사와의 협상 시 늘 불합리한 조항으로 계약을 하게 되지만 그래도 쉼 없이 책을 써왔다. 잘 팔리지 않는 책을 쓰면서 장외주식에 관심을 갖고 투자하는 개인들에게 조금이나마 도움을 주고자 노력한다. 이러한 노력에도 성공만 하는 경우는 매우 드물다. 필자 또한 바닥까지, 아니 지하까지 내려간 시간도 있었다. 그러나 성격이 낙천적이다 보니 내 머리만 있으면 다시 일어난다는 믿음으로 일어섰다. 나에게 있는 것을 다 가져가도 내 머리에 있는 장외주식에 대한 경험과 열정 그리고 분석 능력은 아무도 가져갈 수 없다고 확신하기에 어떤 순간에도 긍정적으로 산다. 일상생활의 모든 것들을 장외주식과 연관하여 생각하며 산다. 벌써 20년째다.

요즘 시장의 악조건은 이제 누구 말처럼 일상이 되었다. 세계경제는 분명 여러 가지 악재를 내포하고 있다. 어제 현대차동차 그룹 정몽구 회장이 얘기한 "어려운 외부환경은 이제 변수가 아니라 상수"라는 말에 공감한다.

장외주식의 생명은 상장이다. 올 상반기 이 힘든 장에서도 공모주 시장의 평균수익률이 20% 이상 올랐다고 한다. 이런 환경 하에서도 수익을 내는 사람들은 누구인가? 그 만큼 철저히 준비하고 시간을 투자하여 얻어낸 사람들이다.

본 연구소를 운영하면서 회원들간 초대를 막을 수 없다는 것이 가장 큰 불편한 사항중 하나다. 정말 투자 유의해야 할 주식을 마치 대박 날 회사로 포장하는 장외주식 딜러들이 이 연구소에 회원으로 가입한 후 다른 회원들에게 무차별적으로 초대를 발송하여 피해가 속출하고 있다. 그 동안 수차례 중개업체 및 본 연구소를 이용해 주식을 판매하려 하는 회원들을 찾아 퇴출을 시켰지만 다른 이름으로 가입하면 방법이 없다.

이들의 행태는 가관이다. 오죽하면 개인사이트에서 주식을 팔아치우겠는가? 얼마나 투자 유의해야 할 주식이길래 정보제공사이트에서도 거래되지 않는 주식을 황금주로 둔갑시켜 판매를 하겠는가? 그런 사람들 덕분에 장외주식 시장이 더욱 더 고립되고 신규 유입된 투자자의 수보다 이탈하는 기존 투자자들의 수가 많아지고 있다. 스스로 자정하지 못하는 시스템이 안타깝다.

본인의 자산을 지키고 수익을 창출하기 위해서는 쉼 없는 자기혁신과 공부 밖에 없다. 그리고 장외주식은 아날로그 시장이기에 정보의 수집과 여과 과정은 필수적이다.

오랫동안 이 한 길만 보고 살았는데도 그 길이 잘 보이지 않는 것이 장외주식 시장이다. 선물, 옵션시장이 50% 승률 게임이라고 한다. 하지만 이 시장에서 살아남는 사람을 찾아 볼 수가 없다. 인간이 50% 확률도 이길 수 없다는 사실을 명심해야 한다.

"모르면 가지도 마라", "아는 척도 하지 마라"라고 말하고 싶다. 나만 망하면 되는데 왜 옆에 있는 친구까지 함께 망하게 하는가? 스스로 공부하지 않고 잘 알지도 못하는 종목을 구입한 투자자라면 누구를 원망할 자격이 없다. 자기 자신에게만 실망해야 한다.

이 시장을 보면서 필자는 수차 강조하고 있다. 전문가 의견도 중요하지만 판단은 본인이 해야 한다는 것이다. 그리고 잘 알지 못하는 회사에 대한 밴드, 주주동호회, 회사 홈페이지 및 그 회사에서 나온 기업분석표는 그저 참고사항이지 결정을 확정 짓는 지표들이 아니다. 이것들을 보면서 스스로 더 깊이 공부하고 시대적 상황에 부합하는지 현재 가치와 미래 가치를 더하여 보고 본인의 자산 중 최소 2년 이상 투자하여도 무방한 여유자금으로 신중하게 선택해야 한다. 그렇게 하여도 성공할 확률은 그리 높지 않은 것이 장외주식이다. 대박 신화는 만들기 어렵다. 그러나 역설적이게도 이름이 알려진 주식만 꾸준히 공부하고 투자하여도 성공할 수 있는 시장이 장외주식 시장이다.

필자는 2015년 말부터 노바렉스, 현대엔지니어링, LG CNS, 지아이티 등 대형주 및 실적관련 주식을 추천해왔다. 정운호 대표 구속 이후 네이처리퍼블릭도 지속적으로 추천했다.

필자의 입장에서 이 종목만 꾸준하게 보아도 성공할 수 있는데 작은 돈으로 일확 천금을 노리는 장외투자자들이 투기적 성향으로 접근하면서 투자유의종목 주식들까지 밴드나 사이트에서 거래되고 있는 현실이다. 그러기에 장외주식 관련 사건, 사고가 매년 신문지상에 빠짐없이 도배되고 있는 현실이 안타깝다.

내가 알고 내가 이해하고 접근해야 한다. 그래야 성공하는 시장이다. 심지어는 필자도 믿지 마시라. 필자가 얘기하는 주식을 포함하여 치열하게 공부하여 만든 본인만의 종목 분석노트로 투자해야 한다. 여러분들의 돈이기에 더욱 더 그 원칙을 지켜야 한다. 자본주의 사회에서 자본을 증식하는 일도 중요하지만 이미 형성된 자본을 지키는 것 또한 중요하다. 오직 자신의 분석에 따라 그것을 믿고 장외주식 투자에 임해야 한다.

"내 머리에 있는 장외주식에 대한 경험과 열정 그리고 분석능력은 아무도 가져갈 수 없다"

한 번에 성공할 수 없다. 실패도 한다. 실패는 두 가지다. '후회하는 실패'가 있고 '후회 없는 실패'가 있다. 전자가 본인의 의지와 공부 없이 타인 소개로 투자한 종목에 대한 실패라면 후자는 본인의 의지로 들어간 종목에 대한 실패다. 전자에 원망만 남아 있다면 후자에는 타산지석(他山之石)이 남는다. 성공으로 가는 밑거름이 되어 자신을 반성하고 향후에 더 신중한 투자를 하게 만드는 소중한 자산인 반면 전자는 사람에 대한 원망과 배신감으로 시간만 낭비했다는 생각과 함께 이 시장을 다시 쳐다볼 용기조차 잃게 된다. 여러분은 전자인가? 아니면 후자인가?

"내 머리에 있는 장외주식에 대한 경험과 열정 그리고 분석능력은 아무도 가져갈 수 없다"

장외주식 시장은 한번 공부해두면 평생 써먹을 수 있다. 기본 분석은 어느 종목이나 마찬가지 이기 때문이다. 업종별로 해당 업종 대한 이해와 시장만 달리 분석하면 된다. 진지하고 세밀하게 계획을 세우기 바란다. 행여 잘못된 투자의 길로 본인이 가고 있다면 단호하게 멈추고 상식투자와 정직한 투자로 모든 투자자들이 성공투자의 길로 가기 바란다.

> 누구의 지식도 아니고 스스로 공부한 장외주식은 그 어떤 바람에도 흔들림 없는 자신감이자 무기이다. 의존하지 말고 스스로 선택한 종목이 있다면 끝없이 정보를 수집하고 설계하기 바란다. 이 칼럼에 있는 추천종목을 2017년도에도 추천하는 것은 그 만큼 오랜 시간 지켜보았다는 것이다. 내 머리에 있는 장외주식 대한 경험과 열정은 아무도 가져갈 수 없다.

# 2016년도 장외주식 시장의 초토화

2015년도를 이끌어 오던 바이오 주식들의 연속적인 심사탈락 및 심사철회, 장외주식 시장의 불신이 더욱 깊어지고 있는 와중에 장외주식 전문가로 활동하던 사람이 또 다시 신문지상에 나오면서 장외주식은 더욱 더 고립되고 있었다. 불완전하고 불건전한 시장으로 인식되면서 개인투자자로부터 외면받기 시작한다면 장외주식 시장이 상당기간 힘들어질 것으로 예상해본다.

주식이라는 것이 왜 유독 장외주식 시장만 판매자에게 책임을 만들어가는 구조가 되었는가? 이 문제에 대해 필자는 생각해본다. 일반증권사에서 구입한 종목이 하락한다고 증권사를 상대로 소를 제기하는 경우를 본 일이 없다. 그러나 유독 장외시장에서 구입한 고객들이 판매자에게 소를 제기하는 이유는 무엇일까?

첫째로 판매 시 과대과장 광고를 하는 아파트처럼 주식이라는 물건을 과대 포장하여 상장 가능성이 미흡한 상태의 주식을 허위로 상장이 가능한 것처럼 판매했다. 두 번째로는 주식을 저가에 매입하여 고가에 매각했다. 큰 틀에서 이 두 가지로 요약하여 장외주식 판매자에게 소를 제기하는 경우라고 하겠다.

우선적으로 전자의 경우를 살펴보겠다. 비상장 주식 즉 장외주식에 개인투자자들이 투자하는 이유는 간단하게 상장 후 차익실현을 위해서다. 장외주식에 투자하여 배당을 노리는 투자자는 없을 것이다. 그러기에 상장을 전제조건으로 투자를 한다고 해도 무방할 것이다. 또한 장외기업들 또한 안정적인 자금모집으로는 공모만큼 좋은 제도가 없으므로 장외기업들의 오너들은 회사가 성장을 위해 상장을 생각하는 것도 사실이다. 이런 회사들은 상장을 위한 목적으로 주관사를 선정하고 그에 맞는 준비를 하므로 이에 대한 정보들은 이미 신문지상에 나오기 시작하면서 일반 개인 투자자들도 인지하게 되는 것이다. 대부분 상장을 앞둔 기업들의 정보는 공시제도가 없는 장외주식이기에 신문지상에 나온 내용을 숙지하고 무엇보다도 오너의 상장 의지가 강한 기업들을 투자의 1순위로 올려두고 투자를 한다.

그렇다면 장외주식이 어떤 경로를 통해 유통되는지를 살펴볼 필요가 있겠다. 기본적으로 장외기업에 초창기 투자한 기관들의 조합 만기 주식이든지 또는 회사에 근무한 전, 현 직원들의 물량이라든지 기관들의 리스크를 줄이기 위하여 상장 전 선(先)매도한 물량들이 일부 사설 장외주식투자 개인이나 집단들에게 판매되면서 유통되기 시작한다. 이때 1차적으로 회사에서 기관 투자 시 활용한 IR 자료라든지 또는 주식을 판매할 목적으로 작성된 리포트 등이 이 회사의 가치를 평가하는 자료로 사용되는 것이다.

그 자료에 과대 포장 내용이 많다는 것은 삼척동자도 다 알고 있다. 어떤 장외기업이, 어떤 개인이 나쁜 내용을 삽입하여 기업홍보 자료를 만들 수 있단 말인가? 그래서 확정적 단어보다는 예상한다는 단어들이 많이 나온다. 신문지상에 있는 오너의 말을 그대로 믿고 주식을 구매한 사람에게 이야기하는 것을 과대과장이라고 표현하는 것은 어렵다. 상장을 한다고 누구나 장담하지만 심사에 탈락을 할 수도 있고, 심사를 철회할 수도 있다는 것은 개인투자자들도 알 것이라고 생각된다. 그러나 유독 투자한 회사가 상장이 보류되거나 상장 심사에 탈락하면 장외주식 판매자에게 모든 잘못이 있다고 생각하는 개인투자자들이 많은 것은 안타까운 일이다.

두 번째로 저가에 구입하여 고가에 매각했다는 이유로 소를 제기 하는 경우다. 주식이라는 것은 생물이다. 가격이 매일 매일 변동하기에 주식 구입 시 가격이 그대로 유지될 수는 없다. 특히 장외주식이라는 것은 상장을 앞두고 그 기간에 따라 가격의 변동폭이 하루만에도 100% 이상 상승하는 경우를 확인할 수 있다.

삼성SDS는 9만원이던 주식이 전날 장을 마치고 나온 삼성 SDS 상장이라는 기사 하나로 그 다음날부터 20만원에 거래되었다. 그러므로 '저가에 매입하여 고가에 팔았다'라고 주장하는 사람들이 할 수 있는 것은 '회사의 가치를 냉정하게 보아도 그 가격은 말도 안 된다'라고 사실적으로 접근하여 이야기를 해야 하는데 오직 '넌 얼마에 가지고 와서 나에게 얼마에 팔았지?' 식의 고소 고발은 승산이 없는 게임이라는 것이다.

주식이 생물이고 특히나 장외주식은 거래 방법 자체가 상대 거래로 형성되기에 특정된 가격이 없는 시장이라는 것을 명심하기 바란다. 분명 장외주식은 불안정한 시장이다. 말 그대로 상장 요건이 미흡한 주식이다. 그 미흡한 요건을 충족하기 위하여 부단하게 노력하는 주식들이 상장이라는 생명을 부여받는 시장이기에 분명 불완전한 시장이라는 것을 인지할 필요가 있겠다.

최소한 이 정도는 숙지하고 투자에 임해야 하는 시장이라는 것을 알아야 한다. 장외주식에서 거래되는 기업의 IR 자료는 회사의 장밋빛 전망이라는 것을 분명히 인지할 필요가 있겠다. 그것을 가지고 과대과장이라고 표현하는 것이 무리라는 것이고, 거래 시 상대 매매이기에 가격이 일률적이지 않다는 것을 말하고 싶다.

장외주식의 불법적인 거래를 단절하고 고객을 보호하기 위해 제도권 시장으로 비영리단체인 금융투자협회에서 운영하는 K-OTC 시장이 대안으로 나와 있지만 현재 거래되는 장외기업이 130개 정도로 그 수는 적다.

현재 장외에서 거래되는 기업의 숫자가 일부 신문에서는 1만개 기업이라고 한다. 또한 연간 거래되는 금액은 K-OTC 시장은 2천억 정도이고, 그 외 장외에서 거래되는 금액은 6조원에서 8조원사이로 예측한다고 하니 장외주식을 하고자 하는 일반개인에게 얼마나 K-OTC 시장이 외면 받고 있는지 단적으로 보여준다.

그 이유는 간단하다. 거래소, 코스닥에 없는 시세차익에 대한 양도세가 무려 10%가 부과되기 때문이다. 또한 정말 좋은 기업들은 또 다른 장벽인 공식적인 공모실적이 없으면 거래종목으로 지정될 수 없다. 이렇게 말도 안 되는 규제들이 있는 이상 이 시장이 장외주식 전반을 대체한다는 것은 어렵다고 하겠다.

매년 장외주식 거래 사고는 그 크기와 규모를 달리하면서 나오고 있다. 근본적인 해결책은 양도세 문제를 폐지해야 한다는 것이다. 또한 누구나 쉽게 거래소나 코스닥처럼 거래할 수 있어야 된다는 것이다. 이런 문제의 해결 없이는 지속적으로 개인 대 개인 거래인 장외주식의 개인투자자들을 K-OTC 시장으로 유입하기는 힘들어 보인다.

개인 투자자들이 지속적으로 사건사고에 노출되면 그 만큼 장외주식 시장에 대한 불신은 팽배해진다. 개인이 아픈 만큼 시장은 더욱 더 위축될 것이다. 그러기에 개인투자자들이 손해를 본다면 더 높은 장벽이 쌓이며 이 장외시장을 비난할 것이고, 이 시장에서 주식 매도 매수를 업으로 살아가는 사람들도 아플 것이다. 그것이 경제적으로든 정신적으로든 개인투자자 없이는 아무것도 할 수 없는 시장이므로 자정적 노력을 해야 한다.

살얼음 같은 시장이 지속되고 있다. 제2의 삼성SDS를 찾기 위해 새로 유입된 장외 투자자들이 하나 둘씩 떠나는 현실을 외면해서는 안 된다. 고객이 아프면 이것을 업으로 살아가는 사람도 아프다. 개인투자자들은 어떠한 장외주식도 본인의 철저한 검증 없이 투자를 결정해서는 안 된다. 수차 강조한다. 피해에 대한 모든 책임은 개인투자자들의 몫이기에 더욱 더 신중한 선택과 투자를 해야 한다고 말하고 싶다.

회사의 내용도 모르면서 투자하는 사람들이 이 험난한 장외주식에서 어찌 승리할 수 있겠는가? 더욱 더 신중한 시점에 오직 믿는 것은 본인의 철저한 검증뿐이라는 것을 강조하고 싶다.

장외주식. 늘 무섭고 어렵다. 2016년 한 해 동안 힘들지 않았던 투자자들이 과연 있었을까? 이 책을 2016년도 내지 못하고 2017년도 내는 것만 보아도 장외주식 시장은 초토화 수준이었다. 갈 길이 멀어 보인다. 그러나 절망 속에 희망을 노래하기도 한다. 그 끝없는 추락은 또 다른 의미로 상승장을 연출할 수도 있기에 2017년 장외주식에 다시금 관심을 가지고 지켜보게 만든다. 주식은 생물이라고 했다. 숨을 다 잡고 차분히 좋은 놈을 잡아 성투하시기 바란다.

Part 4

장외주식 대예측

과거에도 그래왔고 현재도 그렇고 미래에도 바꾸지 않을 원칙이 바로 상식투자론이다. 모든 것들이 한 번에 완성될 수 없다. 조화와 생화의 차이는 상처이다. 상처 없이 성장도 없다. 상처가 있어야 아름다워진다. 상처를 두려워하지 말고 아주 천천히 비상장 주식에 접근해보시기 바란다. 아직까지 장외시장은 아날로그 세계다. 더디 가고 쉬어 가도 늦지 않게 투자하고 수익을 거둬들일 수 있다. 우선 장외시장의 어제를 정리보고자 한다. 2015년과 2016년을 정리한 내용이 주를 이루겠지만 비단 작년만을 의미하는 것은 아니다. 역사는 반복이고 진리는 늘 같다.

유망 종목은
이렇게 골라라

성장 가능성이 높으며 수익 또한 뒷받침되는 저평가주를 고르는 것이 장외시장 투자의 기본이라 할 수 있다. 장외시장이기 때문에 장기투자를 해야 하며 가치투자를 해야 한다는 점은 조급하고 성급한 투자자가 기억해야 할 주식투자의 기본 관점이다. 그러나 장외시장은 장내시장과 다르다. 갑자기 영업환경이 악화되고 있는 종목에 대해서는 손절매가 쉽지 않다. 때문에 종목선택에 있어서 강한 확신이 생길 때까지는 좀 더 신중한 투자 자세가 요구된다. 기업을 잘 선별해야 하며 그만큼 가치 분석이 중요하다.

흔히 장외주식을 테마로 분류한다. 현재의 빠른 시장 환경 변화에서 시점마다 그 테마는 변하기 마련일텐데 환경 변화에서도 변함없이 투자자들이 염두에 둬야 할 것은 환금성이다. 하지만 장외시장 내에서 환금성을 확보하기란 대체로 어렵다. 따라서 매수를 고려할 때 전체 주식수량 중 장외에서 유통 가능한 주식수를 파악하여 투자 리스크를 회피해야 한다.

종목 선별시 주식수는 재료(액면분할, 유상증자, 무상증자) 보유 종목이 아닌 경우에는 최소 600만주 이상이 적합하며 유통 가능 수량이 전체 수량의 30% 이상이 되어야 적합하다. 또한 대주주 지분이 적을 경우에는 적은 원인에 대해서 파악해두는 것이 안전하다. 따라서 유망 종목을 고른 후 주가지수의 변동에 흔들리지 말고 장기 보유하는 투자 전략이 필요하다. 단기 조정을 저가 매수의 기회로 삼고 저가주라고 해서 비우량주라고 판단하는 우를 범하지 말아야 한다. 시장이 변동성에 따라 하락하게 되면 리스크를 줄이기 위해서 현금화가 유행될 것이고 이는 우량주라 하여도 하락의 대열에서 빠지지 못하기 때문이다. 이와 같은 기준에 의거하여 기존 유통 종목의 하락 원인과 하락폭을 계산하고 장내시장의 유사 종목과 매출액 증가율 등을 비교하여 매수에 참여하는 것이 올바른 투자 자세이다.

장외종목의 선별

07년 2월 상장한 이트레이드 증권은 투자자에게 대박을 안겨줬다. 상장 후 며칠 만에 200%가 넘는 수익률을 기록했다. 그러나 아쉬움을 나타내는 투자자들이 많았다. 좀 더 사지 못한 것에 대한 서운함이다. 이트레이드 증권은 청약경쟁률이 1,000 대 1을 넘어 1만주를 신청한 투자자라도 불과 10주밖에 받을 수 없었기 때문이다. 이트레이드 증권과 함께 대박 종목으로 꼽히는 오스템 임플란트도 233.8 대 1의 경쟁률을 기록, '하늘의 별따기'인 것은 마찬가지였다. 공모주 시장이 달아오를수록 주목받는 투자처가 장외주식이다. 장외주식은 원하는 양만큼 살 수 있다는 점이 공모주 투자에 비교되는 큰 장점이다. 이트레이드 증권은 상장 직전만 해도 상장후 주가의 절반 수준에서 살 수 있었다.

공모주 청약경쟁이 치열해지면 열기가 자연스레 장외시장으로 확산되는데 비상장 기업 중 우량 종목들의 주가는 상장을 앞두고 장외에서 급등하는 경우가 많아 투자자들에게 기회를 안겨주고 있다. 그러나 공모주인 경우에도 그렇지만 일반 장외주식도 그 선택의 폭이 매우 다양해져 종목의 옥석가리기가 더욱 어려워졌다. 현 장세에서 매수종목 선별과 안정적인 투자 방법을 다음과 같이 정리할 수 있다.

종목 선별시 재료가 있는지 확인한다

예를 들어, 코스닥등록, 실적 호전, 액면분할 및 증자 등의 재료를 기준으로 확인한다.

매출액을 평가한다

매출액 규모가 해당 업종시장에서 차지하고 있는 비율이나 매출액의 연간 추이를 파악해본다.

시장규모를 파악한다

시장의 최소규모가 500억원대 이상인지를 체크해본다.

수익성을 파악한다
해당기업의 매출액 대비 순이익 비율이 평균 8~10% 이상인지를 체크해본다.

매출채권 보유현황을 파악한다
매출액 대비 매출채권의 비율을 점검해본다.

소송 여부를 확인한다
특허권이나 사업에 영향을 미칠 수 있는 소송 여부를 파악해본다.

단기 투자보다는 중장기 투자를 선호한다
단기적 투자 종목은 IPO 종목에 국한시키고 실적 호전주나 대형주들은 중장기 투자를 고려하는 것이 바람직하다.

장외종목의 세부사항 분석

대략적인 파악이 끝나면 다음 항목들을 중심으로 좀 더 세부적인 사항을 분석한다.

종목 선별시 유통가능 물량을 파악하여 전체 주식수의 30% 이상이 유통가능 물량인지를 파악하고 매수에 참여해야 한다.

코스닥등록이라는 재료보다는 액면가 배수, 매출액 증가율을 따지는 투자 전략을 우선시해야 한다.

장내시장에서도 마찬가지이지만 장외시장에서도 포트폴리오를 구성하는 것이 바람직하다. 몰아주기 식의 종목구성은 신규 유망 종목의 발굴시에 자금 유동성에 악영향을 미친다. 따라서 대형주의 비중을 60%, 벤처 주식의 비중을 30~40%로 투자하는 전략을 기초로 투자에 임해야 한다.

매매 회전 주기를 짧게 잡는다. 1년 정도의 투자는 수익에 큰 도움이 되지 못한다. 물론 매매가 어렵다는 점은 있지만 우량 벤처주식을 장기 투자 종목으로 묶어두고 대형주들은 매매 타이밍을 빠르게 하여 항상 유동성을 확보하는 전략을 갖도록 하는 것이 바람직하다. 현금 유동성에도 주의를 기울여야 한다.

IPO 종목의 경우 본질가치가 낮은 종목, 특히 장외시세가 공모가 대비 2배 이상의 가격이 산정되어 있는 종목은 수익률 대비 위험률을 산정하여 투자에 임하는 태도를 지녀야 한다.

주식은 유행이며 투자자의 심리에 기대는 특성을 가지고 있다. 투자는 사람이 하는 것이다. 사람의 심리나 특성을 연구하는 사람이 투자에 성공하는 경우가 비일비재한 것도 이 때문이다. 유행을 벗어난 돌출성 투자나 금리가 올라 투자자들이 증시를 외면하고 있는 때의 투자는 독불장군식의 모험심리가 반영된 것이라고 할 수 있다. 1999년 당시 인터넷이 인간 삶의 패러다임을 바꿀 것이라는 유행이 있던 시절에 인터넷 관련 주식에 투자하는 것은 가장 올바른 투자

자세였으나 지금은 아닐 수 있다.

자신의 종목 선별 원칙에 따라 종목을 선정했다 하더라도 해당 종목에 대한 지나친 믿음은 실패를 초래할 수도 있다. 우리나라의 주식 투자 행태를 살펴보면 항상 유행이 짧기 때문에 지나친 믿음에 의해 시장의 흐름을 꿰뚫어 보는 혜안을 놓친다면 큰 손해로 이어질 수 있기 때문이다.

매매 타이밍을 알기 위해서는 테마를 파악해야 한다. 상승 장세가 이어지는 상태에서는 테마나 그룹을 형성하게 되는 것이 일반적인 현상이다. 장외시장에 투자를 처음 해보는 투자자든, 전문 투자자든 시장에 형성되어 있는 테마를 이해하지 못하고서는 원활한 투자를 해낼 수 없다.

2015년 테마로부터 배우는 뷰티 관련 산업

2015년 비상장 주식시장을 뜨겁게 달구었던 기업들의 엇갈린 명암을 하나씩 살펴보고자 한다. 2016년 초에 처음 작성된 글이지만 2017년에도 꼭 알아두어야 하기에 다시 정리했다. 뷰티 관련 종목을 보자.

네이처리퍼블릭

2015년 6월에 장외시장에 등장했다. 1차 유통경로로 10만원에 주식이 나와 개인투자자들에게는 최소 12만원에서 14만원까지 거래된 종목으로 2015년 8월경에 최고점인 15만원을 돌파했다. 2015년 10월 7일 대표이사 정운호씨가 도박 혐의로 구속되고 연내상장이 물 건너가면서 급격하게 하락하여 현재 약 28,000원 선(2016년12월 30일 기준)에 거래되고 있다.

회사의 내부적 상황은 긍정적 평가의 연속이지만 오너리스크가 발목을 잡았다. 그만큼 비상장기업에 대한 기업 발굴시 CEO의 자질 문제가 중요함을 일깨워준 종목이다. 투자 심사역들도 가장 중요하게 생각하는 부분이 바로 오너 마인드와 회사 구성원들의 능력부분이다. 최고경영자의 도덕적 덕목은 그 회사의 전체를 보는 것처럼 중요하게 생각해야 할 부분이다. 특히 벤처기업이나 규모가 작은 기업은 개인의 능력에 의하여 회사 사업의 성패가 좌우되는 경우가 다반사이다. 그 만큼 오너 마인드, 오너 도덕성이 상당히 중요하다.

2011년에 설립된 상기 회사는 3년 연속 적자를 기록했다. 화장품 회사라 설립시부터 광고비용이 원가의 대부분을 차지했으나 중국 진출을 위한 초기 투자비용이므로 2014년부터 흑자로 돌아선 성장 및 발전 가능성이 높은 회사이다. 앞서 본 연구소에서 실시한 2016년도 유망 종목 중 많은 표를 획득할 정도로 이익 실현이 좋은 회사이기도 하다. 고점대비 현재가격은 여러 가지 매력을 가지고 있다. 2015년도 및 2016년 날씨 흐림이었다면 2017년도는 날씨 맑음 주식이라 생각된다. 다만 중국내 K-뷰티산업의 지속성이 중요한 변수로 작용할 수 있음을 명심하기 바란다.

카버코리아

2015년도 화장품 투자유망 종목 중 하나이다. 등장과 함께 장외주식 최고가 기록을 만들어낸 종목이기도 하다. 15년 8월 1천5백만원에 등장했다. 1주를 가진 고객은 무상 증자 27주를 받는 종목이다. 무상증자 이후 액면분할을 할 예정이다. 액면가 100원으로 갈 가능성이 높다. 자본금이 152,000,000원이기에 가능한 가격이고 가능한 무상증자 주식수다. 2015년 매출액이 약 1,400억원이고 예상 순이익은 350억원 정도이다. 이 회사에 대한 제품은 다 알다시피 아이크림이다. 이보영 아이크림으로 유명하다.

2016년 현재 외국계 사모펀드에 매각하여 상장여부는 불투명한 기업이 된 상태이다.

> 현재 시점에서 사모펀드에 매각된 카버코리아는 2016년 12월 6일 주총에서 장외에서 매각한 주식을 사모펀드에서 주당 66,000원에 재 매수하기로 하면서 장외에서 떠난 주식이 되었다. 이제 중저가 브랜드에서 중 유일하게 네이처리퍼블릭이 남았다. 오너리스크와 실적부진까지 이어지면서 추락은 끝이 없다. 차라리 시원하게 내려왔다고 표현하겠다. 미국시장의 진출에 그나마 위안을 삼고 있지만 분명한 것은 고비를 넘기고 있다는 것이다. 이미 2016년에도 매각의 기회는 있었지만 적정주가를 산정하지 못하여 매각이 무산되고 말았다. 그래도 필자는 이 주식에 희망을 걸어보기로 했다. 최소 매각 금액만 보아도 현재의 주가는 너무 많이 밀린 모습이다. 매각과 재기를 동시에 노리는 주식이기에 더욱 더 관심있게 바라보기 바란다.

2016년 테마로 살펴본 산업의 흐름

2015년과 2016년, 뷰티와 바이오가 대세를 이루는 가운데서도 일부 개별 종목들이 발군의 기술력과 성장성으로 장외주식 시장의 한 축을 굳게 지키고 있었다. 그중에서도 2017년도에 여전히 관심을 가질 만한 기업을 살펴보겠다.

지아이티

필자가 2012년에 이미 주당 6,000원에 공개 추천한 종목이다. 자동차진단 토탈 솔루션 회사로 이미 현대 기아차의 모든 진단 장비부분을 독점하는 국내 독보적인 회사였다. 또한 비상장 주식 중 엄청난 배당을 하는 회사이기도 하다. 그 정도로 매출 및 순이익 구조가 좋은 회사이다. 지분 구조도 현대자동차그룹과 밀접한 주식이기도 하다. 2012년 구입 당시 이미 현대모비스가 주주로 참여한 회사이기에 미래성이 뛰어난 주식이었다. 당시 회사를 그만둔 일부 임원들의 주식이 시장에 나오면서 거래가 되기 시작했다. 이 회사가 3년 넘게 본인이 구입한 가격 선에서 등락을 반복하다가 현대모비스가 최대주주로 등장하면서 무섭게 질주를 하다가 16,000원에서 주춤하고 다시 9,000원 선까지 밀린 주식이다. 개인적으로 2017년에도 관심을 가지고 있는 종목이다.

이 글을 보시고 금감원 전자공시시스템에 들어가 회사재무제표를 한번 봐주기 바란다. 보고 놀라지 말기 바란다. 꼭 한번 체크해야 할 주식이라는 것이다.

이 회사의 핵심은 그냥 현대모비스의 자회사로 남아 있을 것인가 아니면 현대 모비스와 합병을 할 것인가 이 문제이다. 필자는 후에 심도있는 분석을 하고 사방팔방으로 노력하여 지아이티의 미래를 예측할 것이다. 주식을 편입하고 3년 넘게 조용하다고 해서 끝나는 것이 아니다. 편입할 때 이미 현대자동차그룹을 의식하고 편입한 주식이다. 장외주식은 기다려야 한다. 특히 이 종목은 기다림이 너무도 필요한 종목이다.

2015년 현대모비스가 보기 좋게 최대주주로 등극하면서 올 한 해를 빛낸 종목으로 선정했다. 이 종목의 교훈은 구입할 시점에 그 회사가 가지고 있는 재료를 봐야 한다는 점이다. 또한 수익구조상 현대 기아차가 해외수출이 늘어갈수록 이 회사가 보유한 원격장비 시스템은 더욱 더 늘어간다는 아주 간단한 상식에서 출발하여 선택한 주식이었다.

개인적으로 2017년을 빛낼 주식 중 하나라고 생각한다.

LG CNS

15년을 비상장 주식에 남아 있는 주식이다. 지겹다. 2000년 1만원 이었다. SI 동종업종인 삼성SDS도 2000년에는 1만원이었다. 1등과 2등의 차이는 바로 이런 것이다. 15년전 LG CNS, 삼성SDS는 1만원이었다. 그러나 이후 삼성SDS는 시초가 38만원으로 장기저축상품으로 대박 난 주식이었다면 LG CNS는 정말 답답할 정도로 속상한 종목 중 하나다. 현재가격이 28,000원 선이다. 정말 답답한 주식이다. 이제 지겹다는 말을 하는 고객들이 넘치는 주식이다.

그런데 필자는 왜 이 주식을 다시금 2015년을 빛낸 종목으로 선정했을까? 그 이유는 바로 오랜만에 이 회사가 변하고 있기 때문이었다. 스마트 마이크로그리드 솔루션, 원격 검침 인프라, 전기차 충전 인프라 및 에너지 시스템 통합 및 운영 등 친환경 에너지 기업으로 변모함과 동시에 LG그룹에서도 유능한 대표들이 이 회사로 옮겨가고 있다는 것이다. 아직 끝난 게임이 아니다.

다만 1등과 2등은 이처럼 차이가 있기에 쉽게 비교하지 말아야한다. 동종업종 비교시 절대 시총으로 비교하지 말아야 한다는 것을 보여주는 주식이다. 이제 상기 주식도 상장을 보이고 있고 우리가 눈여겨 볼 필요가 있기에 2017년도를 빛낼 종목으로 선정했다.

덴티움

"꺼진 불도 다시 보자"라는 말을 하고 싶은 주식이다. 2012년도 7월에 등장한 상기 주식은 주당 7,000원에 등장한다. 그러다 2013년 상장전까지 20,000선까지 근접하더니 미승인 이후 주식이 5,000원까지 밀리는 주식이 되었다. 그러나 지속적인 성장과 엄청난 이익금 앞에 주식은 순간에 2014년 하반기부터 상승을 이어가더니 2015년 50,000원 선을 돌파한 주식이 되었다. 시장성에서 특히 미국시장에서 눈부신 성장은 이 회사의 주식이 50,000원 돌파하기에 충분했다.

현재 50,000원과 47,000천원 선을 지키고 있는 회사이다. 2017년에 상장을 기대하는 회사 중 하나이다. 지속적인 관심과 분석이 필요한 종목이다.

현대엔지니어링

이미 현대자동차그룹 후계구도에 중요한 부분을 이 회사가 차지할 것이라고 예측하고 있다. 2017년을 이끌어 나갈 종목 중 하나이기에 관심을 가져도 무방한 종목이다.

2015년
테마로부터 배우는
바이오 산업

글을 쓰다가 이미 상장된 주식까지 평가하는 것은 시간 낭비가 아닌지 스스로에게 물어보았다. 결론은 배워야 한다는 생각이 들었다. 실패에서도 배워야 한다. 무엇보다 필자는 성공 못지 않게 실패도 반복적으로 해본 사람이다. 그때마다 복기를 했다. 그 과정을 통해 경험을 쌓았고 리스크를 줄이는 지혜를 얻는 데 큰 힘이 되었다.

좀 천천히 가자, 종목 좀 줄이자, 급한 맘으로 선택하지 말자, 제발 정신 좀 차리자, 알지도 못하면서 세상 경제를 모두 아는 것처럼 자만하지 말자, 경고하는 시그널을 무시하지 말자, 좋다고 덤비지 말자, 조금 더 깊이 생각하자 등.

前車可鑑(전거가감)이란 사자성어가 있다. 앞의 수레가 엎어진 것을 보고 뒤의 수레가 경계하여 넘어지지 않도록 한다는 말이다. 실패를 보고 나중에 이를 경계하여 더 신중하라는 말이다. 실패를 거울삼아 다가오는 미래에는 더 경계하고 경계하여 좋은 종목을 선택해야 한다. 이미 상장 청구된 기업을 복습한다고 생각하자. 2015년 한해를 뜨겁게 보낸 바이오 종목들이고 너무 많은 종목들이 기술적 특례 상장이라는 것을 이용하여 등장한 해였다. 그만큼 기복이 심한 종목들이다. 대표 종목 몇 가지만 정리해본다.

애니젠

2013년부터 등장한 주식으로 최초 거래 가격은 6천원부터 시작했다. 이 가격은 2014년 상반기에도 유지되고 있었다. 그 후 기술평가 전에 오르다가 기평탈락 후 가격은 횡보하다가 2015년 바이오 열풍에 최대 3만5천원까지 오른 종목이었다. 그러나 상장승인에 미역국 먹고 한때 1만원 이하까지 밀린 주식이 되었다. 이 회사와 비교되는 지속성 펩타이드 의약품 연구 개발업체인 펩트론은 상장 이후 최고 가격이 83,600원까지 올라가기도 했으나 10월 이후 3만원 선까지 밀리고 11월 들어가면서 6만원 선에 진입했다. 애니젠 또한 1만원까지 밀리다가 펩트론과 동종 업종으로 단순 비교가 되면서 2만원 선에 거래되고 있다. 상장 실패 하루 전에도 4만원에 거래되었으나 하루아침에 3만원이 날아갈 정도로 기복이 심한 종목이었다. 현재 사람들이 분명 실수하는 것은 상장회사인 펩트론과 단순 비교하는 것이다. 연구개발과 제조생산은 큰 차이가 있다. 그렇다고 애니젠이 연구개발을 하지 않는 회사도 아니다. 다만 어느 쪽에 비중을 더 두고 있는지 살펴보시기 바란다.

이런 와중에 이 종목을 왜 다시 말하고 있는가? 그것은 단순하다.

2016년도 애니젠은 분명 재상장을 노리고 있기 때문이다. 삼수생이다. 이미 소폭이나마 흑자를 기록한 상태에서 상장실패 원인은 회사의 성장 가능성 부분에서 지속성 여부와 확실한 계약이 없는 것이었다. 이러한 부분에 대한 변화만 있다면 삼수생을 마감할 수 있는 종목이다.

다만 적정주가에 대한 부분은 좀 더 고민할 필요가 있다. 기관투자 마지막 단가는 1만원 선에 들어 왔다. 상기회사는 펩타이드 원료 개발 및 대량생산 분야에 주력하고 있다. 필자는 가격 부분에서 고민해야 한다는 것을 다시금 말하고 싶다. 상장된 펩트론과 단순 비교할 수 없는 구조를 가진 회사이다. 상기회사는 거래처 확보가 늘 문제가 되고 있다. 현재 소문에 의하면 인도 쪽에서 계약여부에 대한 부분이 조만간 나온다고 하는데 이 회사가 연구개발에 대한 지속적 투자로 승부하기보다는 우선적으로 생산라인을 확보하는 방향으로 먼저 자금이 투입된 회사이므로 거래처 확보가 중요하다. 공장에 의한 제조 생산이 된다면 이것을 소비할 거래처가 확보되어야 하는데 아직은 소문에 머물고 있어 조금은 아쉽다. 이미 3만원 이상에서 물린 고객이라도 적정시점에 매도 타이밍을 노려야 한다고 본다. 신규 투자자는 조금은 깊이 생각해야 할 주식이다.

★ 애니젠은 2016년 12월 7일에 상장되었다.

다이노나

2014년 하반기에만 하더라도 3천원, 4천원을 오르내리던 종목이었다. 15년 들어와 급등하여 최고가 47,000원을 기록한 종목이다. 장외주식은 투자 시 통상 1년 전에 철저하게 분석하고 투자했다면 분명 돈이 된다. 소문난 이후는 이미 내 손에서 떠난 주식이라는 것을 극명하게 보여준 종목이다. 적자기업이 기술적 특례상장으로 승인나기에는 하늘의 운이 따라줘야 한다. 상장 전 국내 제약사와 선 계약을 체결하여 거래처 확보를 하고 승인 날 것처럼 소문이 돌았지만 소문으로 끝나고 만 회사이다. 그 당시 2만원 선이 위험해 보였다.

　두 번이나 속개된 종목도 드물지만 조금은 어려워 보인다. 적자 폭이 줄어들 기미가 없어 보인다는 것이다. 20억원이 넘어가는 적자 상태라 아무리 바이오 기업이라도 적자 지속여부는 상장 승인시 중요한 부분이므로 조금은 우려되는 종목이다. 또한 기관들이 승인심사 1주일 전에 중개업체에 락 걸린 주식까지 선계약하고 팔아치우는 모습이 영 맘에 걸린다. 무엇보다도 먼저 1년 전 가격이 4천원이었던 주식이다. 다이노나, 시장성에 문제점 해결 없이는 힘들어 보인다.

★ 2016년 12월 30일 현재까지 자본잠식 상태이기에 리스크를 염두에 두기 바란다. 기술적 부분과 오랜 투자기간을 고려하여 한번쯤 살펴볼 필요는 있겠다.

엠씨티티바이오(現 바이오솔루션)

이 회사에 관심있는 사람이라면 회사의 시작점을 알아야 한다. 등기부등본은 누구나 확인할 수 있는 서류이다. 회사의 변천을 보고 그 회사의 내용을 본다면 투자할 수 없는 종목이라고 말하고 싶다. 더 이상 관심을 가지고 볼 종목이 아니라고 본다.

안트로젠

필자가 유망 종목으로 선정하고 싶은 기업이다. 다시 상장하는 길목에 큰 어려움이 없다. 우선 안정성 측면에서 보장되는 회사이다. 부광약품이 최대주주이다. 그렇다고 종속회사는 아니다. 부광약품이 경영권 참여는 전혀 하지 않는다. 그동안 등재된 등기이사도 상장을 앞두고 독립성 강화 차원에서 사임 처리된 상태이다. 또한 이 회사는 바이오 기업 중 무차입 경영을 하고 있다. 이미 독자 개발한 제품들이 매출을 올리고 있는 것도 다행이다. 다만 3년 연속 적자를 유지하고 있는 것이 문제이지만 적자부분이 줄어들고 있고 앞서 설명한 것처럼 개발된 제품들이 매출을 보이고 있다. 최고가 3만 5천원까지 달려간 종목이다. 현재 가격은 2만2천원에서 횡보하고 있다. 이미 승인된 상태로 기관 수요예측의 결과에서 너무 낮은 공모가를 거부하고 스스로 철회한 기업이다.

헐값에는 상장할 의지가 없다는 것은 좋은 장을 기대한다는 것, 그리고 자금의 여유라고 표현하겠다. 이미 2005년도부터 연구개발비로 지원을 받고 있는 기업이기에 안정성은 보장된 회사이다. 성장성 면에서도 2016년부터 이 회사의 대표적 상품 레모둘린에서 3분기까지 총 11억원, 큐피스템 등에서 9억7500만원 규모의 매출이 발생했다. 기타 6억5천만원 정도 매출을 내고 있다.

그런데 여러분은 현재가격 2만2천원에서 보아도 매출액이 너무 적다는 생각이 들지 않는가? 정답이다. 재무적 부분만 본다면 이 가격도 너무 높다. 매출액 증대는 앞으로 이 회사의 재상장 시 중요한 변수이다. 그래도 앞서 말한 엠씨티티바이오 및 다이노나보다는 이 종목을 더 깊이 공부해 보시기 바란다.
★ 필자의 예측처럼 상장을 진행한 종목이다.

싸이토젠

기술성평가 통과 소식에 2만3천원까지 달려간 종목이다. 현재 가격 1만원으로 사람들이 혹 하는 종목 중 하나이다. 낙폭이 그만큼 큰 회사이므로 개인들 입장에서 본다면 올라갈 것을 기대하고 싼 맛에 구입할 기회라 할 수 있다. 그러나 현재 이 기업 이슈는 아직도 속개와 속개 연속이라는 것이다. 삼수는 없는데 심히 걱정된다. 이 회사의 자랑을 한번 살펴보자.

혈중종양세포(Circulating Tumor Cell)를 혈액에서 분리하는 나노융합기술을 개발해 상용화에 성공한 기업이다. 또한 세계 최초로 혈중종양세포를 배양하는데 성공했다. 나름 한 부분에서 특화된 하드웨어적 기업이라고 하겠다. 거기에 소프트웨어까지 겸비했다고 한다. 이미 이 기술의 선두업체 중 베리텍스라는 회사가 있다. 다만 베리텍스라는 회사가 보유한 기계로는 유방암, 대장암, 전립선암 등에 국한하여 활용한다고 한다면 싸이토젠은 모든 암에 활용할 수 있다는 장점을 가지고 있다고 한다.

그러나 심사청구 시 매출액을 보자. 4억원이라고 한다. 세계적으로 CTC시장이 약 5조원 정도 본다고 한다면 싸이토젠의 4억원 매출은 어떻게 설명하라는 말인가? 현재적 가치가 아니라 미래적 가치를 아무리 생각해도 지금 가격은 높다는 결론이다.

우선적으로 좋은 기술력은 인정해야 하겠지만 장비를 교체하는 것이 어디 회사 마음대로 되는가? 상식적으로 생각해보자. 사업의 연속성과 재무적 취약이 승인에 가장 큰 걸림돌이다. 이것을 해결하지 못하면 승인여부는 불투명하다.

어떤 분들이 이렇게 얘기한다. 잘 나가는 기관에서 30억원이나 투자한 회사이다. 그 회사에서 검토 없이 투자했다고 생각하는가? 그러니 멋진 회사라고 말을 한다. 그러나 기관투자가 성공의 열쇠는 아니다. 기관도 실패할 수 있고, 의외로 기관 투자성공확률이 낮다는 것을 명심해야 한다.

★ 2017년에도 상기종목에 대한 의견은 별 차이가 없겠다.

파멥신

올 6월에 최고가 5만5천원을 기록한 종목으로 현재가격은 2만5천원이다.

싸이토젠 만큼 낙폭이 큰 회사이다. 호주에서 임상 2상을 진행한다고 말한 게 언제인가? 정말 화가 날만도 하다. 재무상황은 뒤로하고 회사대표까지 기자회견을 하면서 크리스마스 선물을 기대하라고 하려는지 무슨 서류 절차가 이리 오래 걸리는지 모르겠다. 아무리 개발자들이 대기업 출신들이라고 하지만 해도 너무 한다고 말하고 싶다. 물량을 계속 출하시키는 실제 주주들이 누구인가 생각해봐야 한다.

세계적 투자기관에서 600만달러나 들어온 회사이다. 언제? 2009년도 일이다. 국내 1상 이후 식약청에서 2상 승인여부를 결정해주지 않아 호주까지 날아간 회사이다. 오래 지켜보자. 전혀 급할 일 없는 회사이다. 더 밀리면 생각해 볼 주식이다. 차라리 이런 회사보다는 삼성메디슨을 공략하는 것이 유리해 보인다.

강스템바이오텍

상장보유 주식이 1만6천원에 시장에 나오면서 일반 주주들이 1만 8천원부터 2만원에 물린 주식이 되고 말았다. 현재 가격이 8,070원이다. 상장된 주식은 할 이야기가 없다. 다만 이미 필자가 매도 금지 종목으로 선정한 주식이었다. 개인적으로 추천하여 성공한 바이오 회사는 제노포커스라고 말하고 싶다.

필자가 6천원에 강력 추천한 종목이었고 상장시 단기적으로 4만원을 넘어간 종목이 되었다. 상식적 투자방법에서 선택한 종목은 선물로 꼭 인사한다.

또 하나는 펩트론이다. 멋지게 날아간 주식이 되었다. 이 종목의 교훈은 상장 후 1주일을 지켜보고 급등하면 그 안에 결정해야 한다는 것이다. 그 만큼 상장시점의 가격과 지금의 가격은 차이가 있다.

올리패스

이 종목은 여러분들이 꼭 공부하기 바란다. 가장 큰 낙폭을 가진 바이오 주식이다. 큰 낙폭의 이유는 계약 해지이다. 그러나 다시금 계약이 성사될 수 있는 기술력을 가진 기업이다. 그러므로 중요하다.

★ 2016년 12월 30일 현재 기점으로 보아도 낙폭이 큰 종목이다. 필자의 개인적 입장이지만 2017년도 바이오 주식 중 유망 종목으로 선정한다.

역발상으로
대비했던
2016년

국제유가 20달러 근접
전세계 글로벌 금융시장 휘청대며 새해 일주일 동안 5천조 증발
중동 지역의 종교적 갈등 표면화
북학의 핵 실험 강행
중국 경제 둔화
신흥국들의 외국 자금 탈출 지속

2015년 9월 이후부터 비상장 주식 시장이 지속적으로 하락하며 침체되었다. 이런 기조는 2016년 1분기까지 이어질 것으로 보인다. 시장을 이끌어가는 특별한 종목이 보이지 않고 2015년 하반기 상장한 종목들 중 장외주식 가격을 상회하여 출발하는 기업을 찾아보기 어려운 시점이다.

개인투자자 입장에서도 이런 하락의 장에서 무리한 투자보다는 2015년 재무제표를 확인하고 투자해야 한다. 또한 장외주식의 상장시 시장분위기를 주도하는 거래소 및 코스닥 시장의 유동성이 살아나기 전까지는 장외주식 시장도 2016년 출발점은 무겁다고 하겠다. 이처럼 장외주식 시장이 무겁게 출발했고 폭락장이 연초부터 연출되었지만 1분기 이후 시장의 유동성 공급측면에서는 그렇게 나빠 보이지 않는다.

오프라인 시장을 장악하고 있는 보험설계사들이 2016년부터 펀드판매가 허용되고 하반기에는 금융투자회사가 등장하는 등 장외주식의 유동성 측면에서 본다면 다행인 일이다. 이미 2015년부터 유입된 일부 기관이나 신규 고객들이 아직도 큰 기대를 걸고 있는 시장이기 때문이다.

1분기는 역발상의 관점으로 볼 필요가 있다. 상황이 안 좋아도 비상장 주식시장에서 날아갈 종목은 날아간다고 보기에 충분한 현금을 확보하고 준비 중에 있다가 대어를 잡아야 한다. 전부터 추천해 왔던 안트로젠, 노바렉스, 네이처리퍼블릭, 현대엔지니어링, 삼성메디슨, 지아이티, 올리패스, 카버코리아 등의 종목은 더 밀리면 우물쭈물 하지 말고 과감하게 옆도 보지 말고 자기 확신으로 편입해야 한다. 주식의 손실 앞에서는 아무것도 할 수 없으므로 철저한 기업분석을 바탕으로 한 적극적 행동이 필요한 시점이다.

주식을 분석할 때는 기본적 분석에 충실해야 한다. 기술적 분석이 아니라 기본적 분석의 토대로 자기공부와 전문가들의 의견을 모아 과감하게 전진해야 한다. 이렇게 준비하여 편입하는 자세로 임하다 하반기를 대응하려 했다. 2016년 장의 전반적 분위기를 상저 후고로 예측하는 사람들이 많았다. 필자 또한 5월부터는 장이 살아날 것으로 예측해봤었다. 5월 이후 상장될 회사들이 집중된 상황이었다. 박스권이 길어진 이후 주식이라는 것은 방향을 잡고 갈 때 무섭게 가거나 무섭게 내려가는 역사적 사실들이 있었다.

2015년 장외주식 시장을 선도한 업종은 바이오 및 화장품 주식이었다. 하반기에 상장한 바이오 및 화장품 기업의 주가를 연동하여 생각하는 개인투자자들이 많이 있으나 당분간 관망의 자세로 투자에 임해야 할 것이다. 이런 분위기에서 시장을 살려줄 종목들이 필요하다.

15년에 120여개 회사가 상장을 했다. 모처럼 기업 공개시장이 대박을 냈다. 지속적인 창조경제를 외치는 현 정부의 스탠드도 그대로 유지되고 있다. 올 해부터는 바이오 중심의 기술적 특례 상장에서 문화콘텐츠 기업들로 확대될 소지가 있으므로 비관보다는 긍정적 자세로 비상장시장을 예측해본다. 상승시점으로는 올 5월 이후일 것이다. 성공은 늘 실패와 함께 움직이고 하락장은 다시 상승장을 연출해 왔다. 그 시장을 위해 늘 준비해야겠다.

> 2016년 1월에 역발상을 이야기했다. 그러나 장외주식의 끝없는 추락에 지하 3층까지 더 내려가고 말았다. 2016년 12월인 지금 생각해도 예측의 실패 앞에서는 늘 반성하게 된다. 아직 본 게임에 들어가지도 못한 주식들이 그 생명을 받게 하기 위하여 2017년에도 도전할 것이다. 안트로젠은 이미 상장을 했다. 나머지 종목들은 아직 남아 영광의 순간을 기다리고 있다는 것에 주목하기 바란다.

인내하며 기대하는 2017년 추천 시장

2015년 및 2016년을 관통했던 바이오 시장을 대체할 만한 마땅한 시장을 찾아 볼 수가 없다. 오랜만에 다시 돌아온 태양광 관련 시장들을 생각해보지만 실적 부분에서 아직은 너무 멀리 있다. 현재 비상장 기업 중 태양광 기업이 있지만 깊이 살펴봐야 한다.

전기차 관련 시장 또한 이미 상장된 회사들 중심으로 그 시장을 나눠 먹고 있기에 장외주식에서 좋은 실적과 성장성을 가지고 움직이는 종목들을 찾아보기 힘들다. 핀테크와 사물인터넷 관련주들도 찾아보기 어렵지만 숨은 보석들이 있다. 그래도 무풍지대에서 살아남을 고수들을 한 번 살펴보도록 하겠다.

전자상거래 시장

3대 전자상거래업체가 모두 비상장 상태이다. 현재 시장 확대를 위해 무리수를 두고 있다고 판단될 정도로 과도한 마케팅 비용으로 연속적인 적자를 기록하고 있지만 전자상거래 시장이 글로벌 시장에서 살아남기 위한 혈전이라고 이해한다면 무리가 없을 것이다. 따라서 앞으로 국내 3대업체인 쿠팡, 위메프, 티몬 등은 현재 생존의 필수적 조건인 투자금 확보를 지속적으로 진행해야 할 것이다. 시대의 흐름이 전자상거래이기에 이 주식들 또한 숙성과정을 통하여 시장에 출현할 것이다. 2017년도에 관심 종목으로 편입할 필요가 있는 업체군들이다.

기업 공개 시장

2016년 상장을 철회한 기업이나 탈락한 종목들을 볼 필요가 있다. 해마다 재수생이 늘 있는 것처럼 공개시장에서 망신을 당한 기업들은 어떻게 해야 통과하는지 노하우를 습득했으므로 재상장에 도전하여 성공하기도 한다. 이미 시장의 가격적인 부분의 정점에 도달한 후 탈락하거나 자진철회 이후 가격이 급격하게 밀린 종목군을 중심으로 선별적 편입을 한다면 그리 나빠 보이지 않는다.

독자기술 보유 바이오 시장

실적을 가지고 있는 바이오 회사 중 임상실험 중인 기업이 아니라 현재 독자적인 기술개발로 매출이 발생하는 바이오 주식 중심으로 살펴보는 것이 바람직하다. 특히 독자 개발하거나 협력관계에서 기술력을 받아 실질적 매출을 창출하는 바이오 기업 집단군도 2017년 시장에서도 괜찮아 보인다.

화장품 시장

화장품 관련 기업은 중국의 경제적 성장성에 대한 문제보다는 중국 정부의 허가 부분을 잘 살펴볼 필요가 있다. 사드배치 발표이후 악화된 한중관계의 관계개선이 절실하게 필요한 종목군이다. 그러기에 이미 중국에 진출하여 현지 공장을 가진 기업 중심으로 올 한해 상장될 종목이나 내년에 상장될 종목 중심으로 일찍이 공부하고 준비해야 한다.

현대자동차그룹 관련 시장

현대자동차그룹 후계 관련 주식들이 장외주식 시장에 있으므로 이 종목도 올 한 해 관심이 필요한 종목군이라 하겠다.

대형주

오랜 시간 장외주식 시장에 남아 있는 대형주들 또한 기업의 환경적 변화 속에 급격하게 상장을 추진할 수 있으므로 매년 관심 종목군으로 편입하여 살펴볼 필요가 있다.

매번 얘기하지만 장외주식은 편입하는 시점이 정말 중요하다. 필자가 오랜 기간 장외주식에 몸담아 왔지만 변함없는 것은 선방이다. 남들보다 조금 일찍 시장의 가능성을 살펴보고 과감하게 자신의 직감과 데이터를 믿고 먼저 투자하는 사람은 꼭 승리한다는 것이다. 2014년 하반기 바이오에 투자한 사람들이 2015년 상반기에 엑시트했다면 최소 2배 이상의 이익을 실현한 것이다. 선별적 선방 투자를 할 때에는 상식적 투자론에 입각하여 안정성, 성장성, 수익성 삼박자를 보유한 회사를 발굴하여 과감하게 투자해야 한다.

    장외주식 1년 농사는 "봄 투자가 좌우한다."라는 말을 자주 한다. 매해 실적을 발표하는 3월을 정점으로 상장 예정 종목들이 등장하는 시점이 장외에 주식을 팔기 시작하는 시기가 된다.

장외투자, 절망에서 희망으로

한국정치사의 대통령탄핵이라는 절망의 시간들 앞에 있는 지금, 주식을 업으로 살아가는 사람으로서 2016년보다 더 깊은 구덩이 속으로 들어갈 것 같은 2017년을 예측하는 것은 실로 어려운 일이다. 그러나 어느 순간에도 주식에 대한 희망을 한번도 버린 적이 없다. 그러기에 2016년에 미역국을 먹은 기업들에 희망을 걸어본다.

비상장 주식은 코스피 및 코스닥에 상장하면서 비로소 그 생명을 부여받는다. 일반 개인투자자들이 비상장 기업에 투자하는 것은 상장 전에 주식을 매입하여 상장 후 주식을 매각하면서 그 이득을 취하기 위함이다.

그러므로 비상장 기업에 투자한 개인투자자들의 출구 전략은 상장이 최우선이다. 우선적으로 비상장 상태에서 구입한 주식을 양도세를 부과받으면서 비상장 시장에 다시 매각하는 것은 쉽게 찾아보기 어렵다. 통상적으로 상장을 앞둔 시점에 50%를 매각하고 50%를 상장까지 홀딩하는 경우는 있지만 80% 이상은 상장 이후 그 이익을 실현한다고 보아도 무방하다. 따라서 비상장 기업의 투자방법은 장기적, 중기적, 단기적 3단계 기법으로 투자를 해야 한다. 비상장 기업이 설립된 후 상장요건을 갖춘 기업에 투자하는 것이 가장 안전한 방법이기에 통상적으로 설립 후 3년이 지난 기업에 투자하는 것을 장기 투자로 보고 있다. 투자 후 1년이나 2년 이후에 상장하는 비상장기업을 투자했다면 총 3단계 상승 계단을 느낄 수 있다. 비상장 기업이 생명을 부여받는 시점은 바로 상장요건을 마치고 주간사를 선정한 후 심사청구를 하는 단계이다. 이때가 1차 상승기 시점이다.

심사청구 후 가장 큰 폭의 상승은 심사승인이다. 회사를 설립하고 비상장 법인이었다가 이제 상장 승인되어 상장법인이 된다는 것은 가장 큰 경사이다. 안정적인 공모자금을 받아 회사에 연구개발이나 마케팅 능력의 강화 및 지속적인 연구개발비 등 회사의 외형적 확장을 이룰 수 있는 상장 승인은 비상장 기업의 상승 곡선에서 가장 큰 호재이기 때문이다. 이때를 2차 상승기로 본다.

마지막 상승 시점은 기관수요 예측 이후 발표되는 공모가 결정이다. 이쯤 되면 어느 정도 상장가격이 결정된 시점이기에 소폭의 상승이나 또는 기대치 이하시 소폭의 하락을 볼 수도 있으므로 가장 상승이 적은 3차 상승기로 보고 있다. 우선적으로 공모가 밴드(주관사나 기업에서 신청한 공모가 범위)에서 상단이나 그 이상에 결정된다면 다소 가격이 상승할 수 있다. 반대로 공모가 밴드 이하에 결정된다면 2차 상승기에 올라온 상승곡선이 다소 뒤로 밀릴 수 있다.

그러나 이처럼 1차, 2차, 3차 상승기 중에서 어떤 기업들은 1차 상승기를 거치고 가장 큰 2차 상승기에 탈락하는 경우도 있다.

이런 경우 가격은 1차 상승기 가격까지 밀리는 경우도 있다. 이때 탈락의 원인만 잘 분석한다면 1년이라는 중장기 투자로 큰 수익을 창출할 수 있다. 탈락원인이 심사적 서류절차의 미숙, 매출액의 사소한 문제, 오너리스크에 따른 문제 등이라면 다시 눈여겨 볼 필요가 있다. 그러나 사업의 연속성에 대한 문제나 회사가 보유한 기술력의 문제 등은 상장을 위해서 상당한 시간이 소요되므로 이런 종목에 대한 투자는 하지 말아야 한다.

두 번째로 심사 승인 후 공모주 시장의 급속한 경색으로 공모가 가격이 너무 낮아질 것을 우려하여 스스로 승인 이후 공모를 자진 철회하는 회사가 있다. 이런 회사는 공모주 시장이 좋아지면 다시 갈 수가 있으므로 가격이 밀리면 신속하게 대응할 필요가 있다. 주의할 점은 사업의 성장성을 자세히 살펴 볼 필요가 있다는 것이다. 최근 들어 신속한 상장 절차가 도입되고 기술특례 상장 제도가 어느 정도 자리를 잡으면서 과거 최소 1년에서 2년 이상 투자하는 장기 투자자들이 이제는 최대 1년 정도로 투자기간을 단축시키는 경향이 대세를 이루고 있다.

단점으로 신속한 상장 절차의 등장이나 기술특례 상장의 등장이 속상하게도 비상장 주식 가격의 상장 전 단기 상승을 너무 많이 일으킨다는 점이다. 2015년에도 현실보다 가격이 너무 앞서가는, 과장된 가격들이 등장하기 시작한 나쁜 한 해이다. 미래 가치에 대한 가격이 마치 산책 나온 개처럼 너무 앞질러 가버리고 지금 사지 못하면 안 되게 보이는 것처럼 하루하루 상승하는 것은 그 동안 비상장 주식에서는 볼 수 없는 현상이었다. 이에 편승하여 그 동안 먼 산 바라보듯 했던 대형 증권사도 비상장 시장에 합류하고 심지어 증권방송에서도 비상장 시장에 합류하면서 말도 못할 부작용이 발생하여 2015년 하반기에 비상장 기업에 처음 투자한 투자자들이 엄청난 피해를 보고 말았다. 반 토막을 지나 3분의 1 토막이 난 종목들이 속출하기 시작한 시점이 바로 2015년이다. 마치 2007년, 2008년에 우리나라의 미술작품 값이 2배를 넘어 10배까지 단기적으로 상승한 경우처럼 말이다. 당시 사후 작가보다 생전 젊은 작가들의 작품 값이 너무 올라가고 이러한 분위기에 은행부터 시작하여 아트펀드가 등장했다. 이러한 역사를 2015년 비상장 기업 시장에서도 느낄 수 있었다. 그렇게 어지러운 시장인 만큼 검증되지 못한 기업의 가치도 너무 올랐던 이 한 해를 바라보면서 비상장기업 분석 전문가 입장에서 스스로 고개를 들 수 없을 지경이 되었다. 오히려 시장을 잡아준 것은 9월 이후 시장의 냉각이었다.

공부 없이 들어온 개인 투자자들이 큰 교훈을 얻은 한 해였다. 또한 단기적 투자자들은 통상적으로 공모주 투자가들이기에 통상 5개월 미만의 기간으로 투자한다. 공모주 중심의 투자인 것이다. 9월 이후 공모가격이 아니라 장외에서 구입한 단기적 투자 상품 중 어느 하나도 상장 이후 상승한 종목이 없어 단기적 손실이 불가피했다. 마치 찬서리 앞에 하루아침에 시들어버린 배춧잎을 본 것처럼 말이다. 순간적으로 냉각된 비상장 주식시장이지만 필자는 오늘 이 자리에서 희망을 말하고 싶다.

2016년에 여러 가지 요인으로 심사에서 탈락한 기업이나 상장을 자진 철회한 종목 중 2017년에 상승할 종목이 분명히 있다. 그 종목에 대한 희망이라는 놈을 한 번 살려볼 생각이다. 한 번 실패에 대한 큰 상처는 분명 앞으로 전진하는 원동력이 될 것이다. 상처난 개인 투자자들에게 등대의 역할을 할 것이다. 이젠 절대 혼자 가지 말고 이름도 모르는 카페와 블로그에 속지 말기를 바란다.

이 종목은
피하자

유망 종목이 있다면 유의 종목도 있다. 장외시장에는 늘 함정이 있다. 아래와 같은 종목은 투자 시 꼭 생각해볼 필요가 있다. 왜 필자는 이 종목들을 투자유의 종목으로 선정했을까? 회사명은 아래와 같다.

얍컴퍼니
지앤티파마
바이오솔루션
바이오제닉스
오코스모스
에이프로젠
싸이토젠

다음에너지
레오모터스
나노엘엔피
한국전통의학연구소
스포라이브
바이오제멕스

바이오제멕스에 대한 평가를 한 마디로 내린다면 "기업은 신뢰를 바탕으로 성장한다"이다. 바이오제멕스는 2000년 8월 22일에 설립된 회사이다. 미국 FDA 승인을 받았으며 회사측 기자회견을 들어보면 세계 최초 암진단 키트 제품의 상용화까지 이룬 회사이다. 그런데 이 주식의 가격이 왜 기존 바이오 주식하고 정반대 방향으로 흐르고 있는지 궁금하다.

본 종목에 대해 필자는 오랫동안 고민했다. 아직 시장에 남아있는 주식에 대한 평가는 늘 조심스럽고 또 조심스럽다. 특히 이 주식은 현재 50%의 기대와 50%의 실망이 교차하는 주식이기 때문에 더욱 그렇다. 긴 설명은 하지 않겠다. 또한 불필요한 말로 분쟁을 만들 수 있는 주식이기 때문에 조심스럽게 접근하여 서술한다.

2017년 피해야 할 주식으로 선정한 종목 중 이 종목만큼 많은 상담 요청을 받아본 종목은 없다. 그렇기에 본 평가는 필자의 주관적 입장으로 바라본 의견이라는 것을 우선 말하고 싶다.

신뢰는 기업을 지탱하는 가장 기본적인 덕목이다

제품의 상용화 성공 관련 기자회견을 두 번이나 했지만 이 주식이 반대로 흘러가는 이유는 바로 신뢰성 상실 때문이다. 상식투자론에 입각하여 문제에 접근해보자. 진단키트 시장에 그것도 암진단키트 제품의 상용화는 세계 최초이므로 주식은 날개를 달아야 한다. 자본금 8억원짜리 회사이다. 그럼 주가는 100만원이라도 가야 한다고 생각한다. 그러나 주식이 반대로 3만원 선이 붕괴되고 아니 이제 2만원 선도 위험해 보인다.

이유가 무엇인가? 어떻게 된 주식이기에 회사측에서 발표한 후 반대로 주식은 밀리는 것인가? 늦어도 올 3월이면 상용화된 제품이 한국에 들어온다고 하는데 주식은 날짜가 다가오면서 뒤로 밀리고 있다. 이러한 이유는 신뢰성 상실에서 찾아볼 수 있다. 양치기 소년처럼 된 회사이기에 주식을 보유한 투자자는 불안해하고 주식을 매수하는 입장에서도 이 종목보다 다른 종목을 선택한다. 이 회사의 가장 큰 문제는 제품도 제품이지만 우선적으로 신뢰성 상실이다.

파트너사와의 상호 신뢰가 중요하다

다 아는 내용이니 숨길 것도 없다. 제품을 생산하는 회사와 판매를 책임지는 회사의 분쟁은 이제 비밀도 아니다. 주주동호회 글만 보아도 상호 분쟁은 기정사실화된 모양이다.

갑을 관계에서 볼 때 을인 아이비디티가 바이오제멕스에게 1차 물건 선급금 반환을 요청했다는 소문은 분쟁의 다른 말과 같다. 서로 신뢰를 상실한 것이다.

제품에 대한 신뢰가 중요하다.

현재 튜모스크린이라는 제품에 대하여 필자의 주관적 입장에서 간단히 설명하겠다. C알파 단백질 생산량이 극히 적은 것으로 생각된다. 또한 대량 생산 시에 민감도, 특이도가 낮아질 수 있다고 추측된다. 이 제품은 결정적으로 단백질을 리트머스 종이에 정확하게 일정량을 분사하는 기술이 생명이다. 이러한 기술이 완성된 후 최종적으로 제품의 이상 유무를 확인한 후 상품화에 들어갈 것으로 생각된다. 제품의 정확도가 70% 이상만 유지된다면 대단한 성공이라고 보는 것이 일반적이다. 그러나 현재 바이오제멕스에서 상용화된 제품이 늦어지는 이유를 생각해보면 할 말이 없다. 이미 높은 수준의 정확도는 확인되었지만 더 높은 정확도를 위해 더욱 혹독한 테스트 중이라는 것이다.

여러 말을 하고 싶지만 이 정도만 해야겠다. 투자의 기본을 생각하고 종목을 편입해야 한다. 확인 없이 나온 기사들만 가지고 판단하지 말고 높은 가격에 편입하는 한이 있더라도 정확하게 시간을 들여 확인한 후 편입해도 충분하다. 주식 투자의 제1원칙은 안정성이다. 상식적인 투자 관점에서 고민해야 한다.

> 2016년 투자유의 종목군에서 상장된 기업은 없다. 2017년에도 상기 종목에 투자할 때에는 주의하기를 당부한다.

2017년 장외주식 추천 종목 종합

사건과 사건의 연속인 시장이 연출되고 있다. 이미 2016년 상반기의 테라노스 사태와 하반기의 한미약품 사태로 장외시장의 바이오 주식들은 3분의 1 토막 수준으로 떨어졌다. 신규 투자마저 급감하고 있다. 그 동안 장외주식 상승을 견인해온 화장품 관련주의 앞날은 사드배치 발표 이후 중국의 무역규제와 새로운 제약으로 인해 더욱 힘들어지고 있다. 장외주식에 희소식을 전하는 뉴스를 찾아보기 힘들다. 2015년 9월 이후 단 한 번의 활황기도 없이 최저가 기록을 이어가는 상황에서 개인투자자들도 시장을 외면하고 있다.

   시장이 무거워지면 사건 사고들이 등장하고 말도 안 되는 주식들이 판을 친다. 필자가 수차례 경고를 했지만 밴드, 블로그, 카페 등에서 '듣보잡' 주식들이 마치 금방이라도 대박날 것처럼 등장한다. 인터넷 매체를 이용하여 주식에 현혹되게 만드는 사람도 나쁜 사람들이지만 이것에 속아넘어가는 사람들도 한심하기는 마찬가지이다.

적은 돈으로 일확천금을 꿈꾼다면 투자가 아니라 투기의 시발점이다. 대박 나는 종목들이 인터넷 공간마다 넘쳐나고 있다면 상식 있는 사람은 먼저 의심을 하고 투자에 임해야 한다. 그러나 비논리적이고 비상식적인 사람들은 그 말을 맹신하고 투기적인 자세로 주식을 구입하여 끝내 사고를 내고 남 탓을 먼저 한다. 가장 기본적인 투자원칙을 지키지 못한 자신을 반성하지 않고 주식을 판매한 사람만 일방적으로 비난한다.

추천 종목일지라도 상식투자론으로 바라볼 것

이 책의 독자들만이라도 옳고 그름을 판단하는 상식적 투자론에서 벗어나지 마시기 바란다. 좋은 주식은 누구나 인정하는 기술과 누구나 알고 있는 회사의 주식이다. 회사의 재무제표 정도는 볼 수 있는 실력을 기본적으로 갖춰야 한다. 시대적 흐름에 부합하는 회사인지, 성장성 외에 회사 설립부터 현재까지 정도와 원칙으로 경영하고 있는지, 기관들로부터 투자를 제대로 유치한 회사인지 등 최소한 이 정도는 확인하고 투자에 임해야 한다. 장외주식은 정보의 비대칭 속성 때문에 투자자 입장에서 보면 너무 답답하고 정보를 구하기가 어렵다. 그러나 어렵더라도 끊임없이 지속적으로 정보를 수집하는 노력이 필요하다.

2017년 장외주식 시장도 그다지 좋아 보이지 않는다. 그러나 투자의 기본은 역발상이다. 미국의 금리인상이 의미하는 것은 무엇인가. 선진국, 특히 미국의 경제가 살아나고 있다는 의미이다. 근본적으로 사업가인 트럼프에게 재정확대 및 금융규제 완화는 기본일 것이다. 트럼프 당선 이후 다우지수는 예상과 달리 사상 최고점을 돌파했다. 월가를 보면 답을 찾을 수 있다.

장기적 투자 속성을 가지고 있는 부동산 시장보다 주식시장이 더욱 유리할 것이라는 것은 경제의 기본적인 상황만 봐도 알 수 있다. 장외주식 시장이 2015년 9월 이후 뒤로 밀렸다고 해서 완전히 끝난 것은 아니다. 오히려 2017년 장외시장은 좋은 주식을 싼 값에 구입할 절호의 기회일 수도 있다. 어느 방향으로 갈지 아무도 모른다. 장외주식 상황이 현재는 녹록치 않지만 골이 깊으면 산도 높은 법. 희망도 힘차게 살아나리라 믿어 의심치 않는다.

여기에 다시 한 번 유망 종목을 정리하여 추천한다. 필자도 만족한 투자와 불만족한 투자 결과를 수없이 반복 경험했다. 성공의 단맛과 실패의 쓴맛 모두 투자하는 개인들의 몫이다. 책임은 오직 투자자 개인에게 있으니 신중에 신중을 기하여 투자하기 바란다. 부자가 되기는 너무 어렵다. 그러나 자본주의 사회에서 아무것도 하지 못하는 겁쟁이가 되어서는 안 된다. 끈질긴 노력으로 건실한 부자가 되어가는 것은 그렇게 어려운 일만은 아니다. 히말라야 최정상 에베레스트도 끊임없는 도전과 노력으로 극복한 존재가 인간이다. 자신을 부단히 한 방향으로 이끌고 끝없이 도전한다면 어찌 부자가 될 수 없단 말인가? 상식적 투자에 입각한 기본 투자 방법을 주문하면서 여러분들의 성투를 기원한다.

노바렉스

회사개요

법인명	노바렉스	설립일	2008. 11. 27
대표자	권석형	최대주주	권석형 36.8%
자산총계	562억원(2015년말기준)	액면가	500원
소재지	충청북도 청원군 오창읍 각리 641-2		
자본금	38.17억원		
주요사업	의학 및 약학 연구개발업		

회사연혁

2008.11	헬스사이언스(주) 설립
2009. 8	자본투자유치
2009.12	벤처기업 확인
2011. 6	Probio Pharma Ltd (필리핀)과 OEM 생산개발 및 파트너쉽 MOU 체결
2012. 1	해외사업부 신설
2012. 9	미국체대 건강기능 식품 유통회사 GNC와 생산납품계약 체결
2012.11	생산기술 공로상 수상 (한국약제학회)
2012.12	자본투자 유치
2013. 3	호주 최대 건강기능 식품회사 BLACK MORES 와 생산납품 계약체결
2013.11	(주)노바렉스(NOVAREX Co.,Ltd.)로 사명 변경
2013.11	3공장 (연구소,연질캡슐라인) 증축준공
2014. 2	자본투자유치
2014. 3	벤처기업 확인
2014.12	백만불 수출의 탑 수상
2015. 3	자본투자유치
2015. 6	수출유망 중소기업 선정
2016. 8	연구소기업(주)노바케이메드 설립

재무정보 (단위: 백만원)

결산기준일	총자산	부채총계	자본총계	매출액	영업이익	당기순이익
15.12.31	56,236	19,929	36,307	82,743	11,215	9,670
14.12.31	39,846	15,181	24,664	67,134	5,914	5,066

상장 실패해서 다행! 건강기능식품 원료 1인자 노바렉스

다이어트에 기초대사량이 중요하다는 것은 요즘 누구나 아는 상식이다. 가만히 있어도 기본적으로 쓰는 기초대사량이 높은 사람은 좀처럼 살이 찌지 않고 몸매를 잘 유지한다. 그런데 기초대사량을 획기적으로 늘리는 약이 있다. 잔티젠 다이어트라고 들어보았는가? 잔티젠은 미역 추출물인 '후코잔틴'과 석류씨 오일의 '푸닉산'으로 구성된 복합추출물이다.

아주대 의대 주남석 교수팀이 시험한 결과 잔티젠의 기초대사량 증대 효과는 놀라웠다. 잔티젠 600mg을 섭취하면 하루 약 400kcal의 기초대사량을 증가시켰다. 인체에 해로운 백색지방을 이로운 갈색지방으로 변환시키는 기능 덕분이었다. 기초대사량을 증가시키는 효과가 입증된 물질은 세계적으로 잔티젠밖에 없다고 한다. 잔티젠은 금세 스타가 되었다.

애경산업, 셀트리온, 비타민하우스 등 수많은 제약사들이 잔티젠 원료를 매입해 상품화했다. 그래서 일반인들에게는 잔티젠이라는 원료명보다는 '렛미슬림', '슈퍼잔티젠', '슬림잇' 등의 상품명으로 더 익숙하다. 그렇게 잔티젠은 2014년과 2015년 다이어트업계를 평정했다. 잔티젠을 개발해 제조하고 있는 회사가 바로 노바렉스다. 잔티젠 뿐 아니라 전립선 비대증에 도움이 되는 쏘팔메토와 간 건강에 도움이 되는 밀크씨슬도 만든다.

식약청이 기능을 공식 인정한 원료를 개별인정형 원료라고 하는데, 2015년 말 기준 노바렉스는 국내에서 가장 많은 33개의 개별인정형 원료를 확보한 회사이다. 대기업 CJ가 31개를 보유해 2위이다. 건강기능성식품 업계에서 가장 높은 기술력을 가진 노바렉스는 2014년 코스닥 상장에 도전했다. 당시 노바렉스의 상장 성공을 의심하는 이는 거의 없었다.

가장 많은 개별인정형 원료를 보유하고 있었고, 세계적인 제약사인 미국 GNC에 원료를 납품하고 있었으며, 잔티젠과 쏘팔메토 등의 원료가 시장에서 큰 반향을 일으키던 때였다. 하지만 의외로 결과는 미승인 판정이었다. 투자자들은 패닉에 휩싸였다. 장외주식 시장에서 노바렉스 주가는 반 토막 나 1만원대까지 떨어졌다. 한국거래소는 "한때 상장했던 회사가 분할했다가 다시 상장하는 건 대주주가 자본수익을 얻기 위한 꼼수"라고 미승인 이유를 밝혔다.

노바렉스의 과거 스토리는 복잡하다. 노바렉스는 과거 상장사 렉스진바이오텍(Rexgene Biotech for your Health and Happiness)의 물적분할로 설립된 회사이다. 렉스진바이오텍은 2008년 존속법인 엔알디(現 넥스트BT)와 렉스진바이오텍으로 회사를 분할했다. 엔알디는 코스닥 상장사로 남았지만 렉스진바이오텍은 비상장사가 되었다.

렉스진바이오텍의 경영권을 한국기술투자에 넘긴 권석형 대표는 헬스사이언스라는 회사를 세워 2009년 렉스진바이오텍을 다시 인수했다. 이후 렉스진바이오텍이 사명을 바꾼 것이 현재의 노바렉스다. 거래소는 상장했던 회사가 분할을 통해 다시 상장에 도전하는 것을 부정적인 시각으로 보았다.

상장 당시 엔알디의 대표와 현재 노바렉스의 대표가 동일하여 대주주가 상장 이후 재상장을 통해 자본수익을 추가적으로 얻는 것으로 해석되었다. 물적 분할 당시 발생한 문제로 대주주의 지분을 둘

러싼 소송까지 진행된 점도 부정적으로 작용했다.

　장외주식 시장에서는 이같이 예상치 못한 변수로 인해 상장심사에서 탈락하는 경우를 종종 보게 된다. 기대가 컸던 만큼 실망도 커 이 당시 주가는 하염없이 떨어졌다. 그런데 필자의 상식투자론에서 볼 때에는 이때가 바로 기회다.

상식1. 상장에 실패했더라도 근원 경쟁력에 문제가 없으면 갈 주식은 간다

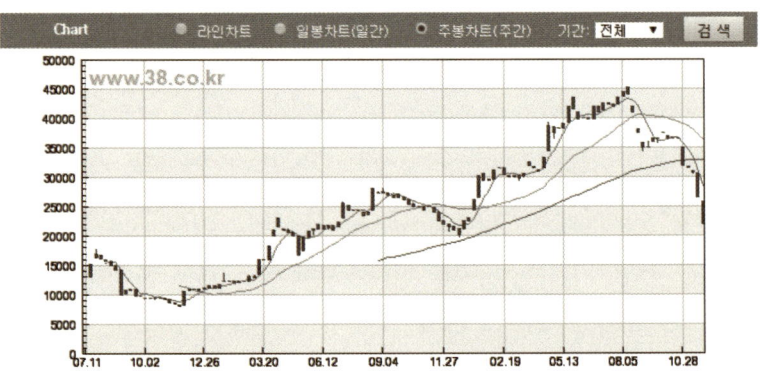

　상장심사에서 탈락한 2014년 7월 이후 노바렉스의 장외주가 그래프다. 1만원 선도 무너지더니 꾸준히 올라 2016년 7~8월엔 4만원대까지 치솟았다. 시장이 공포에 사로잡혀 있을 때 노바렉스의 근원 경쟁력을 유심히 살피고 투자를 결심했다면 4배 이상으로 불릴 수 있었던 것이다.

　2014년 상장 실패 이후 필자는 노바렉스를 상식의 눈으로 살펴보았다. 근원경쟁력에 변함이 없다고 생각할 수밖에 없었다. 그 이유는 아래와 같다.

기술력

국내에서 가장 많은 개별인정형 원료를 갖고 있다는 것은 그만큼 기술력이 뛰어나다는 것을 의미한다. 그뿐 아니라 국내 14개, 해외 3개의 특허를 받았다. 대표적 특허 원료가 뼈 형성에 도움을 주는 초유단백분획물(CBP)이다. 소의 초유에서 추출한 물질로 어린이 성장에 도움을 준다.

경제적 해자

개별인정형 원료가 많다는 것은 또 한편으로는 독점적으로 판매할 수 있는 원료가 많다는 뜻이다. 식약처에서 개별인정형 원료로 인정받으면 3년간 독점권을 갖게 된다.

다양한 상품군

잔티젠, 쏘팔메토 등 업계를 평정한 히트상품은 오래 갈 가능성이 크다. 오메가3, 비타민 등 일반적인 건강기능성 식품 원료도 매출에 크게 기여한다. 상품군이 다양한 만큼 특정원료가 갑자기 안 팔리더라도 무너지지 않는다.

수출경쟁력

노바렉스는 미국 지앤씨(GNC)와 호주 블랙모어스(Black Mores)의 공급업체다. 세계적 수준의 경쟁력을 갖고 있다는 얘기다. 외국 클라이언트가 40여 곳에 달한다. 최근 중국 시장에도 진출했고, 베트남이나 태국 등지에서는 자가 브랜드를 달고 시장에 진출해 있다.

국내경기가 안 좋아도 얼마든지 버틸 수 있다는 얘기다.

성장성

2008년 헬스사이언스 설립 후, 렉스진바이오텍의 생산 부문을 인수하면서 경영에 재도전할 때만 해도 권석형 대표의 손에는 달랑 3개의 개별인정형 원료밖에 없었다. 투자사의 시선도 곱지 않았다. 하지만 대학교수를 영입하고 연구개발에 힘써 2009년에만 10개의 개별인정이 추가됐다. 꾸준한 연구개발로 2009년부터 2015년 사이에만 노바렉스가 보유한 개별인정의 80%가 만들어진 것이다. 지난 2013년에는 충북 청원군에 제3공장을 준공했는데 새로 공장을 지으면서 1공장에 있던 연구소를 3공장으로 옮겼다. 연구소 규모가 이전보다 2배 이상 넓어졌으며 동시에 연구 인력을 충원했고 분석 기계도 확보했다.

강한 상장 의지

아니나 다를까 노바렉스는 잘 나갔고, 실적으로 보여줬다. 지난해 매출 827억원, 당기순이익 96억원을 올렸다. 회사측은 2014년도부터 지속적인 상장의지를 보여주고 있다. 비상장기업의 상장은 투자 시 필수적인 조건이다. 2016년 하반기 상장설이 돌았던 노바렉스의 주가는 지난 7~8월 4만원대까지 치솟았다. 장외주식시장에서 최대 관심기업으로 떠올랐다. 하지만 상장이 2017년 초로 연기되었다는 소식과 함께 최근 다시 2만원 초반까지 떨어지며 폭락장이 연출되고 있다. 그렇다면 노바렉스의 적정 가치는 얼마나 될까?

상식2. 동종업계 기업과 비교하면 적정가치가 보인다

동종업계 상장사인 뉴트리바이오텍의 2016년 11월말 시가총액은 4,900억원이다. 노바렉스는 약 1,700억원(22,000원 기준)이다. 실적을 보면 노바렉스의 매출이나 순이익이 뉴트리바이오텍의 2배에 달하지만 주가는 오히려 1/3에 불과한 것이다.

노바렉스가 상장되면, 뉴트리바이오텍만큼만 가치를 인정받아도 현재 주가의 3배로 뛴다고 예상할 수 있다. 실제로 금융투자업계에선 노바렉스의 상장 뒤 시가총액을 5,000억원 수준으로 예상하고 있다.

2017년 초에서 상장이 더 연기될지도 모른다. 세상 일은 모르니까! 하지만 노바렉스의 경쟁력은 흔들리지 않는다는 것만은 분명하다. 경쟁력 있는 기업은 언젠가 그 값어치를 시장에서 인정받는다. 그게 상식이다.

아직도 노바렉스 주식이 2만원짜리로 보이는가? 장외주식을 시작하는 사람에게 현재의 가치가 저평가된 종목이라 추천종목으로 선정했다. 어떤 종목이라도 본인이 알지 못하면 단 한 주도 사지 말아야 한다. 우선 종목을 파악하고 단 한 번이라도 회사의 재무제표를 보고 투자해야 한다.

현대엔지니어링

회사개요

법인명	현대엔지니어링	설립일	2001. 1.17
대표자	김위철	최대주주	현대건설 38.62%
자산총계	6,100,914백만원(2015년말기준)	액면가	5,000원
소재지	서울시 종로구 율곡로 75 (계동)		
자본금	379.77억원		
주요사업	산업플랜트 건설업		

회사연혁

1974. 2	회사창립
1985. 1	국내민간업계 최초로 해외컨설팅 프로젝트(네팔 5,6차 전력사업 등)
1991. 4	제 24회 과학의 날 '철탑산업훈장' 수상
1994. 6	ISO 9001 인증획득
1996. 5	제 2회 민,관 경영 및 사무혁신 대상, 총무처장관상 수상
1996. 9	제 2회 환경기술상 국무총리상 수상 (총무처)
1996.11	ISO 14001 인증획득
2001.11	기술연구소 설립
2004. 6	제 1회 국가환경 친화경영대상 산업자원부 장관상 수상
2004.11	IR52 장영실상 수상 (HSC-무첨가형 하수슬러시 퇴비화 기술)
2007. 4	현대엔지니어링, '올해의 토목구조물상' 수상
2007. 6	현대엔지니어링, 2007 국가환경 경영대상 수상
2007. 9	제 1회 현대엔지니어링 기술상 공모전 개최
2009. 1	OHSAS 인증취득 (18001)
2009. 2	비전 2015 선포
2009. 3	'2009 해외건설대상' 엔지니어링 부분 최우수상 수상, 마창대교 '올해의 토목 구조물' 금상수상
2009.10	제 10회 한국재무 경영대상 수상 (대기업 부문)
2009.12	투르크메니스탄 가스탈황설비 수주
2010.11	대한민국 지속가능 경영지수 (KSI) 1위수상 (엔지니어링 산업부문), '제 47회 무역의 날' 5억불 수출의 탑 수상
2011. 4	현대자동차 그룹으로 편입

2011. 5	회사신용등급 A+(안정적) 획득
2011.10	[2011년 서울특별시 봉사상] 최우수상 수상
2012.11	2010~2011 지속가능 경영보고서,
	스포트라이트어워즈 '대상' 수상 (미국 커뮤니케이션 연맹)
2012.12	알제리 복합화력 발전소 수주
2012.12	'제 49회 무역의 날' 10억불 수출의 탑 수상
2013. 7	투르크메니스탄 키얀리 원유처리 플랜트 수주
2013.12	'제 50회 무역의 날' 20억불 수출의 탑 수상,
	현대엔지니어링 일자리창출 우수기업 대통령표창 수상
2014. 3	이라크 카라발라 정유공장 수주,
	알제리 비스크라/지젤 복합화력발전소 수주
2014. 3	사옥이전 (종로구 율곡로)
2014. 4	통합 법인 출범 (현대엠코 합병)
2014. 7	시공능력평가 10위
2014. 9	회사 신용등급 AA-(안정적)획득 (업계최고수준)
2014.11	인도네시아 선탄화력발전소 수주
2015. 2	우즈베키스탄 칸딤 가스처리시설 수주
2015. 4	투르크메니스탄 천연가스 액화시설 수주
2015. 8	시공능력평가 9위
2015.11	일하기 좋은 기업 1위 선정
2015.11	전북 현대축구단 클럽하우스 한국건축문화 대상 수상
2015.12	해외수주 1위 (57.6억달러 / 해외건설협회 기준)
2016. 2	창립 42주년
2016. 3	고용창출 100대 우수기업 선정 (고용노동부 선정)
2016. 7	美 ENR지 선정 '세계 225대 엔지니어링 기업' 21위 (국내1위, 아시아1위)

재무정보 (단위: 백만원)

결산기준일	총자산	부채총계	자본총계	매출액	영업이익	당기순이익
15.12.31	6,100,914	3,448,709	2,652,204	6,181,215	367,293	295,657
14.12.31	5,434,370	2,968,837	2,465,533	5,283,429	378,816	310,841

정의선 부회장이 운전하는 기관차에 올라타라!

필자가 2003년 토마토TV에 출연해 1만원에 사라고 추천한 종목이 있다. 이 종목은 11년 뒤 시초가 38만원을 기록하며 장기투자자에게 대박을 안겼다. 바로 삼성SDS이다. 상식으로 발굴한 종목이었다. 이재용 부회장 지분율이 높아 후계구도에 있어 중요한 주식이었으므로 언젠가는 상장될 수밖에 없다고 믿었고 믿음은 현실이 되었다.

똑같은 논리가 현대차그룹에도 적용될 것으로 보고 발굴한 종목이 현대엔지니어링이다. 정의선 시대를 앞둔 현대차그룹의 경영권 승계 작업에 있어 핵심적 역할을 하는 기업이 바로 이 종목이다.

현대엔지니어링은 현대건설과 함께 현대차그룹의 건설플랜트 사업을 책임지고 있는 기업이다. 현재 정의선 부회장의 지분은 11.7%. 삼성SDS처럼 현대엔지니어링도 상장은 시간문제로 보인다. 정몽구 회장 유고시 상속세 마련을 위해 장외기업 상장을 통한 자금 확보에 힘쓸 수밖에 없는 상황이기 때문이다.

현대차그룹이 정몽구 회장에서 정의선 부회장으로 경영권 승계를 위해 얼마나 노력했는지 보면 눈물겨울 정도다. 정의선 부회장이 보유한 상장주식 가치는 2016년 6월 기준 2조 6,959억원. 비상장주식까지 합하면 3조원을 훌쩍 넘길 것으로 보인다. 그런데 그 시작은 불과 수십억원에 불과했다는 사실을 아는가? 15년 전으로 거슬러올라가 본다.

15년 전 상황

2001년 정의선 부회장은 옛 기아 계열사였던 본텍이라는 자동차부

품업체 주식을 15억원에 인수했다. 그 뒤 본텍은 현대모비스, 현대오토넷 등과 합병을 시도했지만 지나치게 본텍의 가치를 높게 산정해 편법증여에 악용되었다는 논란이 일자 무산되었다. 결국 2005년 정 부회장은 본텍 지분 30%를 지멘스에 매각해 500억원대의 차익을 남긴다(본텍은 정 부회장의 지분 매각 이후 2006년에 현대오토넷으로 합병되었다).

정 부회장은 2001년과 2002년 각각 14억9,800만원으로 현대글로비스의 지분을 확보했다. 현대글로비스의 역할은 현대차가 만든 완성차를 운송하기 위해 화물차를 주선해주는 것이었다. 직접 화물차를 소유하지 않고 단순히 주선만 해주는데도 매출과 이익은 급속도로 불어났다. 2002~2004년 현대글로비스 감사보고서를 보면 계열사를 상대로 한 매출 비중이 80%가 넘는다. 현대글로비스는 2005년 12월 상장해 2016년 현재 시가총액 6조원 규모로 덩치를 키웠고, 그 사이 정 부회장은 1천억원이 넘는 배당을 챙겼으며 그의 지분 가치는 1조 5천억원에 이른다.

이 밖에도 현대차그룹 계열사 가운데 이노션, 현대오토에버, 현대위스코 등이 정의선 부회장이 많은 지분을 확보해 경영권 승계 관련 주요 역할을 했던 기업들이다. 건설플랜트 분야에서도 이와 같은 역할을 맡은 계열사가 있으니 바로 현대엔지니어링이다. 정 부회장은 우선 현대엠코 지분을 싸게 사들인 뒤 계열사의 도움으로 덩치를 키우고 현대엔지니어링과 합병시켜 매출 6조원대 회사의 지분 11.7%를 보유한다.

정 부회장 재산증식 관점에서의 현대엠코와 현대엔지니어링의 변천사

정의선 부회장, 현대엠코 초기 투자금 375억원 : 2002년 10월 설립된 현대엠코는 초창기만 하더라도 현대글로비스(60%) 등 그룹 계열사들이 지분을 전량 소유했다. 2004년 12월 정 부회장은 현대글로비스가 보유하고 있던 현대엠코 주식 261억원어치를 사들인다. 이때만 해도 주당 11만원씩 주고 총 261억원어치를 사들였다. 2005년 5월 정 부회장은 현대엠코의 유상증자에 참여한다. 그런데 당시 사들인 가격은 2004년 지분인수 당시 가격의 20분의 1에도 못 미치는 액면가 5천원이었다. 113억원을 출자해 그는 현대엠코의 25% 지분을 보유하게 된다.

4년간 배당수익만 476억원 : 현대엠코는 2008년 이후 2012년까지 한 해도 거르지 않고 연속 배당을 실시함에 따라 정 부회장은 이 기간에만 배당수익 476억원을 챙긴다. 초기 투자금 375억원을 배당만으로 3~4년만에 회수하고도 약 100억원을 더 번 것이다.

그룹내 일감 몰아주기, 현대엠코 초고속 성장 : 현대차와 현대제철 등 그룹 내 공사는 대부분 현대엠코의 차지였다. 2012년 계열사 매출 비중이 60%에 달했다. 2013년 매출 2조 8,742억원, 영업이익 1,873억원 규모로 성장한다. 정 부회장의 지분가치도 375억원에서 2,000억원대로 불어난다.

현대엔지니어링과 합병한 현대엠코의 고평가 논란 : 2014년 현대엠코는 현대엔지니어링에 흡수 합병된다. 당시 현대엔지니어링과 현대엠코의 합병비율은 1대 0.18. 현대엠코의 값어치를 과다하게 평가했다는 비판이 제기돼 일부 현대엔지니어링 소액주주가 소송을 제기하며 반발하기도 했다. 2004년 현대엠코 지분 매입에 375억 원을 쓴 정의선 부회장의 합병 직후 현대엔지니어링 주식평가액은 3,590억원이다. 10년 만에 10배 가까운 수익률을 달성한 것이다.

그룹 계열사 공사, 현대엔지니어링 20% vs. 현대건설 0.6% : 이후 현대엔지니어링은 그룹 차원의 전폭적 지원을 받는다. 현대엔지니어링의 2015년 매출 5조 2,834억원 가운데 20.2%인 1조 682억원이 현대차와 현대제철, 현대모비스 등의 그룹 공사였다. 멕시코의 기아차공장 등 현대기아차가 세계 곳곳에 짓는 공장 공사 가운데 상당수는 현대엔지니어링 차지였다. 반면 같은 그룹이지만 정 부회장의 지분이 거의 없는 현대건설의 계열사 공사 비중은 0.6%에 불과했다.

현대엔지니어링, 2015년 해외건설 수주 1위 등극 : 이런 지원 속에 현대엔지니어링은 2015년 처음으로 해외건설 수주 1위에 올라 모두를 놀라게 했다. 해외건설협회에 따르면 현대엔지니어링은 57억 6,878만달러의 해외건설 물량을 기록해 수주 1위를 차지했다. 2위는 삼성물산(56억 4,705만달러), 3위는 GS건설(55억 4,283만달러), 4위는 SK건설(43억 2,402만달러), 5위는 현대건설(34억 158만달러) 순이었다.

합병 뒤 현대엠코만큼 높아진 현대엔지니어링 배당성향 : 현대엔지니어링은 현대엠코와의 합병 전인 2013년에 배당을 아예 하지 않았지만 합병 이후인 2014년부터 정의선 부회장의 지분이 들어오면서 배당성향을 대폭 늘렸다. 2014년엔 당기순이익의 절반이 넘는 1,688억원, 2015년엔 872억원을 배당금으로 책정했다. 합병 전 50%가 넘었던 현대엠코의 배당성향을 닮아간 셈이다.

현대엔지니어링 실적 부풀리기 의혹 : 현대엔지니어링은 최근 실적 부풀리기 의혹으로 한 차례 홍역을 치렀다. 전 현대엔지니어링 재경본부장 전무인 김모 씨는 2015년 7월 현대엔지니어링이 원가율을 낮추는 방법으로 수익을 부풀렸다고 KBS에 제보했다. 그는 2014년에 실제로는 1천억~1,500억원 수준의 영업이익을 냈지만 4천억원으로 맞추라는 상부의 지시에 따라 수익을 부풀렸다고 주장했다. 이에 대해 현대엔지니어링은 사실무근이라고 반박했고 현재 이 이슈는 수면 아래 가라앉아 있다.

이러한 과정을 보면 현대차그룹이 얼마나 정의선 부회장의 지분이 많은 기업에 힘을 실어주고 있는지 알 수 있다. 국내외 건설경기가 아무리 어려워도 현대엠코와 현대엔지니어링의 성장세는 거침없었다. 이 여세를 몰아 앞으로도 현대엔지니어링은 성장세를 이어갈 것이란 전망이다. 대표적인 호재가 삼성동 한국전력 부지에 들어설 글로벌비즈니스센터(GBC)이다.

현대차는 한전 부지를 감정가보다 3배를 더 준 10조 5,500억원에 매입해 2021년까지 공사를 마무리하겠다는 계획을 세웠다. 현대차그룹 51개 계열사 가운데 약 30여 개의 계열사가 입주하는 초대형공사이다. 현대건설과 현대엔지니어링이 6:4 또는 7:3 수준으로 공사를 나눌 것으로 보인다. 7:3으로 배분된다 해도 현대엔지니어링이 확보하게 되는 시공금액은 7,700억원 수준에 이른다(연합인포맥스).

현대엔지니어링은 신규수주 확보도 순항하고 있다. 지난 9월초 50.3%의 지분으로 참여한 러시아 나호드카 비료플랜트 건설사업을 수주해 단번에 2조 8,866억원의 일감을 확보했다. 2015년 현대엔지니어링이 낸 매출의 40%에 이르는 금액으로 국내 건설사들이 2016년 해외수주에 부진한 점을 고려할 때 주목할 만한 성과다.

현대엔지니어링은 과연 언제 상장할까? 여기서 주목할 곳이 바로 국회이다. 더불어민주당은 대기업의 기존 순환출자를 3년 내 해소하도록 하는 내용의 '독점규제 및 공정거래에 관한 법률' 일부 개정안을 발의했다. 순환출자는 A기업이 B기업에, B기업은 C기업에, C기업은 다시 A기업에 출자하는 식의 지배구조를 말한다. 현재 공정거래법에서는 신규 순환출자분만 금지하고 있지만 이번 법 개정이 통과될 경우 기존에 순환출자 구조를 가진 대기업들도 규제 대상에 포함된다. '현대모비스 → 현대자동차 → 기아자동차 → 현대모비스'의 순환출자 구조인 현대차그룹도 3년 안에 순환출자 고리를 모두 끊어야 한다. 기업분할과 인수합병, 매각, 블록딜 등 기업구조를 개편하기 위해 당연히 큰 자금이 필요하다. 때문에 그룹 차원에서 현대엔지니어링 상장을 서두를 가능성이 크다는 게 업계 시각이다. 필자는 현대엔지니어링 상장 시 적정가치가 주당 110만원 선일 것으로 보고 있다.

　설혹 예상치 못한 변수로 현대엔지니어링 상장이 늦어진다 해도 장외시장 내 거래가 활발할 뿐 아니라 매년 2%대의 안정적인 배당수익을 거둘 수 있어 여유자금으로 장기 투자할 분들이라면 편입해도 후회하지 않을 종목이라고 생각한다.

글로벌 텍스프리

회사개요

법인명	글로벌텍스프리	설립일	2015. 12. 30
대표자	강진원	최대주주	
자산총계	26,617억원(2015년말기준)	액면가	500원
소재지	서울시 중구 퇴계로 131, 9층		
자본금	13.88억원		
주요사업	기타 개인서비스업		

회사연혁

2005	회사설립 (Asia 최초 자국 Refund사)
	김해 국제공항 환급창구 운영
	부가가치세, 특별소비세, 교육세 처리방법 특허등록
	스마트로(주), 비자코리아, 마스터카드, JCB 업무협정 체결
	세계최초 부가세, 특소세, 교육세 환급전표 특허출원 및 환급프로그램 등록
2010	제주지사 설립 및 제주도 내국인 부가세 환급 창구 운영사업자 지정
	롯데카드사와 업무협정 체결, 코리아패스카드 환불처 지정
	전자환급 프로그램 특허 출원
2011	싱가폴 현지법인 설립
	사명 변경 (텍스프리코리아 주식회사)
	전자환급시스템 개발
	인천공항 Tax Refund 전용 안내창구 개설
	인천공항 환급창구 개설

2012	인천 국제여객 제 1,2터미널 환급창구 운영
	부산국제 여객터미널 환급창구 운영
	제주공항 Tax Refund 전용 안내창구 개설
2013	중국 최대 온라인 지불결제사인 알리페이와 협약
	국내 대표백화점 등 주요지역 총 17곳 시내환급소 설치운영 (7월)
	싱가폴 GST 환급사업자 라이센스 획득
2014	호텔 숙박용역 부가세 환급 사업자 지정 (3월)
	중국 이치치바 홍보 및 마케팅 업무제휴
	일본 택스리펀드 협회 가입
	중국은행 제휴서비스
	싱가포르 환급업무 개시
	중국 트랜스포렉스 현지 환급업무 개시
2015	유니온페이 카드환급서비스 개시
	텐센트 환급서비스 MOU 체결
	일본 후쿠오카 캐널시티하카타 환급서비스 개시
	매거진 'GLOBAL TAX FREE 이치치바' 창간
	중국 CNTA (China National Tourism Administration) 품질 인증 에이전시 자격획득

재무정보 (단위: 백만원)

결산기준일	총자산	부채총계	자본총계	매출액	영업이익	당기순이익
15.12.31	26,617	13,005	13,611	22,790	3,282	1,891
14.12.31	13,510	6,721	6,788	13,267	5,197	4,054

올리패스

회사개요

법인명	올리패스	설립일	2006. 11. 16
대표자	정 신	최대주주	정 신 49.42%
자산총계	35,590억원(2015년말기준)	액면가	500원
소재지	경기도 용인시 기흥구 동백중앙로 16번길 16-4(에이스동백타워 1동 19층)		
자본금	56.85억원		
주요사업	의학 및 약학 연구개발업		

회사연혁

2006.11   (주)씨티아이바이오 설립
2007. 8   벤처기업 지정
2007. 8   Olipass 인공유전자 연구소 설립
2008. 3   기업부설 연구소 인정서 취득(한국산업기술진흥협회)
2012.11   올리패스(주)로 상호변경
2013. 8   벤처기업 재지정

재무정보 (단위: 백만원)

결산기준일	총자산	부채총계	자본총계	매출액	영업이익	당기순이익
15.12.31	35,590	15,070	20,520	1,566	5,099	4,512
14.12.31	16,400	9,681	6,719	6,817	3,941	3,100

지아이티

회사개요

법인명	지아이티	설립일	1997. 5. 22
대표자	유 길 환	최대주주	현대모비스 45.87%
자산총계	109,340백만원 (2015년말기준)	액면가	500원
소재지	서울 송파구 마천로 87 지아이티 빌딩		
자본금	46.13억원		
주요사업	산업처리공정 제어장비 제조업		

회사연혁

2011. 6	중국지사 설립 (중국북경)
2011. 7	Simulator Mobile Version 출시
2012. 3	교통안전공단 검사장비 공식지정 및 초도보급
2012. 3	제 46회 납세자의 날' 표창장 수상
2012. 8	현대모비스 모듈전장검사 시스템 전공장 공급
2013. 8	유럽지사(GIT Europe GmbH) 설립 (독일 Frankfurt)
2013.10	2000만불 수출의 탑 수상
2013.11	G-scan2 출시
2014. 2	모바일 진단시스템의 GDS Mobile(현대)/KDS(기아) 글로벌 네트워크 공급
2014. 6	휴대형 진단시스템 'G-scan2'현대자동차 서비스네트워크 공급
2015.10	오금동 소재 신사옥 이전 -서울시 송파구 마천로 87 지아이티 빌딩
2015.11	3000만불 수출의 탑 수상
2016. 2	현대자동차그룹 계열회사 편입

재무정보 (단위: 백만원)

결산기준일	총자산	부채총계	자본총계	매출액	영업이익	당기순이익
16. 9.30	114,366	10,661	4,613	47,164	11,717	14,412
15.12.31	109,341	17,993	4,613	63,319	17,982	22,965

LG CNS

회사개요

법인명	LG CNS	설립일	1987. 1. 14
대표자	김영섭	최대주주	LG 74.07%
자산총계	1,759,895백만원(2015년말기준)	액면가	500원
소재지	서울 영등포구 여의대로 24 FKI 타워		
자본금	435.88억원		
주요사업	컴퓨터시스템 설계 및 자문업		

회사연혁

1987. 1	전산시스템 분석,설계,개발,통합,운영 등을 목적으로 서울 영등포구 여의도동 20에서 (주) 에스.티.엠으로 설립(납입자본금:3,600백만원)
1995. 3	LG-EDS시스템으로 사명 변경, 자본금 5,900백만원으로 증자
1999. 3	자본금 8,754백만원으로 증자
2001. 9	서울 중구 회현동2가 10-1로 본점이전
2001.12	LG CNS로 사명 변경, 대표이사 오해진 취임
2003. 1	대표이사 정병철 취임
2004. 1	분할하여 인천 계양구 효성동 236-1에 (주)브이이엔에스(V-ENS) 설립
2006. 1	대표이사 신재철 취임
2007. 9	일부를 분할하여 엘지엔시스(주)설립, 엘지엔시스 합병
2007.11	수차의 자본금 증자과정을 거쳐 47,187백만원으로 증자 주식소각
2008. 8	상호를 (주)엘지씨엔에스(LG CNS Co.Ltd.)로 변경
2009. 3	사업목적에 전자금융업, 산업디자인, 인쇄, 환경연출, 설치 및 증기생산 및 판매업 등을 추가 홍콩지점 폐지
2010. 1	대표이사 김대훈 취임, 3월에 사업목적 추가 (소방시설업, 환경컨설팅)
2013. 1	엘지엔시스(주)의 재산일부 분할하여 엘지씨엔에스(주)와 분할합병
2013.12	본점이전 (서울 영등포구 여의대로 24)
2014. 3	사업목적에 의료기기 판매업 등 추가
2015. 3	사업목적에 발전기업 등 추가
2016. 3	대표이사 김영섭 취임
2016. 5	자본금 47,198백만원으로 증자
2016. 5	원신스카이텍(주) 합병 (경남 김해시 진례면 고모로 134번길 40-14)

재무정보 (단위: 백만원)

결산기준일	총자산	부채총계	자본총계	매출액	영업이익	당기순이익
15.12.31	1,759,895	1,001,629	47,187	2,209,936	51,742	24,422
14.12.31	1,787,517	1,038,548	47,187	2,342,294	121,973	51,463

네이처리퍼블릭

회사개요

법인명	네이처리퍼블릭	설립일	2009. 2. 17
대표자	김창호	최대주주	정운호 75.5%
자산총계	179,482백만원 (2015년말기준)	액면가	500원
소재지	서울 강남구 테헤란로 534, 11층 (대치동, 글라스타워빌딩)		
자본금	37.94억원		
주요사업	화장품 제조업		

회사연혁

- 2009. 2 장우화장품(주)설립
- 2009. 3 (주)네이처리퍼블릭으로 상호변경
- 2009. 6 명동지점 설치
- 2010. 2 자본금 2,100백만원으로 증자
- 2010. 3 용산아이파크몰점, 경방타임스퀘어점, 대만지점 설치. 대표이사 정운호 취임
- 2011. 2 안양지점 설치
- 2012.11 자본금 2,594백만원으로 증자
- 2014.12 사업목적에 생활용품의 도소매업 추가, 용산아이파크몰점 및 안양지점 폐지
- 2015. 4 1주의 금액 5,000원 -> 500원으로 액면분할
- 2015. 5 수 차에 걸쳐 자본금을 3,645백만원으로 증자
- 2015. 6 자본금을 3,793백만원으로 증자
- 2016. 6 대표이사 정운호 사임, 김창호 취임 (실제경영자 정운호)
- 2016. 7 자본금을 3,839백만원으로 증자
- 2016.10 자본금을 3,987백만원으로 증자

재무정보 (단위: 백만원)

결산기준일	총자산	부채총계	자본총계	매출액	영업이익	당기순이익
15.12.31	179,482	82,223	97,259	284,773	16,308	10,303
14.12.31	140,396	102,521	37,875	255,637	23,798	15,746

고려에프앤에프

회사개요

법인명	고려에프앤에프	설립일	2005. 2. 1
대표자	이승훈	최대주주	김종대
자산총계	8,765백만원(2015년말기준)	액면가	500원
소재지	경기 안성시 일죽면 주래본죽로 398-3(산북리)		
자본금	900백만원		
주요사업	향료 및 식품첨가물		

회사연혁

2005. 2   기업부설연구소 인정
2005. 5   자본금 700백만원으로 증자
2005. 7   대표이사 권충호 사임, 대표이사 이승훈 취임
2005. 9   자본금 900백만원으로 증자
2008.12   기업부설연구소 인정 (한국산업기술진흥협회)

재무정보 (단위: 백만원)

결산기준일	총자산	부채총계	자본총계	매출액	영업이익	당기순이익
15.12.31	19,804	1,531	18,273	17,496	6,860	5,789
14.12.31	14,730	1,446	13,285	14,477	5,275	4,301

에프엑스기어

회사개요

법인명	에프엑스기어	설립일	2004. 5. 20
대표자	최광진	최대주주	이창환 45.09%
자산총계	8,765백만원(2015년말기준)	액면가	500원
소재지	서울 강남구 학동로 46길 35 (논현동)		
자본금	1,599억원		
주요사업	응용 소프트웨어 개발 및 공급업		

회사연혁

2004. 5	소프트웨어 개발 및 유통업을 목적으로 서울 강남구 신사동 640-9 소재에서 대표이사 김윤경에 의해 설립 (납입자본금 50백만원)
2005. 2	대표이사 이창환 취임, 사업목적에 소프트웨어 도소매업 추가
2006. 1	본점 이전 (관악구 봉천동 1660-11 풍산빌딩 5층)
2006. 4	자본금 100 백만원으로 증자
2007. 2	본점 이전 (강남구 신사동 592-11 삼원빌딩 3층)
2007. 5	공동대표이사 이창환, 강용식 취임 (공동대표 규정설정)
2007. 8	자본금 300백만원으로 증자
2008. 3	자본금 409백만원으로 증자
2009.11	본점 이전 (강남구 신사동 634-8)
2010. 9	자본금 471백만원으로 증자
2012. 1	공동대표이사 강용식 사임 (공동대표 규정폐지)
2012. 7	사업목적에 통신판매업 추가
2012.10	사업목적에 광고물 제작업 등 추가
2014. 4	경기지사 설치(성남시 분당구 황세울로 335번길 8,4층)(2014.11월 폐지)
2014. 5	본점 이전 (서울 강남구 학동로 46길 25)
2014. 6	사업목적에 하드웨어 개발 및 도소매업 등 추가
2015.11	수차의 자본금 증자를 거쳐 1,598백만원으로 증자

재무정보 (단위: 백만원)

결산기준일	총자산	부채총계	자본총계	매출액	영업이익	당기순이익
15.12.31	8,765	2,411	6,353	7,495	1,045	1,274
14.12.31	2,355	3,396	-1,041	4,293	-463	228

Part 5

장외주식은 들에 핀 향기로운 꽃이다

2016년은 정말로 힘든 해였다. 장외주식에 희망을 걸었던 사람들에게 눈물과 한숨을 안겨준 한 해였다. 정보도 없고 물어볼 데도 없는 곳이 장외시장이라지만 나름대로 무언가를 보았고 무언가를 믿고 투자한 것인데 이러한 신념마저 부정하면서 자신을 원망하고 좌절했던 2016년이다! 매우 어려운 길이지만, 결국 최선을 다해 꾸준하게 노력해나가는 것이 부자가 되는 길 아니겠는가? 실패와 좌절을 맛본 사람들의 마음을 위로하면서 그 동안 감성을 담아 작성했던 칼럼 몇 개를 소개하며 책을 마무리한다. 모두들 들판의 향기로운 꽃과 같은 장외주식 종목을 만나게 되시기를 기원한다.

나는 지금도 장외주식 투자에 설렌다

1998년부터 시작한 장외주식 투자! 발을 들여놓은 것이 엊그제 같은데 벌써 20년 가까이 세월이 흘렀다. 작지 않은 성공과 좌절이 있었고 예측의 적중과 실패가 있었다. 장외시장이라는 들판에 머물면서 한 우물을 판 것은 소중하게 간직하고 있는 필자의 자부심이며 자화상이다. 개인적으로는 장외주식에 대한 분석과 종목 발굴에서 항상 시대를 관통하는 주식들을 외면하지 않고 받아들이려는 원칙을 지키려고 노력했다고 자부한다.

　세월이 흐르면서 삶에 대한 관점과 태도도 변해가는 것을 느낀다. 나이가 들면서 마음이 약지기도 하고 배려감이 깊어진 것일 수도 있다. 나약함이 성숙으로 포장된다 해도 하나는 확실한 것 같다. 인생에서 어떤 지위와 명예를 얻는 것이 중요한 것이 아니라 보람을 느끼면서 아름답게 사는 것이 더 중요하다는 사실! 주식에 대한 관점도 삶을 바라보는 관점과 일맥상통하는 면이 있다. 주식에 대한 맹목적 집착이 아니라 이제는 차분히 관조하면서 비우는 일이 더 중요하다고 생각한다.

초창기에는 검증되지 않은 정보에도 당장 매입하지 않으면 큰일 날 것처럼 생각하고 보험과 적금을 해지하면서까지 주식을 매입했다. 마치 이 주식을 놓치면 부자가 되는 길이 영영 끝난다고 생각한 모양이다. 그러나 정확한 정보와 분석 없이 급히 매입한 주식이 대부분 수익을 내지 못하고 상당한 돈을 낭비하면서 깨달은 것이 있다. 급하면 아무것도 생각하지 못하고 오직 수익만 눈에 들어온다는 사실이다. 회사를 제대로 분석할 시간도 없다. 오직 그 정보를 알려준 사람만 맹목적으로 믿고 투자한다. 소문만 믿고 투자한다.

필자가 제대로 수익을 낸 종목을 살펴보니 오랜 시간 내 일상의 생활과 뉴스를 통해 느끼는 변화에서 출발하여 구입한 종목이었다. 사람들이 정수기를 제대로 모르던 시절 식당마다 정수기가 등장하고 가정에서 렌탈 서비스로 정수기를 구입하는 것을 보면서 웅진코웨이개발 주식을 매입했다. 어느 시점부터 사람들이 컴퓨터보다 스마트폰을 더 가까이 하는 것을 보면서, 즉 모바일 시대로 넘어가는 것을 느끼면서, 모바일게임 주식을 구입하여 큰 수익을 올렸다. 주변의 변화를 차분히 살피다 보면 돈이 보인다. 결국, 요란한 미시적 기업분석보다는 일상에서 피부로 느끼는 성장산업에 장기적으로 투자하는 것만이 살아남는 시장이라는 것을 알게 되었다.

삶은 부(富)를 향해 달려가는 것만은 아니다

한 시대를 관통한 역사적인 인물들도, 시대의 아이콘을 변화시킨 주인공도 죽음을 앞에 두고는 고백을 한다. 그 유명한 스티브 잡스도 죽음을 앞에 두고 스스로가 비즈니스에서 성공의 절정에 올랐다는 말을 했고 세상의 많은 사람들도 스티브 잡스를 보며 인생의 전형적인 성공의 모습이라고 생각했다.

그러나 스티브 잡스는 애플신화를 일궈낸 일을 빼놓고는 즐거움이 별로 없었다고 자기의 삶을 자평했다. 그는 "부(富)라는 것은 내 삶에 익숙해진 일부분에 지나지 않다."라고 했다.

그러면서 그는 후회했다. "내가 죽어서 가져가는 것은 돈이 아니라 아름다웠던 추억이다. 더 많은 추억을 만들지 못했음을 후회한다."라면서.

"너의 가족을 사랑하라."

"너의 친구를 사랑하라."

"너 자신에게 잘해라."

삶이라는 것은 부(富)를 향해서만 달려가는 것이 절대 아니다. 자신의 몸을 생각하지 못하고 쉼 없이 달려온 시간 앞에서 한없는 반성을 해 보지만 이미 때늦은 후회가 되고 만다. 싸움에는 돈 싸움과 사랑싸움만 있다는 말이 있다. 그동안 살아오면서 어떤 이유로 다툼이라는 단어 앞에 섰었는지를 생각해 보라. 모든 것이 돈이나 사랑을 때문이었을 것이다. 삶이라는 것은 어떤 목표를 두고 살아가기에는 너무 포괄적이다. 그러나 방향을 설정하고 걸어갈 수는 있다.

나 또한 장외주식 시장에 있으면서 상대방에게 잘못된 추천으로 아픔을 주었던 적이 없었겠는가? 분명 나로 인해 상처받고 나로 인해 힘들어진 사람이 있었을 것이다. 주식은 움직이는 생물이라고 한다. 그 움직이는 생물 앞에 찰나의 바람에 지나지 않는 인간이 할 수 있는 일은 그리 많아 보이지 않는다. 50%의 확률도 모르는 것이 인간이다. 그러기에 주식 시장에서는 '확신'이라는 단어가 금지어가 되었을 게다.

주식 투자라는 것은 수익을 창출하기 이전에 리스크를 줄이는 게임이 되어야 한다. 잘나가는 기업을 선택하여 잘 간다면 아무 문제 될 것이 없다. 문제는 위기 상황이다. 위기상황에서 탈출을 잘하는, 지혜가 뛰어난 사람이 이기는 사람이다. 투자자 입장에서는 회사상황이 좋으면 투자하고, 나쁘면 빠지는 것이 기본 투자 상식이리라.

투자자들의 냉혹함은 누구에게도 존재하는 것이다. 그런 일이 반복되면서 자기반성이 깊어지는 것이 주식 시장이 주는 교훈이다.

매수 매도의 반복 속에 1년이 지나고 또 10년이 지나는 것이 주식이다. 그 속에 정작 소중한 자신을 발견하지도 못하고, 주위를 살펴보며 사회적 활동도 제대로 하지 못하고, 주식에 둘러싸여 살면서 한 시대를 마감하는 슬픈 존재가 바로 주식하는 사람들이다.

장외주식 시장이 2015년 9월 이후부터 정말 어렵게 흘러가고 있다. 이런 시점에는 잠시 쉬어가 보자. 아등바등해봐야 답이 안 보이는 정말 힘든 시장이다. 무엇 때문에, 무슨 이유로 아무 제도적 보호장치도 없는 시장에 들어와 이 고생을 하는지 푸념들을 한다.

자본주의 사회에서는 부(富)를 쌓아올리기 위하여 부단하게 노력한다. 그 일환으로 장외주식을 선택한 사람들이 늘어가는 것이 현실이다. 삶이 부(富)를 지향한다는 것은 잘못된 것은 아니지만 부(富)만을 이루기 위해서 본인의 중요한 것들을 뒤로한다면 설령 원하는 만큼 부(富)를 이뤘다 하더라도 그것은 만족이 아니라 단지 돈만을 모았을 뿐이다. 돈을 위해 이 시장에 들어 왔지만 정작 중요한 것들마저 버리고 살아가는 현실이 안타깝다.

스티브잡스의 마지막 유언이 우리에게 주는 교훈은 무엇인지 이 시기에 다시금 생각해보자.

우리를
슬프게 하는
것들!

'우리를 슬프게 하는 것들!' 안톤 슈낙의 산문집에 나오는 말이다. 주위에 슬프게 하는 것들이 어디 한둘이랴! 장외주식 시장의 애환을 나름대로 슬픔에 빗대어 표현해 보고 싶었다.

장외주식 시장이 또다시 한 겨울로 진입하는 이 시점, 한미약품의 계약파기로 인한 바이오 주식들이 우수수 떨어지는 이 시점, 장외에 남아 있는 종목들 중 어느 것 하나 수익을 내지 못하는 이 시점이 우리를 슬프게 한다.

올리패스의 계약파기로 인해 주식이 3분의 1 토막으로 떨어질 때, 다이노나의 심사철회로 인해 주식거래 자체가 힘들어질 때, 오너 리스크로 상장이 멀어진 주식들이 늘어날 때, 이 모든 것이 우리를 슬프게 한다.

10배, 20배 간다는 말이 전혀 상식적인 말이 아님에도 이런 말들을 맹목적으로 믿는 사람들이 늘어나 발생한 대형 사고가 우리를 슬프게 한다.

냉정해야 할 때 냉정하지 못하고, 매도해야 한다는 것을 알면서도 매도하지 못하며, 잘못된 길을 간다는 것을 알면서도 멈추지 못하는 현실이 우리를 슬프게 한다.

편입한 주식의 정보를 아무리 찾고 싶어도 찾을 수 없을 때, 주주 동호회 글 하나에도 흔들리는 자신을 보고 있을 때, 답답한 마음에 편입한 회사 주식담당자에게 전화를 했는데 자신은 아무것도 모르고 있다는 답변을 들었을 때, 이 모든 것이 우리를 슬프게 한다.

주식 사라고 수백 번씩 전화를 해오던 중개업자도 친구도 이제는 전화조차 하지 않을 때, 주식으로 매일 몇 백씩 손실이 나고 있는데 돈 아낀다며 사내 식당 앞에 줄 서 있는 자신을 문득 발견했을 때, 이런 순간이 우리를 슬프게 한다.

헛된 것임을 알면서도, 안 되는 것을 알면서도, 그래도 내가 투자한 회사는 다시 살아날 것이라는 희망을 기약 없이 기다리는 우리의 모습이 우리를 슬프게 한다.

이 모든 것들이 정말로 우리를 슬프게 한다.

가을밤이 깊어간다.

1년을 마무리할 준비를 하고 있는데 어느 종목 하나 보이지 않는 상황을 지켜보는 나 자신, 그리고 유난히 2016년 가을이 나를 슬프게 한다.

그대
그리고 나

만물은 서로 교차하여 서로 하나가 된다. 구름과 바람이 하나인 것처럼 가을과 사색은 하나이다.

마찬가지로 상승과 하락은 어찌 보면 하나라 할 수 있다. 상승 후에는 하락이 있고, 하락 후에는 상승이 있다. 쉬어가는 타임이라고 쉬기만 할 것이 아니라 내일을 준비해야 한다.

장외주식, 아직 끝난 게임이 아니다. 내 손에서 떠나는 그 순간에 수익을 계산해보자. 상장 전부터 수익을 논하는 것이 얼마나 어리석은, 후회막급한 일일까?

장외에서 구입하여 장외에서 매도할 생각은 없을 것이다. 상장 후 그 차익을 위하여 구입한 주식이라는 생각에 너무 안타까워하지 말자. 아직 끝난 게임이 아니다.

골짜기마다 원성이 높아지면 봄이 오는 전조라고 한다. 그대 그리고 나, 사랑한다면 하나가 된다. 단기적 이득만 생각하고 구입한 적이 없는데, 어찌 한 번의 시련으로 멈추고 또 좌절할 수 있단 말인가? 무한의 믿음과 신뢰라기보다는 자신을 믿고 투자한 주식이라면, 자신이 생각해도 좋았던 주식이라면, 답을 줄 것이다.

필자의 말처럼 의심하기보다는 차라리 실망하자. 그러나 그 실망이라는 것도 최선을 다한 다음에 해보도록 하자. 성급해하지 말자. 장외주식은 저축이라고 말하지 않았는가? 저축했다고 생각하고 넉넉한 마음으로 기다려 보자. 하락과 상승은 종이 한 장 차이이다. 그 희비를 벌써 논하지 말자. 상장이라는 결과물 앞에 복기를 하고, 실패를 논하고 나서 성공을 논하자.

아직 오지 않은 미래의 일로 답답해 하지 말자. 어차피 정보의 비대칭 속에서 정확한 정답이 없는 소문에 마음 아파하지 말자. 지금 내가 하는 일에 더 열중하고, 지금 내가 보고 있는 책을 한 장 더 보고, 지금 우리 앞에 있는 가을 하늘 한 번 더 보고 힘을 내 보자.

내 운이, 시대적 운이, 아니 내 노력의 운이 좋은 결실이 되길 가끔 생각하면서 웃어보자. 어차피 이미 주사위는 던져진 상태 아닌가. 떨어진 주식에 매일 매일 질투하지 말자. 속상해하지도 말자. 좋은 마음으로 살아간다면 그 결과 또한 좋을 것이다.

그대 그리고 나처럼 하나인 순간이 올 것이다.

사랑이라는
이름으로

사랑이라는 단어는 살포시 들어도 가슴이 저미어 온다. 괜스레 서러워진다. 아름다운 추억보다는 가슴 아픈 상처로 기억된 사랑은 오랜 시간 우리를 붙잡아 두고 그 아픔에 서성거리게 된다. 더 많이 사랑했다면 그 사랑을 더욱 애절하게 그리워한다. 그리고 더 후회한다.

믿고 믿었던 주식이었다면, 정말 힘들게 모아둔 돈으로 구입한 주식이었다면, 희망을 걸었던 주식이라면 우리는 더 크게 아파하며 오랜 시간 머리에서 떠나지 않는다.

"믿는다. 믿으니 변치 말자"

주식이라는 놈을 만나 사랑을 하고 그놈에게 걸었던 믿음이 배신으로 끝날 때 우리는 긴 한숨으로 끝내버리기보다는 현실적 좌절감에 더 오랜 시간 힘들어 할 것이다. 사랑이 감정의 아픔이라면 주식의 배신은 경제적 현실이므로 그것으로 인하여 많은 것들을 포기해야 할 때 우리는 좌절한다.

주식하고 결혼하지 말라고 했다. 자본주의 사회의 꽃이라는 주식과의 만남을 시작하여 잘 된 사람이 몇 명이나 될까? 나만큼은 내가 선택한 주식만큼은 잘 되겠지! 내가 시작한 사랑은, 정말 이 사랑만큼은 다른 사람은 다 끝이 나도 나만큼은 영원하리라고 정화수 앞에서 두 손 모아 간절히 기도하는 심정으로 매일 매일 사랑을 주었을 것이다.

그러나 결과물이 참담하게 돌아올 때 믿었던 만큼 배신도 크기에 어느 사랑보다 실망감에 자신을 원망하고 또 이 주식을 추천한 사람을 원망하고 결국 일상생활까지 침해하여 가정과 친구와 직장까지 나쁜 영향을 미치게 된다.

사랑을 하다 헤어지면 두 가지 방법으로 사랑을 잊어버린다고 한다. 하나는 다른 사랑을 찾아 그 아픔을 치유받는 것이고 다른 하나는 시간으로부터 치유를 받는 것이다. 어떤 방법이 현명한 것인지 정답은 없다.

주식이라는 놈이 배신하면 어떤 이는 다른 주식으로 희망을 다시 걸어보고 또 어떤 이는 복기를 한다고 한다. "두 번 실수는 하지 말자."라고 각자의 방법을 택하지만 이것 또한 정답이 없다.

필자의 경험상 사랑의 배신 앞에서, 주식의 배신 앞에서 당당할 수는 없다. 충분히 아파하고 충분히 복기하고 사랑의 시간만큼 아파하고 오는 사랑 앞에 진실하고 당당하게 다시금 사랑을 키우는 것이 최선이다.

주식이 배신하면 실패의 복기는 필수가 된다. 바로 다른 주식에 희망을 걸기보다는 실패한 것들을 복기하고 또 복기해보자. 주식은 리스크를 줄이는 게임이다. 이익을 창출하기 전에 주식이 가지고 있는 리스크를 줄이는 연습이 선행되어야 한다.

지독하게 피눈물 나는 사랑이 있다. 주식도 지독하게 피눈물 흘리게 하는 주식이 있다. 그 원인의 모든 것은 자기 자신에게서 출발한다. 시작점에서부터 초겨울 살얼음판을 넘어가는 심정으로 조심 또 조심하는 것이 최선이다. 열 배, 스무 배도 가능하지만 휴지도 되는 것이 주식이다.

아무리 사랑 앞이라도 천재지변에는 마음이 변한다. 죽을 만큼 사랑하지만 그것이 변하기 시작할 때는 무섭다. 주식도 천재지변이 있다.

네이처리퍼블릭. 정운호의 구속 그리고 정운호게이트의 발생은 거의 아무도 예상하지 못한 돌발변수이다. 이런 상황을 미리 알았다면 주식을 매입할 수 있었을까? 예측하지 못한 천재지변이다.

올리패스. 계약했던 다국적 기업의 계약파기라는 돌발변수 앞에 주식가격은 순간 3분의 1 토막이 나고 말았다. 이것도 역시 천재지변이라 할 수 있다.

사례가 될 만한 여러 종목이 있지만 이 정도 하겠다. 이런 상황들을 예측할 수 있는 사람이 몇 명이나 될까? 장외주식 투자는 분석으로만 해결되는 것이 아니라 '운빨'도 적지 않게 작용한다. 이런 종합적인 상황들이 모여서 완성될 때 성공하는 것이 주식이라는 놈이다.

이 얼마나 무섭고 어려운 일인가?

　사랑도 주식도 쉽게 하지 말자. 그 사랑 때문에 어떤 이는 죽음도 마다하지 않는다. 그 주식 때문에 어떤 이는 피멍 들어가는 가슴을 안고 살아간다. 우리, 가볍게 사랑하지도 말고 주식을 너무 만만하게 보지도 말자!

너라는
이름으로

'ㄴ'과 'ㅓ', '너'라는 이름으로 장외주식을 생각해본다.

 전혀 생소한 시장에 들어와 '너'라는 주식을 알게 되고 희망을 가져 보았고 생명을 주었는데 간절한 소망과 꿈꾸는 희망으로 대해주기보다는 냉정하게 뒤돌아 걸어가는 '너'를 보면서 난 다시금 세상이 무너지는 아픔을 느낀다. 인간이 인간에게만 배신을 당하는 것이 아니다. 자신의 결정에 배신을 당할 때 '나'는 우주의 무중력 공간에 홀로 남겨진 상태가 된다.

 관계와 관계 속에 '너'라는 주식을 만나 누구를 원망하다가 끝내 나를 원망하면서 끝나는 것, 사랑도 헤어짐 앞에 떠난 사람을 미워하다가 거울 앞에 비친 나를 보고 끝내 나 자신을 원망하고 끝나는 것, 끝끝내 너는 나를 배신하고 나는 나 자신이 가진 꿈의 허망함에 무너진다. 2인칭의 '너'에게 아픔을 당하지만 끝내 1인칭인 '나'에게 돌아온다는 것, 성공의 시작점도 실패의 시작점도 '너'가 아니라 '나'이다.

어둠의 동굴 속에서 빛 하나 보이지 않을 때 나 자신이 빛이 되어 그 동굴에서 벗어나야 하는 것처럼 '실패'와 '좌절'을 극복하는 것도 오직 자신뿐이다.

단풍이 들어간다. 생명을 다한 낙엽들이 최후의 순간으로 사라져 간다. 낙엽은 떠나는 자리마다 새로운 생명의 자리를 만들어낸다. 끝나는 것이 아니라 새로움에 양보를 하기 위하여 공중에 산화되는 것이다. 미련 없이 공중에서 땅으로, 나무가 자라는 양분으로 그 마지막을 다한다.

실패는 우리에게 경험치라는 지수 하나를 더 만들어내면서 나를 완성시키는 양분이 된다. 두려워하지 말자. 어느 자리에도 실패는 있다. 어느 자리에도 성공은 있다.

2015년 9월부터 시작된 장외주식의 장기적 침체구간의 끝은 언제까지일까? 누구도 장담하지 못한다. 필자가 글을 쓰고 있는 2016년 10월 현재에도 대형공모주들의 연속적인 공모철회와 회복하지 못하는 장외주식 시장에서 희망을 말하기는 이른 감이 있다.

시작점이 있다면 끝도 있는 것이다. 보유한 주식들이 넘치는 지금, 필자가 새로운 종목을 말하기에는 힘들다. 투자자 여러분들이 보유한 종목들이 넘치고 넘친 시점이다. 그것부터 현명하게 대처하는 법을 말해주고 싶다.

"회원 여러분들이 보유한 종목을 댓글로 남겨주시면 각 종목마다 설명해 드리겠습니다. 힘든 시절입니다. 이럴 때일수록 더욱, 하시는 일을 소홀히 하지 마시고, 긍정의 힘으로 버텨가시길 바랍니다."

아직 끝난 게임이 아니다. 좌절하지 말자.

유망 종목 고르는 법

1. 장외종목의 선별

종목 선별시 재료가 있는지 확인한다.
(코스닥 등록, 실적 호전, 액면 분할 및 증자 등의
재료를 기준으로 확인하라)

매출액을 평가한다.
(매출 규모가 해당 업종 시장에서 차지하고 있는
비율이나 매출액의 연간 추이를 파악하라)

시장규모를 파악한다.
(시장의 최소 규모가 500억원대 이상인지 확인하라)

수익성을 파악한다.
(해당 기업의 매출액 대비 순이익 비율이 평균 8~10% 이상인지 확인하라)

매출채권 보유현황을 파악한다.

소송 여부를 확인한다.

단기 투자보다는 중장기 투자를 선호하라.

2. 장외종목의 세부사항 분석

유통가능 물량을 파악하고 매수에 참여한다.
(전체 주식수의 30% 이상이 유통가능 물량인지
파악하라)

투자 전략을 분명히 한다.
(재료보다는 액면가 배수, 매출액 증가율을
따지는 투자 전략을 우선 고려하라)

몰아주기 식의 종목구성은 피하라.
(대형주의 비중을 60%, 벤처 주식의 비중을 30~40%로
투자하는 전략을 기초로 삼아라)

매매 회전 주기를 짧게 잡는다.
(우량 벤처 주식을 장기 투자 종목으로 묶어두고
대형주들은 매매 타이밍을 빠르게 하여
항상 유동성을 확보하는 전략이 바람직하다)

수익률 대비 위험률을 산정하여 투자해야 한다.
(특히 장외 시세가 공모가 대비 2배 이상의
가격이 산정되어 있는 종목은 유의하라)

투자는 사람이 하는 것이다.
(주식은 유행이며 투자자의 심리에 기대는
특성이 있다)

해당 종목에 대한 지나친 믿음은 실패를 초래할
수도 있다.

매매 타이밍을 알기 위해서는 테마를 파악해야
한다.

투자할 기업을 잘 선별하려면
가치 분석은 필수다.

투자자라면 기본적으로
자신이 투자할 기업에 대한 지식을
완비해야 한다.

저자 동영상 특강

 1

 6

 2

 7

 3

 8

 4

 9

 5

 10